KB165486

자율주행차량 기술 입문

자율주행차량 기술 입문

하드웨어와 소프트웨어 아키텍처부터 안전&보안에 이르기까지

행키 샤프리 지음   김은도, 남기혁, 서영빈, 이승열 옮김

i!i
에이콘

에이콘출판의 기틀을 마련하신 故 정완재 선생님 (1935-2004)

│ 지은이 소개 │

행키 샤프리^{Hanky Sjafrie}

ADAS^{Advanced Driver Assistance System}와 AD^{Autonomous Driving} 분야에서 자동차 소프트웨어 엔지니어링을 전문으로 하는 독립 엔지니어링 컨설팅 회사인 SGEC의 CEO이다. 센서 기술(레이더, 라이다, 초음파 등)부터 자동차 사이버 보안까지 자동차 제조업체와 자동차 기술 공급업체의 다양한 R&D 프로젝트를 수행하면서 풍부한 관련 경험을 쌓았다.

SGEC에 몸담기 전에는 BMW와 아우디에서 ADAS/AD 및 인포테인먼트 시스템 분야의 다양한 연구 개발 프로젝트에 참여했으며, 실리콘밸리의 자율주행 스타트업에도 적극적으로 참여했다. 자동차 업계의 고객들과 협력하는 것 외에도 지멘스^{Siemens}, 보스턴 컨설팅 그룹^{Boston Consulting Group}, 프라이스워터하우스쿠퍼스^{PricewaterhouseCoopers}, 롤랜드 버거^{Roland Berger} 등에 자율주행 기술에 대한 인사이트를 제공하고 있다.

감사의 말

아직 걸음마 단계인 기술을 다루는 기술서를 쓰는 것은 결코 쉬운 일이 아니다. 이 책은 자율주행차량 기술을 새롭게 연구하고 개발한 많은 뛰어난 과학자와 수많은 근면한 산업 전문가의 노력이 담긴 산물이다. 나는 이 기술을 현실에 더 가깝게 만들고자 그들과 매일같이 일하는 많은 사람에게 진심으로 감사를 표한다.

사랑하는 아내 하이디Heidi와 우리의 자녀 휴고Hugo, 헬레네Helene에게 깊은 감사를 표하고 싶다. 책을 저술하면서 많은 주말과 저녁 시간을 보내는 동안, 그들의 끊임없는 격려와 인내가 없었다면 이 책은 아마도 세상에 나오지 못했을 것이다.

기술 리뷰어인 스테판 슐리히탈레Stefan Schlichthaerle, 다니엘 슈워러Daniel Schwoerer, 모하메드 케말Mohamed Kemal, 미구엘 줄리아Miguel Julia, 마틴 슈워러Martin Schwoerer와 라인하르트 밀러Reinhard Miller도 특별한 도움을 줬다. 책의 내용에 대한 의견과 개선 방안을 제공하고자 바쁜 와중에도 시간을 들여 노력해준 그들의 희생에 깊이 감사한다.

또한 나의 선임 편집자 랜디 코헨Randi Cohen에게 깊은 감사의 말을 전한다. 그의 귀중한 의견과 지속적인 도움 없이는 이 책이 지금처럼 세련되지 못했을 것이다.

간결한 일러스트레이션을 만드는 데 엄청난 노력을 기울인 그래픽 일러스트레이터 칼파나 타르트Kalpana Tarte에게 깊이 감사한다. 복잡한 기술 토론을 명확하고 이해하기 쉬운 텍스트로 바꾸는 데 귀중한 공헌을 해준 기술 편집자 제이슨 테오필루스Jason Theophilus, 제임스 험프리James Humphrey,

토비 몬캐스터Toby Moncaster에게 감사하며, 책 출판에 대한 초기 가이드를 해준 아니타 라흐마트Anita Rachmat에게도 진심으로 감사한다.

　마지막으로 많은 친구와 동료에게 진심으로 감사를 표하고 싶다. 여기서 모두의 이름을 개별적으로 부르고 싶지만 그럴 수 없는 점을 양해해주길 바라고, 수년 동안의 모든 지원과 지도 및 격려에 감사한다.

| 옮긴이 소개 |

김은도(maniada2@gmail.com)

한양대학교 ERICA에서 응용물리학과를 졸업한 뒤, 과학기술연합대학원대학교(UST)를 통해 한국전자통신연구원(ETRI) 표준연구본부에 근무하며 정보통신네트워크공학 전공으로 박사 학위를 취득했다. 현재는 KT 융합기술원 인프라연구소에 선임연구원으로 재직 중이며, 주 연구 분야는 네트워크 AI 기술이다. ICT-DIY 활동에 관심이 많아 대학원생 시절 ICT-DIY 커뮤니티의 리더를 역임하기도 했으며 AI, IoT, 빅데이터, 블록체인 등의 부문에서 다양한 대회 수상 경력이 있다.

남기혁(kihyuk.nam@gmail.com)

고려대학교 컴퓨터학과에서 학부와 석사 과정을 마친 후 한국전자통신연구원에서 선임연구원으로 재직하고 있다. 한빛미디어에서 출간한 『Make: 센서』(2015), 『메이커 매뉴얼』(2016), 『이펙티브 디버깅』(2017), 『전문가를 위한 C++』(2019), 『리팩토링 2판』(2020)과 에이콘출판사에서 출간한 『현대 네트워크 기초 이론』(2016), 『도커 컨테이너』(2017), 『스마트 IoT 프로젝트』(2017), 『파이썬으로 배우는 인공지능』(2017), 『메이커를 위한 실전 모터 가이드』(2018), 『Go 마스터하기』(2018), 『자율주행 자동차 만들기』(2018), 『The Hundred-Page Machine Learning Book』(2019), 『스콧 애론슨의 양자 컴퓨팅 강의』(2021) 등을 번역했다.

서영빈(dudqls103@ust.ac.kr)

서울시립대학교 기계정보공학과를 졸업하고 과학기술연합대학원대학교 국방과학연구소 캠퍼스에서 석박사 통합 과정에 재학 중이다. 주 연구 분야는 관성항법Inertial Navigation이며, 그중에서도 관성항법장치의 지능형 교정을 전문적으로 연구하고 있다.

이승열(runtiming2@gmail.com)

부산대학교 IT응용공학과를 졸업하고 현재 과학기술연합대학원대학교 박사 과정에 재학 중이다. 한국전자통신연구원 표준연구본부 5G 표준화 팀에서 근무 중이며, 주 연구 분야는 인공지능을 이용한 네트워크 지능화/자동화 기술이다.

오늘날 인공지능 기술은 하루가 다르게 빠른 성장을 거듭하고 있으며, 안정적인 초고속 통신 기술까지 더해져 급기야 어릴 적 상상 속에만 존재했던 자율주행 기술을 현실로 만들기에 이르렀습니다. 이 책은 특히 글만으로는 이해하기 힘든 복잡한 이론을 그림으로 친절하게 설명하고 있어 학계와 산업계를 막론하고 자율주행 기술을 공부하고자 하는 모든 사람에게 좋은 입문서가 될 것입니다. 대한민국의 수많은 공학도가 미래의 자율주행 산업을 선도하는 데 이 책이 조금이나마 도움이 될 수 있길 희망합니다. 저 역시 이러한 훌륭한 기술 서적의 번역 출판 작업에 기여하게 돼 매우 큰 보람을 느낍니다.

− 김은도

2018년에 출간된 자율주행 관련 서적을 함께 번역했던 팀과 또다시 작업할 기회를 갖게 돼서 즐거웠습니다. 각자 회사 일로 바쁘고, COVID−19로 어수선한 상황임에도 온라인 협업을 통해 무사히 출간돼서 더 기쁩니다. 지난 책의 경험을 반영해서 나름 정성을 쏟은 만큼 독자들에게 작게나마 도움이 되길 바랍니다.

− 남기혁

좋은 인연을 만나 함께 번역할 수 있어서 즐거웠습니다. 지난 긴 시간 동안 COVID-19는 우리의 삶을 크게 뒤흔들었습니다. 일상 곳곳에서 사람이 하는 일을 기계가 대체하고 있으며, 자율주행 기술은 그 결실을 맺어가는 듯합니다. 시대의 흐름은 빠르고, 우리가 공부해야 할 요소들은 하루가 다르게 늘어나고 있습니다. 독자들이 격변하는 세상을 읽어내는 안목을 키우는 데 이 책이 도움이 되면 좋겠습니다.

– 서영빈

인공지능 기술이 나날이 발전함에 따라 우리 삶의 많은 부분이 자동화되고 지능화돼 가고 있습니다. 더욱이 COVID-19로 인해 자동화에 대한 수요가 폭발적으로 늘어나고 있는 상황입니다. 이러한 시대적 변화의 흐름 속에서 자율주행 기술은 화려한 등장을 예고하고 있습니다. 멀지 않은 미래에 자율주행 기술은 우리의 삶 속에서 많은 부분을 변화시킬 것입니다. 독자들이 이 책을 통해 자율주행 기술에 입문해서 다가올 자율주행 시대에 조금이라도 앞서 나갈 수 있길 바랍니다.

– 이승열

차례

자율주행차량(SDV^{Self-Driving Vehicle})은 현재 뜨거운 화두다. 그러나 SDV는 복잡한 기술을 바탕으로 구성돼 있으며, 정확한 작동 방식에 대한 정보를 얻기가 어렵다. 이 책은 SDV를 가능하게 하는 핵심 개념을 알려준다. 자율주행차량 기술의 겉만 훑는 것이 아니라, 기술적으로 깊은 인사이트를 제공한다.

이 흥미로운 분야에서 경력을 쌓길 원하고 SDV 알고리즘의 기초를 더 자세히 알고 싶은 소프트웨어 개발자 또는 엔지니어라면, 이 책은 좋은 출발점이 될 것이다. 마찬가지로, SDV에 전문 지식을 적용하고 SDV 프로토타입을 구축하는 데 무엇이 필요한지 알고 싶은 학계의 연구원이라면 이 책이 좋은 참고서가 될 수 있다. 더불어, SDV 관련 기술에 대한 명확하고 읽기 쉬운 전반적 개요를 원하는 모든 기술 마니아와 저널리스트에게도 적합하다. 센서 및 인지 기능뿐만 아니라 기능 안전과 사이버 보안에 이르기까지 모든 기초 지식을 다룬다. 또한 몇 가지 실용적인 노하우를 전수하고 기술이 나아가는 방향에 대한 논의와 함께 구체적인 SDV 애플리케이션을 살펴본다.

안타깝게도, 이 신흥 산업에서 기술적인 세부 사항을 언급하는 것에 대한 우려와 거부감이 있다. SDV 회사들은 차량 테스트 중에 수집한 시스템이나 데이터의 세부 정보를 공유하지 않으려고 하는데, 이 데이터는 자동차를 운전하도록 가르치는 경쟁에서 귀중하기 때문이다. 바라건대, 이 책이 이러한 정보 공유의 불균형을 해소할 수 있는 길을 가길 기대한다.

문의

이 책에 관해 질문이 있다면 옮긴이의 이메일이나 에이콘출판사 편집 팀 (editor@acornpub.co.kr)으로 문의할 수 있으며, 정오표는 에이콘출판사의 도서정보 페이지 http://www.acornpub.co.kr/book/self-driving-vehicle에서 찾아볼 수 있다.

1

개요

수 세기 전부터 사람들은 달나라 여행을 꿈꿨다. 그러다 냉전 시기에 미국과 소련이라는 두 강대국이 우주 경쟁을 벌이면서 그 꿈은 현실이 됐다.

자율주행차량(SDV)이라는 꿈도 달나라 여행 못지 않게 오래됐는데, 이와 관련해 최초로 알려진 문헌은 1478년의 다빈치 그림이다. 그 후 6세기 동안 자율주행차량은 때로는 황당한 발상이라며 무시받기도 하고, 때로는 가치 있는 꿈이라고 인정받기도 했다. 그러다가 최근에 SDV의 구현이 급물살을 타게 되면서 1950년대 후반에 우주 경쟁을 벌이던 때와 비슷한 양상을 보이고 있다. 한때 불가능하다고 여겼던 꿈이 놀라운 속도로 실현되고 있는 것이다.

자율주행차량에 대해 물어보면 대부분은 사람 없이 스스로 운전하는 자동차를 떠올린다. 알아서 움직이는 자동차는 예전부터 사람들이 흔히 상상하던 것이었다. 지금은 완전 자율주행차량 시대의 토대를 쌓고자 엄청난 노력을 쏟고 있으며, 자동차 제조사와 관련 기술 회사, 정책 입안자, 보험 중개인, 기반 시설 업체 등으로부터 거의 매일 새로운 발전 소식이 나오고 있다.

이 책은 SDV에 대한 기술적인 관점을 소개한다. 먼저 SDV가 무엇이고 어떻게 개발하는지에 대해 큰 그림부터 살펴본 뒤, 구체적인 공학 기술을 소개한다.

1.1 SDV 기술의 간략한 역사

자율주행차량이란 개념이 최근에 나온 것 같지만, 이와 관련된 핵심 아이디어는 이미 500여 년 전에 레오나르도 다빈치가 그린 자가 추진 수레self-propelled cart에서 등장했다. 이 장치는 코일 스프링의 힘으로 프로펠러를 돌려서 움직이며, 나무 막대를 조합하는 방식으로 일종의 프로그래밍도 할 수 있는 조향 장치도 달려 있다. 2004년 피렌체 자연사 박물관장인 파올로 갈루치Paolo Galluzzi는 1478년에 다빈치가 그린 설계도를 보고 실제로 작동하는 모델을 제작하는 프로젝트를 추진했다. 엄청난 고생 끝에 만든 기계를 작동시켰는데, 이 모습을 담은 동영상도 있다[3]. 이는 자율주행차량과 프로그래밍 가능한 기계의 첫 사례로 흔히 인용되며, 세계 최초의 운전자 없는 로봇 자동차로도 알려져 있다.

SDV가 다시 떠오르게 된 것은 1939년 뉴욕 세계 박람회New York World's Fair에서 제너럴 모터스(GM)가 후원하는 퓨처라마Futurama(미래상) 전시관에서였다. 거기서 20년 후 미래에 대한 대중의 상상을 바탕으로 자동화된 고속도로 시스템에서 운행하는 자율주행차량을 보여줬다. 그로부터 16년 후, GM사는 이 개념을 확장해 스마트 도로와 운전자 없는 자동차를 표현한 'Key to the Future'라는 짤막한 뮤지컬을 제작했다. 한없이 활기찬 가족이 오토파일럿autopilot이라는 놀라운 기능에 즐거워하는 모습이 담긴 이 영상은 미국 전역에서 220만 명이 관람한 1956년 모터라마Motorama 자동차 전시회에서 상영됐다[7].

그 후 반세기가 지나서 미국 국방부가 주최한 2005년 다르파 그랜드 챌린지DARPA Grand Challenge와 2007년 다르파 어번 챌린지DARPA Urban Challenge를 계기로 자율주행차량 기술이 다시 발전하게 됐다. 두 대회에 참가한 팀은 운전자가 없는 자동차를 직접 만들어서 주어진 시간 안에 코스를 완주해야 했다. 이를 계기로 해서 자동차 소프트웨어와 로보틱스 기술이 엄청나게 발전했으며, SDV 분야 기술이 발전하는 데 전환점이 됐다. 그때부터 BMW, 아우디, 벤츠, 구글, 테슬라, 우버, 바이두를 비롯한 여러 회사가 자율주행차량 관련 기술을 다양한 방식으로 개발하고 있다.

한편 세계 각국의 정책 입안자는 미래의 자율주행차량 시대를 대비해 규제안을 마련하기 시작했다. 보험과 표준, 기반 시설과 관련 기술에 이르기까지 자동차 생태계 전체가 새로운 도전을 맞이하기 위해 적극적으로 활동하고 있다.

1.2 SDV란 무엇인가?

'자율주행차량self-driving/autonomous/driverless vehicle'에 대한 생각은 사람마다 각양각색이다. 운전자가 전혀 필요 없는, 완벽히 자동으로 움직이는 자동차라고 생각하는 사람도 있고, 스스로 결정할 줄은 알지만 비상시에는 사람이 운전대를 잡을 준비를 해야 한다고 생각하는 사람도 있다.

스스로 움직이는 자동차란 기술이 상당히 복잡하다고 생각할 수 있지만, 핵심 개념만 보면 상당히 단순하며 현재 수준의 기술로도 충분히 실현할 수 있다. 가령 자동차를 운전하는 과정을 생각해보자. 먼저 목적지부터 설정하고, 출발지로부터 이동하는 경로를 결정한 후에 출발한다. 운전하는 동안 시선은 항상 주변 상황을 주시한다. 주변 상황에는 건물, 가로수, 표지판, 도로변에 주차된 차와 같은 정적인 대상도 있고, 보행자, 주행 중인 차, 동물과 같은 동적인 대상도 있다. 달리다 보면 이런 대상이 도로 앞에 나타날 수도 있는데, 이에 따라 적절히 대응해야 한다. 운전자는 자동차에서 제공하는 모든 수단을 활용해 원하는 방향으로 차를 이동시켜야 한다. 이 과정에서 운행에 관련된 모든 규칙을 반드시 준수해야 한다.

이렇게 표현하면 상당 부분을 사람의 개입 없이 자동화할 수 있겠다는 생각이 든다. 실제로 일정 수준 이상으로 자동화된 차들이 많이 나와 있다. 비행기나 기차, 배도 어느 정도 자율주행이 가능하다. 현재 수준의 컴퓨팅 파워에 각종 센서와 똑똑한 알고리즘과 다양한 구성 요소를 조합하면 운전자를 충분히 흉내 낼 수 있다.

자율주행 기술의 수준과 기준을 업계에 명확히 제시하기 위해 미국 교통부(US DOT^{US Department of Transportation})의 도로교통안전국(NHTSA^{National Highway Traffic Safety Administration})이나 독일 연방도로연구소^{German Federal Highway Research Institute}(BASt)와 같은 기관에서는 자율주행의 수준에 따라 SDV를 정의했다. 그중에서도 국제자동차기술자협회(SAE International^{Society for Automotive Engineers International}, 구 미국자동차공학회)에서 운전 자동화에 대해 분류한 J3016[4]이 가장 널리 인용된다. 이 기준(표 1.1)에 따르면, 자율주행 자동차를 비자동화(수동)부터 완전 자동화까지 여섯 단계로 구분한다.

표 1.1 SAE 자율주행 기술 단계(국제자동차기술자협회의 2016년 SAE 표준 J3016)

레벨	정의	제어 주체	주행 환경 모니터링	긴급 상황 대처	시스템 기능/ 운전 모드
0	자율주행 없음 (수동, No Automation)	사람	사람	사람	없음
1	운전자 보조 (Driver Assistance)	사람 & 시스템	사람	사람	일부
2	부분 자율주행 (Partial Automation)	시스템	사람	사람	일부
3	조건부 자율주행 (Conditional Automation)	시스템	시스템	사람	일부
4	고도 자율주행 (High Automation)	시스템	시스템	시스템	일부
5	완전 자율주행 (Full Automation)	시스템	시스템	시스템	모두

가장 낮은 단계는 레벨 0으로서 운전에 관련된 조작과 주변 환경을 모니터링하는 활동을 모두 사람 운전자가 수행하며, 자동차 시스템은 경고 수준으로만 개입한다. 레벨 1은 운전자 보조 기능을 추가해 시스템이 횡방향 제어lateral control(조향steering)와 종방향 제어longitudinal control(가속acceleration과 감속deceleration)를 담당할 수 있다. 자동차를 시스템이 제어하지만, 여전히 사람 운전자가 제어권을 갖고 자동차와 주변 환경을 지속적으로 모니터링해야 하며 필요한 시점에 언제든지 수동으로 개입해야 한다.

레벨 2(부분 자율주행)는 자동차가 스스로 주행하는 첫 단계로서 일정하게 정의된 범위에서 횡방향 제어와 종방향 제어를 시스템이 담당한다. 이 레벨 역시 운전자가 차량과 주변 환경을 지속적으로 모니터링하면서 언제든지 수동 조작을 할 수 있도록 준비하고 있어야 한다. 레벨 3(조건부 자율주행)부터 수준이 크게 달라진다. 시스템은 횡방향 및 종방향 제어뿐만 아니라, 한계 상황을 인지해 운전자에게 알려준다. 운전자는 상황을 모니터링할 필요가 없지만, 시스템이 요청하는 시점에 언제든지 제어권을 가져올 수 있도록 준비하고 있어야 한다.

레벨 4(고도 자율주행)는 일정하게 정의된 범위의 모든 동작을 시스템이 담당하며, 운전자는 모니터링하거나 대기할 필요가 없다. 마지막 단계인 레벨 5(완전 자율주행)는 운전에 관련된 모든 범위의 동적 운전 작업을 시스템이 전적으로 책임진다. 이 말은 출발지부터 목적지까지 사람의 개입 없이 자동차를 완전히 제어한다는 것을 의미한다.

1.3 SDV 기술의 기대 효과

SAE 레벨 5에 이르면 지금보다 도로가 훨씬 안전해진다. 지치거나 한눈 파는 일도 없고, 음주 운전을 하거나 교통 규칙을 위반하는 일도 없다. 판단 속도도 사람보다 훨씬 빠르다. 따라서 사람의 실수로 인한 사고와 사망자/부상자 수가 줄게 된다. NHTSA에 따르면, 전체 교통사고 원인 중 94%는 운전자에 있다고 한다[5]. SDV는 분명 안전도를 더욱 높일 잠재력이 있다. 사고가 줄면 보험료도 낮아지게 된다.

SDV 덕분에 운전자는 시간을 벌 수 있다. 자율주행차량의 모든 탑승자는 승객이라서 개인 용무를 볼 수 있고, 엔터테인먼트 시스템을 즐길 수도 있으며, 목적지까지 가는 동안 잠을 잘 수도 있다.

사람의 개입이 줄면 운전 조작을 최적화하고 교통 흐름도 향상시킬 수 있으며 정체도 줄일 수 있다. 그러면 경제와 환경에 긍정적인 효과를 줄 뿐만 아니라 인명 피해의 위험을 줄일 수 있다. 여기에 전기차 기술이 더해지면 그 효과는 더욱 커진다. 미국의 참여 과학자 모임Union of Concerned Scientist 에 따르면[6], 대기 오염에 영향을 미치는 일산화탄소와 질소 산화물의 절반 이상은 운송 수단에 의한 것이라고 한다. SDV의 오염 물질 배출 수준은 기본적으로 기존 자동차와 비슷하지만, 전반적인 효율을 높이면 훨씬 깨끗한 미래를 실현하는 방향으로 나아갈 수 있다.

　SDV 기술이 환경에 도움이 될지, 그렇지 않을지에 대한 답은 결국 기술적 결정과 정책적 결정을 어떻게 내리느냐에 따라 달라진다. 미국 에너지부(DoE^{Department of Energy})에 따르면[1], 자율주행차량을 통해 운송 분야의 에너지 소비량을 90%까지 낮출 수도 있고, 반대로 200%가량 증가시킬 수도 있다. 이러한 차이는 중요하다. EPA(환경보호국)에 따르면, 온실가스 배출량의 ¼ 이상이 운송 분야에서 발생한다고 한다. 미국 국립 재생에너지 연구소(NREL^{National Renewable Energy Laboratory})의 제프 곤더^{Jeff Gonder} 박사는 "가만히 생각해보면 완전 자율주행 기술이 미치는 영향은 엄청난데, 긍정적인 효과가 엄청날 수도 있고 에너지 사용 증가량이 엄청날 수도 있다."라고 말한다[2].

　자율주행차량 분야의 기술 향상은 다른 분야의 발전에도 영향을 미친다. 운전이란 개념이 달라지고, 도로와 통근과 여행에 대한 사람들의 전반적인 인식도 변하게 된다. 우버^{Uber}나 리프트^{Lyft}와 같은 승차 공유 앱은 이미 택시 산업을 크게 뒤흔들었고, 이제는 SDV 기술로 인해 그 경계를 더욱 확장시키고 있다. 자율주행 기술의 응용이 단지 자동차 분야로만 국한되지는 않는다. 농업과 운송업뿐만 아니라 보안에 이르기까지 훨씬 넓은 분야에 큰 영향을 미친다.

1.4 기존 자율주행차량 관련 서적과 다른 점

이 책을 저술하는 2019년에 이미 자율주행차량에 대한 서적이 상당히 많이 나와 있었는데, 대부분은 법과 사회를 비롯한 다양한 영역에서 자율주행차량이 미치는 영향을 다루고 있었다. 이에 반해 SDV 기술 자체를 깊이 다루는 책은 별로 없었다. 이 책의 주된 목적은 자율주행차량을 만드는 데 관련된 기술을 소개하는 것이다. 이 과정에서 다양한 실전 예제를 제공하는데, 나의 실전 경험과 광범위한 자료를 토대로 만든 것이다.

이 책의 궁극적인 목표는 자율주행차량이 미치는 광범위한 영향을 다루는 비기술 서적과 공학 전문가를 위한 기술 전문서 사이의 간극을 좁히는 것이다.

1.5 이 책의 대상 독자

이 책은 기술 애호가뿐만 아니라, SDV의 개발 원리를 알고 싶어 하는 모든 이를 대상으로 썼다. 최신 기술 동향을 관심 있게 지켜보는 사람과 급변하는 업계에 참여하길 원하는 학생이나 업계 전문가, 혁신가, 스타트업 창업가, 투자자 등이 주 대상이다. 자율주행 기술은 한창 떠오르는 분야로서 기존 자동차 분야뿐만 아니라 정책 입안자, 보험 회사, 인프라 회사, 사이버 보안 전문가, 기계 공학자, 전기 공학자, 컴퓨터 과학자를 비롯한 다양한 이들에게 기회를 제공하고 있다. 이 책은 이 분야의 전반적인 사항을 빠르게 파악하고 싶은 기술 저널리스트에게도 큰 도움이 될 것이다.

SAE 레벨 5 SDV를 만드는 것은 수천 조각으로 구성된 직소 퍼즐을 맞추는 것과 비슷하다. 수많은 빠진 조각이 최근 몇 년 사이에 이뤄진 기술 발전을 통해 상당 부분 메워졌지만, 여전히 빈 부분이 많이 남아있다. 그중 일부는 기술적인 것이지만, 상당 부분은 사회나 법, 윤리에 관련된 것이다. 이 퍼즐을 완성하려면 다양한 분야의 전문가가 필요하다. 기술적인 부분만 보더라도 기계 공학자, 전기 공학자, 소프트웨어 개발자, 사이버 보안 전문가, 컴퓨터 과학자 등이 필요하다.

1.6 이 책의 구성

이 책은 간결한 구성을 위해 하드웨어, 소프트웨어와 이른바 '모든 구성 요소 결합하기'라는 총 세 개의 핵심 부분으로 나눠 내용을 정리했다. 2장에서는 자율주행차량에서 사용되는 다양한 하드웨어를 살펴보고, 각각이 필요한 이유와 작동 방식을 소개한다. 3장과 4장에서는 소프트웨어 구성 요소를 다룬다. 5장에서는 이러한 두 가지 기술 영역을 조합해 자율주행차량을 만드는 방법을 알아본다. 6장에서는 백엔드 시스템과 사이버 보안을 비롯한, 자율주행차량에 관련된 이슈를 살펴본다. 7장에서는 현재 이 분야에서 여러 회사가 추진하는 전략과 응용 분야를 개괄적으로 설명한 후이 책을 마무리한다.

1.7 당부의 말

이 책은 자율주행 분야에 종사하는 사람을 위해 저술했다. 그래서 자율주행차량을 제작하는 데 기초가 되는 다양한 기술 지식을 제공하고 있다.

승용차와 같은 자동차는 기술적으로 상당히 복잡하게 구성된 제품이며, 전문가에 의해 수만 시간에 걸친 개발과 테스트 과정을 거친 결과물이다. 자동차의 구성 요소는 사람의 안전과 생명에 직결되므로 자격을 갖춘 기술자만 다뤄야 한다.

전문 라이선스 없이 개조된 자동차를 운행하는 것은 여러 국가에서 불법일 뿐만 아니라, 자신을 비롯한 많은 사람에게 피해를 끼칠 수 있다. 예를 들어, 독일에서는 모든 종류의 신차나 기존 상용차를 커스텀 개조custom modification한 차량은 TÜVTechnischer Überwachungsverein와 같은 공식 인증 기관으로부터 기술 승인을 받아야 한다.

어떤 형태와 수준으로든 간에 커스텀 개조를 하면 더 이상 보증 수리를 받을 수 없으며, 자동차에 영구적인 손상을 입힐 가능성이 있다.

또한 SDV를 공도에서 테스트하려면 교통 당국으로부터 특별 허가를 받아야 한다. 여러 나라에서는 SDV를 공공 도로에서 테스트하는 행위를 금지하고 있다.

이 책에서 소개하는 기술만으로는 상용 수준의 SDV는 고사하고 안전한 프로토타입조차도 제작할 수 없다는 점을 염두에 두자. 많은 세부 기술은 책의 간결한 구성을 위해 의도적으로 제외했다.

참고 문헌

[1] Austin Brown, Brittany Repac, and Jeff Gonder. Autonomous vehicles have a wide range of possible energy impacts. Technical report, NREL, University of Maryland, 2013.

[2] Justin Worland. Self-driving cars could help save the environment − or ruinit. http://time.com/4476614/self-driving-carsenvironment/. [Online; accessed 08-Jan-2018].

[3] Flynn PL. Leonardo da vinci's car. http://www.leonardodavincisinventions. com/mechanical-inventions/leonardo-da-vincis-car/. [Online; accessed 20-May-2018].

[4] Taxonomy SAE. Definitions for terms related to driving automation systems for on-road motor vehicles. *SAE Standard J*, 3016, 2016.

[5] Santokh Singh. Critical reasons for crashes investigated in the national motor vehicle crash causation survey. Technical report, National Highway Traffic Safety Administration, 2015.

[6] UCS. Vehicles, air pollution, and human health. http://www.ucsusa. org/clean-vehicles/vehicles-air-pollution-and-human-health. [Online; accessed 24-Dec-2018].

[7] Wikipedia contributors. General motors motorama − Wikipedia, the free encyclopedia. https://en.wikipedia.org/wiki/General_Motors_Motorama, 2019. [Online; accessed 07-Nov-2018].

2

하드웨어

이 장에서는 완전 자율주행을 실현하는 데 필요한 하드웨어 구성 요소를 살펴본다. 간결한 구성을 위해 센서, 컴퓨팅 플랫폼, 액추에이터 인터페이스라는 세 가지 카테고리로 나눠서 소개한다.

자동차의 기계적인 구성 요소는 이 책에서 다루지 않는다. 따라서 이 장에서 엔진, 트랜스미션, 파워트레인, 서스펜션과 같은 시스템은 소개하지 않는다. 간결한 설명을 위해 이런 요소는 기능의 안전하고 정상적인 동작을 보장하는 한 개 이상의 ECU^{Electronic Control Unit}로 제어한다고 가정한다. 예를 들어 (이 장의 마지막에 소개할) 액추에이터 인터페이스는 왼쪽으로 일정한 각도만큼 방향을 틀라는 명령을 스티어링 휠^{steering wheel}로 전달한다. 이때 스티어링 휠 액추에이터를 담당하는 ECU는 전달받은 명령을 정확히 해석해서 여기에 필요한 일련의 내부 동작을 수행하고, 최종 결과를 제어한다.

이 책의 주된 관심사는 자율주행을 실현하기 위해 기존 자동차에 추가되는 기술이다. 그럼 자율주행차량의 눈과 귀가 되는 센서부터 알아보자.

2.1 센서

SDV를 제작하기 위한 첫 번째 단계는 주변 상황을 인지하는 것이다. 이를 위해 가장 중요한 요소는 당연히 센서다. 센서는 크게 패시브(수동형) 센서와 액티브(능동형) 센서로 나뉜다. 패시브 센서passive sensor는 주변 에너지를 흡수하는 방식으로 작동하고, 액티브 센서active sensor는 주변 환경으로 일정한 형태의 에너지를 방출한 후 반사된 신호를 받아 측정한다. 예를 들어 카메라는 패시브 센서고, 레이더radar와 라이다lidar는 액티브 센서다. 액티브 센서는 다양한 환경 조건에서 작동할 수 있는데, 작동 모드의 종류에 따라 그 범위가 달라진다. 예를 들어 라이다와 카메라는 둘 다 빛 에너지에 의존하지만, 라이다는 어두운 곳에서도 작동하는 반면에 카메라는 조명 없이는 제대로 작동할 수 없다. 어떠한 액티브 센서를 사용하더라도 주변 환경에서 발생하는 노이즈와 간섭을 처리할 수 있어야 한다.

SDV는 외부 환경을 인지할 뿐만 아니라, 내부 상태도 측정해야 한다. 자동차의 내부 상태를 측정하는 센서를 자기수용 센서proprioceptive sensor라 부르고, 자동차가 외부 상황을 보는 데 사용하는 센서를 외부수용 센서exteroceptive sensor라 부른다. SDV는 흔히 두 가지 유형의 센서를 모두 사용하고 주변을 기준으로 삼아 자기 위치를 계산한다. 하지만 SDV가 온전히 자기수용 센서 측정값만으로 자신의 위치를 계산할 줄도 알아야 한다. 외부수용 센서로부터 정보를 수집할 수 없는 상황이 얼마든지 발생하기 때문이다.

센서마다 복잡도 수준을 결정하는 고유한 속성이 있다. 어떤 센서는 한 가지 기능만 제공하도록 설계됐기 때문에 자동차에 통합하기가 쉬우며, 기능도 적고 복잡도도 낮다. 촉각 센서나 모터, 방위각 센서heading sensor가 여기에 해당한다. 다른 센서는 이보다 정교하며 정보를 최대한 가져오기 위해 특별한 알고리즘을 사용한다. 주로 제어하거나 탐지하기 힘든 형태의 에너지를 사용하는 센서가 여기에 해당하며, 액티브 거리 센서active ranging sensor(초음파 센서ultrasonic sensor), 모션/스피드 센서motion/speed sensor(도플러 레이더Doppler radar), 비전 센서vision sensor(카메라) 등이 있다. 이런 복잡한 센서는 나름 장점이 있다. 다양한 종류의 정보를 풍부하게 제공하며, 작동 범위도 넓다. 이런 센서 중에서 일부는 다목적으로 활용되기도 한다. 가령 거리 측정과 탐지를 동시에 수행하는 것이 있다.

SDV 센서는 데이터를 수집해서 컴퓨팅 플랫폼으로 전달한다. 그러면 컴퓨팅 플랫폼은 데이터를 분석해서 자동차의 다음 동작을 결정한다. 일반적으로 센서는 전체 장치의 일부분이다. 센서가 수집한 미가공 데이터를 처리해서 의미를 부여하는 소프트웨어 구성 요소나 도구를 함께 사용하는 경우가 많다. 자동차는 의사 결정 과정에서 이렇게 처리된 정보를 활용한다. 이처럼 센서를 보조하는 소프트웨어 구성 요소나 도구가 조합된 것을 미들웨어middleware라고 부르며, 시스템 아키텍처에서 하드웨어(센서 및 액추에이터)와 SDV 알고리즘 사이의 중간 계층을 형성한다. 미들웨어와 SDV 소프트웨어에 대한 전반적인 사항은 4장에서 자세히 설명한다.

이런 상황에서 SDV 개발자는 세 가지 작업에 직면하게 된다. 첫 번째는 기능, 비용, 자동차 설계를 비롯한 여러 요인을 고려해 센서를 최적으로 설계하는 것이다. 두 번째는 이렇게 수집한 데이터를 처리해서 주어진 목적을 달성하는 데 있어 최적의 결정을 내릴 수 있는 SDV 알고리즘을 비롯한 여러 가지 도구를 구현하는 것이다. 세 번째는 원하는 동작을 수행하도록 자동차 플랫폼에게 명령을 내리는 것이다. 간략히 표현하면, 이 과정을 거쳐 자율주행차량을 완성할 수 있다. 상당한 일이라고 생각할 수 있지만, 개별 구성 요소의 작동 원리를 확실히 이해하면 얼마든지 실현 가능하다.

2.1.1 핵심 고려 사항

센서의 종류와 모델이 너무나 다양하게 나와 있는 상황에서 어떻게 구성하는 것이 SDV에 가장 적합할까?

한 가지 방법은 우리 주변을 관찰하는 것이다. 모든 유기체는 각자의 서식지에서 생존하고 생식하는 데 필요한 기관을 갖고 있다. 박쥐는 밤에 주로 활동하므로 반사된 음파를 분석해 방향을 정하는 반향정위echolocation를 이용한다. 이와 달리 독수리는 특출한 시력으로 먼 거리에서 사냥감을 포착하지만 밤에는 거의 볼 수 없다. SDV용 센서를 선정하는 데도 비슷한 원칙이 적용된다. 그래서 자동차를 운행할 환경과 조건을 면밀히 분석해야 한다. 예를 들어 장거리 레이더long-range radar는 고속도로에서 속도를 줄이는 데는 중요한 역할을 할 수 있지만, 주변에 갑작스레 출몰하는 장애물을 탐지하는 데는 적합하지 않다. 마찬가지로 GNSSGlobal Navigation Satellite System 센서는 실외에서 작동하는 SDV에는 유용하겠지만, 실내용 SDV에서는 거의 효과가 없다.

센서 설정은 단순히 기능만의 문제가 아니다. 비용도 함께 고려해야 한다. 라이다와 같은 센서는 여전히 비싸서 저사양 차량에는 적합하지 않다. 비용이 충분하지 않다면, 당장 사용 가능한 다른 센서를 좀 더 지능적으로 활용해 장착하지 못한 센서의 역할을 보완하는 방법도 있다. 최종적으로 어떤 종류의 센서를 선정하든지 간에 자동차에서 컴퓨팅 파워를 충분히 제공함으로써 모든 센서로부터 데이터를 동시에 수집해 처리할 수 있게 만들어야 한다는 점이 중요하다.

또 다른 핵심 이슈는 자동차 설계와 미적인 측면이다. 특히 승용 SDV라면 미적인 요소가 고객이 구매를 결정하는 데 큰 영향을 미친다. 적합한 센서를 선정할 뿐만 아니라 디자인을 해치지 않게 잘 배치하는 문제는 형태와 기능의 전형적인 상충 관계에 해당한다.

2.1.2 센서의 종류

완벽한 센서는 없다. 따라서 개발자는 다양한 종류의 센서를 조합해 사용한다(그림 2.1). 특정한 센서 종류 안에서도 제조사나 모델에 따라 미묘한 차이가 존재한다. 각 센서의 장점과 단점을 잘 파악해야 최상의 조합으로 구성할 수 있다. 그럼 자율주행차량에 흔히 사용하는 센서들을 하나씩 살펴보자.

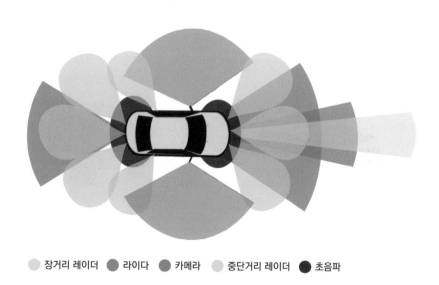

● 장거리 레이더 ● 라이다 ● 카메라 ● 중단거리 레이더 ● 초음파

그림 2.1 SDV 센서 구성의 예

2.1.2.1 레이더

레이더(RADAR^{Radio Detection and Ranging})는 적외선보다 파장이 긴 전자기파를 이용해 물체를 탐지하고 추적하는 센서 기술이다. 전파를 이용해 물체의 거리를 측정하는 실험은 1930년대 초에 처음 시작됐지만, 2차 세계 대전 당시 연합군과 추축군이 이 기술의 군사적인 잠재력을 깨닫게 되면서 본격적으로 개발되기 시작했다.

1980년대 후반, 도요타는 자동차에 레이더를 장착하는 방식을 개척했다[17]. 그 후로 여러 자동차 제조사가 레이더 기술을 도입해 더욱 발전된 형태로 개발하기 시작했다. 초창기 24GHz 기술을 보완하기 위해 개발한 77GHz(최근에는 79GHz) 레이더는 정확도와 해상도가 더욱 높아졌으며, 둘 다 SDV를 안전하고 안정적으로 운행할 수 있게 하는 데 핵심적인 역할을 한다. 레이더는 현재 자동차에서 가장 널리 사용되는 센서 중 하나로 자리 잡았다. ACC^{Adaptive Cruise Control}, 사각지대 탐지, 차선 변경 지원 기능을 비롯한 ADAS^{Advanced Driver Assistance System}의 핵심 요소다. 그림 2.2(a)와 그림 2.2(b)는 차량용 레이더의 예를 보여준다.

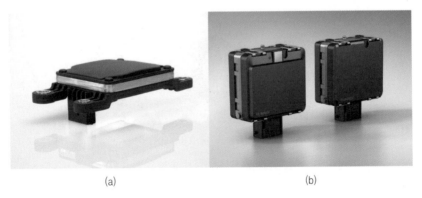

(a)   (b)

그림 2.2 (a) 컨티넨탈 장거리 레이더(Continental AG로부터 허가를 받아 인용함. ©2017 Continental AG). (b) 보쉬 중거리 레이더(보쉬 미디어 서비스로부터 허가를 받아 인용함. ©2016 Robert Bosch GmbH)

레이더 구조

레이더 기술은 반향을 이용한다. 전파를 쏘면 주변 물체에 부딪혀 반사되는데, 이를 통해 물체가 있는 방향과 물체까지의 거리, 물체의 크기 등과 같은 정보를 얻을 수 있다. 레이더는 여러 파동을 보내서 움직이는 물체의 방향과 속도를 측정하는 데도 사용된다.

레이더에는 크게 에코와 도플러라는 두 종류가 있다. 에코 레이더echo radar는 방금 설명한 방식으로 작동한다. 두 군데 이상에 장착한 에코 레이더로부터 수집한 데이터를 통해 물체의 위치와 관련된 부가 정보(예: 각도)도 구할 수 있다. 도플러 레이더Doppler radar는 파동의 위상을 분석해 이런 기능을 더욱 향상시킨 것이다. 특정한 파동을 추적하다가 반사된 파동의 위치나 모양, 형태의 차이를 감지하는 방식으로 처리한다. 이렇게 얻은 정보를 토대로 해당 파동이 양의 천이positive shift인지, 아니면 음의 천이negative shift인지를 결정한다. 음의 천이는 물체가 레이더로부터 멀어질 가능성이 아주 높다는 것을 의미하고, 양의 천이는 레이더 쪽으로 다가오는 것을 의미한다. 천이의 양을 이용해 물체의 속도를 측정할 수 있다.

레이더의 장점과 단점

레이더의 장거리 속성과 도플러 기능 덕분에 레이더는 원거리 개체를 탐지하고 추적하는 데 사용하는 주된 센서로 자리 잡았다. 레이더는 핵심 장점을 다양하게 제공한다. 예를 들어 (직사광선 아래에서든, 어두운 곳에서든) 어떠한 조명 상태나 (비 또는 눈이 오거나 안개가 끼거나 바람이 불거나) 어떠한 날씨에서도 고속으로 주행하면서 사용할 수 있다. 또한 레이더는 장거리(250미터)에서도 해상도가 좋고, 대량 생산으로 적절한 가격에 공급할 수 있다 (물론 그보다 저렴한 센서도 있다). 마지막으로 탐지된 개체의 위치와 속도는 모두 도플러 효과를 이용해 측정할 수 있다.

레이더는 비금속 개체에 대해서는 성능이 떨어지고 개도각^{opening angle}
이 다소 좁다는 단점이 있다. 어떤 레이더는 자동차의 속도에 따라 개도
각과 거리^{range}를 동적으로 조정할 수 있는 기능도 제공한다(그림 2.3(a)(b)).
자동차가 고속으로 주행할 때는 개도각을 줄여서 거리를 최대로 늘인다.
(시내 주행을 할 때처럼) 저속으로 달릴 때는 거리를 줄여 개도각을 최대로 넓
힘으로써 보행자나 자전거를 비롯한 주변 가까이 있는 개체를 더욱 잘 탐
지하게 만든다.

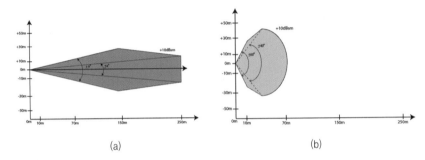

그림 2.3 장거리(a)와 단거리(b)에 대한 레이더 작동 각도. 개도각이 넓을수록 거리가 짧아진다(컨
티넨탈에서 작성한 'ARS 408-21 Premium Long Range Radar Sensor 77GHz Datasheet'에서 인
용함, ⓒ2017 Continental AG).

2.1.2.2 라이다

라이다(LIDAR^{Light Detection And Ranging})는 레이더와 원리가 같다. 즉, 반사된
송출 에너지를 분석해 개체의 위치와 거리를 측정한다. 전파를 이용하는
레이더와 달리, 라이다는 펄스 레이저 광원을 이용한다.

라이다는 1950년대 후반에 처음 개발됐는데, 그 후로 서서히 레이저
의 활용 범위가 넓어졌다. 라이다를 SDV에서 활용하는 것은 그중 한 예
에 불과하다. 해상도가 높고 비금속 개체도 탐지하는 등의 고유한 특성 덕
분에 라이다는 3D 지도 제작에 흔히 사용되고 있다. 이러한 속성은 정확

한 로컬라이제이션^{localization}과 내비게이션^{navigation}(3장 참조)을 위한 고해상도 지도에 의존하는 SDV에 적합하다. 그림 2.4는 라이다 센서에 대한 몇 가지 예를 보여준다.

그림 2.4 라이다 센서 제품의 예. 왼쪽부터 벨로다인 알파 퍽(Velodyne Alpha Puck), 벨라레이 (Velarray), 벨라돔(VelaDome)(©APJarvis, https://commons.wikimedia.org/wiki/File:Velodyne_ AlphaPuck_W_Velarray_VelaDome_Family_BlueLens.png, https://creativecommons.org/ licenses/by-sa/4.0/legalcode)

라이다에서 쏘는 레이저 펄스가 사람 눈에 닿지 않는 것을 보장하기 위해 자동차용 라이다 빔의 에너지는 눈에 안전한 수준인 클래스 1 레이저 제품으로 엄격히 제한된다[15]. 다른 분야에서는 이보다 훨씬 높은 출력의 빔을 사용한다. 가령 항공 분석용으로는 나무 끝을 충분히 통과해서 숲의 바닥에 닿을 정도로 높은 에너지를 사용한다.

라이다의 구조

앞에서 설명했듯이 라이다의 작동 원리는 레이더와 비슷하다. 송출된 레이저 펄스가 개체에 부딪히면, 센서로 반사돼 돌아온다. 이때 펄스의 이동 시간을 측정해서 개체까지의 거리를 계산할 수 있다.

라이다는 빛을 이용한다는 점이 다르다. 라이다 센서는 초당 수십만 펄스 수준의 아주 빠른 속도로 레이저 광원을 쏠 수 있다. 최신 라이다 제품은 한 번 스캔에 여러 수직 펄스(채널)를 송출해 개체의 높이도 측정하는 기능을 제공한다. 이는 노이즈 필터링이나 개체 인식과 같은 특정한 인지 알고리즘에 유용하게 쓰일 수 있다.

라이다 센서는 세 가지 핵심 요소로 구성된다. 레이저 다이오드laser diode는 레이저 빔을 생성하고, 포토다이오드photodiode는 반사된 신호를 수신하고, 서보 기반 거울servo-mounted mirror은 레이저 빔을 수직과 수평 방향으로 조절한다. 반사된 신호는 포토다이오드에서 수집해 센서의 신호 처리 유닛에서 처리한다. 센서는 탐지한 개체를 일련의 포인트 클라우드 형태로 출력한다. 각 픽셀마다 측정된 거리와 위치를 센서 기준의 3D 좌표로 표현한다(그림 2.5). 이보다 똑똑한 라이다는 인식한 개체 목록(자동차, 보행자 등)도 제공한다.

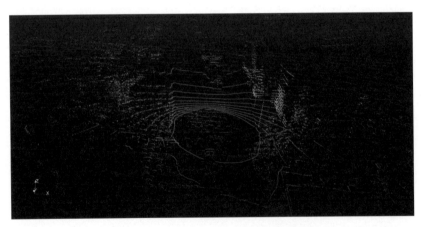

그림 2.5 라이다가 받은 미가공 데이터(3D 포인트 클라우드)를 시각화한 예

그림 2.6은 라이다의 핵심 구성 요소와 작동 원리를 보여준다. 생성된 레이저 펄스는 서보 모터로 회전하는 거울을 거쳐 나간다. 이 거울은 펄스를 다양한 수직 각도로 송출할 수 있도록 기울어질 수 있다. 광학 인코더는 거울을 정확히 제어하도록 서보 모터로 피드백을 제공한다. 반사된 신

호는 (흔히 포토다이오드 배열로 구성한) 탐지기로 수집해 센서의 신호 처리 유닛을 통해 처리된다.

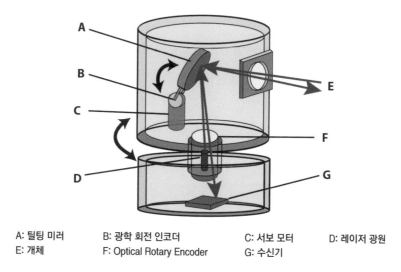

A: 틸팅 미러　　　　B: 광학 회전 인코더　　　　C: 서보 모터　　　　D: 레이저 광원
E: 개체　　　　　　　F: Optical Rotary Encoder　　G: 수신기

그림 2.6 (간략히 표현한) 라이다의 작동 원리(Reinshaw의 'Optical encoders and LiDAR scanning'에서 인용함. ©2019 Reinshaw plc)

라이다의 장점과 단점

라이다는 빔폭beamwave이 좁고 다소 먼 거리까지 도달해서 고해상도 3D 매핑에 적합한 센서로 자리 잡았다. 또한 라이다는 실내 측위indoor positioning와 같이, 위성 기반 GNSS를 사용할 수 없는 영역에서도 중요한 역할을 한다. 라이다는 수신한 적외선 빛의 세기를 측정하기 때문에 낮과 밤을 안정적으로 감지하는 데 활용할 수도 있다. 태양이 발산하는 적외선의 양은 낮에 생성한 레이저 빔보다 훨씬 많기 때문이다[5].

　라이다는 자동차 분야에서 유용하게 사용되고 있지만, 여전히 가격이 높아서 양산차에 널리 보급하기에는 큰 장벽이 되고 있다. 하지만 현재 개발 중인 고정형 라이다solid-state lidar(즉, 회전하지 않고 움직이는 부품이 없는 라이다)가 나오면, 센서의 비용과 크기가 크게 줄어들 것으로 기대하고 있다.

레이저 빔은 안개나 먼지 등과 같은 작은 입자에도 반사하기 때문에 환경에 상당히 민감하며, 날씨가 안 좋은 날에는 레이더에 비해 노이즈가 많이 생성된다. 그래서 라이다 센서를 자동차에 적용하는 것은 레이더의 경우보다 더 복잡하다. 필터링 알고리즘으로 눈발이나 빗방울에 의한 간섭을 어느 정도 줄일 수 있지만, 센서 표면에 붙어있는 먼지, 얼음, 눈에는 효과가 크지 않다. 라이다를 앞 유리 안쪽에 두면 이런 문제를 어느 정도 해결할 수 있지만, 와이퍼 움직임에 영향을 받고, 차량 내부에서는 360도 범위로 인지 작업을 수행할 수 없으며, 비전 카메라나 레인 센서 같은 다른 센서와의 충돌이 발생할 가능성이 있다[12].

2.1.2.3 초음파 센서

초음파ultrasonic란 사람이 들을 수 있는 범위를 벗어난(주파수가 20kHz 이상인) 음파를 말한다. 이름에서 알 수 있듯이, 초음파 센서는 높은 주파수의 음파를 이용해 개체를 감지하고 거리를 잰다. 박쥐와 같은 동물도 이와 같은 원리를 이용해 어두운 곳에서도 사냥감을 감지하고 위치를 추적한다.

초음파 센서는 수십 년 동안 해양, 의료를 비롯한 다양한 분야에서 모니터링 및 진단 용도로 활용됐다. 그러다가 1980년대에 이르러 도요타가 초음파 기반 주차 보조 시스템을 장착하면서 자동차 분야에도 도입되기 시작했다.

요즘 차량에 달린 초음파 센서는 단순히 주차 보조 기능만 수행하는 데 그치지 않는다. 예를 들어, 헤드 유닛이나 인포테인먼트 시스템을 직접 터치하지 않고 제스처를 인식해 음악을 선택하거나 재생 동작을 조절하는 기능을 구현하는 HMIHuman Machine Interface 시스템의 일부로서 활용되고 있다. 그림 2.7(a)와 2.7(b)는 차량용 초음파 센서의 예와 평행 주차 센서에서 활용되는 사례를 보여준다.

(a) (b)

그림 2.7 (a) 보쉬 초음파 센서(Bosch Media Service로부터 허가를 받아 인용함. ©2016 Robert Bosch GmbH) (b) 평행 주차 센서로 활용되는 예(©Basotxerri, https://commons.wikimedia.org/wiki/File:VW_Golf_VII_-_Parking_sensor_02.jpg, https://creativecommons.org/licenses/by-sa/4.0/legalcode)

초음파 센서의 구조

초음파 센서는 라이다나 레이더와 마찬가지로 ToF^Time-of-Flight 센서로 분류된다. 즉, 송출한 파속^wave packet이 되돌아오는 데 걸리는 시간을 계산하는 방식으로 작동한다. 이때 초음파 센서에서 사용하는 음파는 사람이 들을 수 없다는 점이 중요하다. 센서가 반사된 음파를 정확히 수신하려면 고주파(100dB 이상)로 송출돼야 하기 때문이다.

센서는 기본적으로 교류(AC^Alternating Current) 전압을 초음파로 변환하는 송출기^transmitter와 힘을 받으면 AC 전압을 생성하는 수신기^receiver로 구성된다. 사용된 재료에 따라 두 기능이 하나의 송수신기(트랜시버^transceiver)로 합쳐질 수 있다.

음파는 개도각이 크기 때문에 자동차에서 최적의 위치에 장착됐다고 가정했을 때, 중첩된 신호의 삼변측량^trilateration을 이용하고, 또한 위성 기반 측위와 동일한 원리를 이용해 개체의 위치를 정확히 알아낼 수 있다 (그림 2.8).

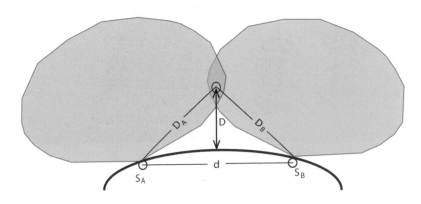

그림 2.8 초음파 삼변측량. 각 센서(D_A와 D_B)까지의 거리와 두 센서 사이의 거리(d)를 피타고라스 정리에 대입해 감지한 개체(D)까지의 거리를 알아낼 수 있다(Martin Noll, Peter Rapps, Hermann Winner(ed.), Stephan Hakuli(ed.), Christina Singer(ed.)의 'Ultraschallsensorik'에서 인용함. 2017, Handbuch Fahrerassistenzsystem, ATZ/MTZ–Fachbuch, p.253. ©2015 Springer Fachmedien Wiesbaden).

초음파 센서의 장점과 단점

초음파 센서는 가격 부담이 상대적으로 적어서 자동차 주위에 존재하는 개체를 감지하고 위치를 측정하는 저렴한 수단으로 흔히 사용되고 있다. 대표적인 예로 주차 보조 시스템이 있다. 초음파는 날씨 상태에 영향을 받지 않으므로 웬만한 환경에서 잘 작동한다. 초음파 센서로 수집할 수 있는 정보는 그리 많지 않지만, 빛에 영향을 덜 받아서 어둡거나 아주 밝은 곳에서 잘못 측정될 가능성이 있는 상황에 적용하기 좋다. 안개가 끼거나 비나 눈이 내릴 때도 센서가 먼지, 눈, 얼음 등에 가리지만 않는다면 작동하는 데 문제없다. 비금속 물질도 감지할 수 있기 때문에 실내나 도시, 밀집된 환경에서 보행자를 보호하기 위한 보조 수단으로도 활용할 수 있다.

　이처럼 장점이 많기는 하지만, 초음파 센서를 사용할 때 고려해야 할 점이 몇 가지 있다. 초음파 센서는 해상도가 낮고 작동 범위도 짧다. 게다가 바람이 강하거나 고속으로 주행할 때처럼 최고의 성능을 발휘해야 하는 상황에서 오히려 성능이 떨어지는 문제가 있다. 게다가 외부 환경에서 발생하는 소리에 영향을 받을 수 있다. 주변에서 발생하는 고주파음(예: 기찻길에서 나는 쇠 긁히는 소리)은 센서의 측정에 나쁜 영향을 미칠 수 있다. 개체로부터 반사되는 각도나 개체의 재질도 영향을 미친다. 음파의 각도가 커질수록 강도가 세져서 센서의 정확도가 떨어진다. 음파 계산이 정확하지 않으면, 개체의 존재 여부나 개체까지의 거리 측정값에 오차가 발생하게 된다.

2.1.2.4 카메라

카메라는 상당히 오래전에 나왔으며 인류 역사상 가장 혁신적인 기술 가운데 하나로 손꼽힌다. 1980년대 후반에 디지털 카메라가 등장하면서 기존의 아날로그 사진 업계를 크게 뒤바꿨다. 이제는 디지털 카메라가 저렴해졌으며, 스마트폰 덕분에 널리 보급돼 누구나 사용하게 됐다.

자동차 업계에서 카메라를 처음 사용한 것은 1956년에 제네럴 모터스 (GM^{General Motors})가 선보인 뷰익 센추리온^{Buick Centurion} 콘셉트카였다. 센추리온은 (백업 카메라라고 부르는) 후방 TV 카메라를 장착해 촬영한 이미지를 차량 내부의 TV 화면으로 전송했다. 하지만 본격적으로 양산차에 적용된 것은 그로부터 30년이 지나서 도요타가 후방 카메라를 장착하기 시작할 때부터였다[6]. 현재 카메라는 주차를 지원하기 위해 후방 이미지를 스트리밍하는 데 그치지 않고, 차선 이탈 경고나 속도 제한 정보부터 AR이나 오토파일럿 기능에 이르기까지 혁신적인 ADAS를 구현하는 데 핵심 요소로 자리매김했다. 일부 국가에서 카메라는 자동차 분야에서 훨씬 더 중요한 역할을 담당한다. 미국의 경우, 2018년 5월부터 생산되는 모든 신차는 반드시 후방 카메라를 장착해야 한다.

그림 2.9(a)와 2.9(b)는 각각 차량용 스테레오 카메라의 예와 차량 내부에 전방 카메라를 장착한 예를 보여준다.

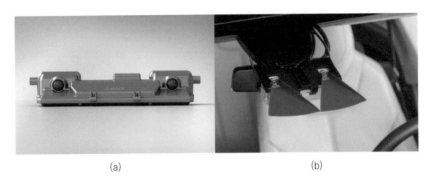

(a) (b)

그림 2.9 (a) 보쉬 스테레오 비디오 카메라(보쉬 미디어 서비스의 허가를 받아 인용함. ⓒ2017 Robert Bosch GmbH). (b) 윈드쉴드에 장착한 스테레오 비디오 카메라(보쉬 미디어 서비스의 허가를 받아 인용함. ⓒ2017 Robert Bosch GmbH).

카메라의 구조

카메라는 라이다, 레이더, 또는 초음파 센서와 달리 패시브(수동형) 센서다. 따라서 광파를 수동적으로 받을 뿐, 어떠한 형태의 에너지도 능동적으로 송출하지 않는다(단 ToF 카메라는 예외인데, 뒤에서 자세히 설명한다). 카메라는 기본적으로 세 가지 요소, 즉 광학 장치optics, 이미지 센서, 이미지 프로세서로 구성된다.

카메라의 광학 장치를 구성하는 렌즈와 필터는 응용에 따라 설계가 달라진다. 전방 카메라는 어두운 곳에서도 최대한 많이 볼 수 있도록 큰 조리개가 달린 장초점 렌즈long-focus lens를 주로 사용하는 반면, 후방 및 측면 카메라는 주위에 있는 개체를 최대한 많이 담을 수 있도록 작은 조리개가 달린 광각 렌즈를 사용한다. 이미지 센서와 이미지 프로세서는 광파를 수집해서 걸러낸 뒤, 이더넷 인터페이스나 LVDSLow-Voltage Differential Signaling(낮은 전압 차분 신호)를 통해 전송할 수 있도록 디지털 비디오 스트림으로 변환한다. 일부 지능형 카메라 시스템은 강력한 신호 처리 프로세서(DSP^{Digital Signal Processor})를 장착하고 있어서 실시간으로 개체를 탐지하고 신호를 인식하고 차선을 감지하는 등의 다양한 작업을 수행하며, 감지한 개체 목록을 별도의 버스 메시지로 전송할 수도 있다.

스테레오 카메라^{stereo camera}는 모노 카메라 두 개가 서로 같은 방향을 바라보도록 구성한 것이다. 그래서 입력 비디오 스트림이 두 개가 있다. 하나는 왼쪽 카메라에 대한 것이고, 다른 하나는 오른쪽 카메라에 대한 것이다. 그림 2.10은 스테레오 카메라로 깊이 정보를 계산하는 예를 보여준다.

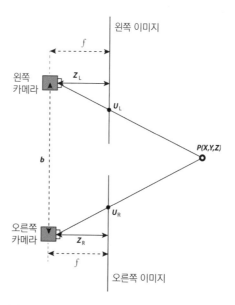

그림 2.10 스테레오 카메라를 이용한 깊이 계산. 왼쪽 카메라와 오른쪽 카메라의 초점거리 f는 서로 같고, 실제 지점 P는 각각 u_l과 u_r에 투영된다고 가정한다. 투영된 두 점 사이의 거리를 시차(disparity)라 부르고, f * b/z로 계산한다. 여기서 b는 두 카메라 사이의 거리다. 그래서 z(카메라로부터 실제 지점 P까지의 거리)는 'z = f * b/시차'로 계산한다(Renishaw의 'Optical encoders and LiDAR scanning'에서 인용함. ©2019 Renishaw plc).

스테레오 카메라의 핵심 기능 중 하나는 대응점 탐색^{correspondence search}

을 수행하는 것이다. 대응점 탐색이란 여러 센서가 수집한 이미지들의 유사점을 찾아서 주변에 대한 연속 이미지를 생성하는 과정을 말한다. 여기에 사용할 수 있는 알고리즘은 다양하게 나와 있다. 영역 기반 알고리즘area-based algorithm은 한 이미지의 조그만 영역에 대해 다른 이미지에서 비슷한 영역을 찾는다. 반면 특징 기반 알고리즘feature-based algorithm은 각 이미지에서 고유한 특징을 찾아서 공통점을 대응시킨다. 영역을 계산하지 않고, 모서리, 선과 같이 이미지에서 식별 가능한 작은 요소로부터 계산을 한다. 대응점 탐색 과정의 복잡도를 줄이기 위해 등극선 기하epipolar geometry를 기반으로 처리할 수 있다. 단, 상대방 이미지에 대응되는 픽셀이 이미지 안에 여러 개 있어야 한다. 대응점은 한 카메라 뷰에 찍힌 개체를 다른 카메라의 이미지 평면에 투영시키는 과정인 등극선epipolar line을 통해 생성할 수 있다. 이러한 특징 기반 기법을 이용하면 시스템이 유사점을 찾아서 이미지를 합칠 수 있다. 수평 화각(FOVFields of View)이 중첩된 네 개 이상의 어안 카메라fish-eye camera에서 수집한 이미지로부터 (360도) 서라운드뷰surround view를 생성하는 과정에서도 이와 유사한 원리를 이용한다.

ToF 카메라는 고정된 지점에서 3D 장면 전체를 캡처할 수 있다. ToF 카메라는 신호의 거리를 결정하기 위해 렌즈 바로 옆에 붙은 PMDPhotonic Mixer Device를 주로 사용한다. 적외선 광원을 이용해, 라이다와 레이더와 초음파 센서에서 사용하는 ToF 작동 원리를 기반으로 개체의 거리를 측정한다. 따라서 ToF 카메라에서는 거리 측정과 거리 계산이 나눠지므로 스테레오 카메라보다 훨씬 간결하다.

카메라의 장점과 단점

라이다나 레이더, 초음파 센서를 비롯한 다른 거리 센서range sensor와 비교해, 카메라는 컬러와 같은 더 광범위한 주파수 대역을 수집할 수 있다. 따

라서 차선 감지, 교통 신호 인식과 같이, 장면에 대해 훨씬 다양한 정보를 파악할 수 있다. 경우에 따라 카메라를 이용한 시각 기반 로컬라이제이션의 결과가 라이다 기반 로컬라이제이션의 결과보다 훨씬 뛰어날 때가 있다. 가령 구조보다는 텍스처를 이용해 빌딩과 같은 랜드마크를 쉽게 구분할 수 있는 상황에서 그렇다. 또한 카메라는 레이더나 라이다에 비해 가격이 저렴한 편이다.

하지만 카메라는 주변광^{ambient light}과 날씨 상태에 민감하다. 직사광선에서 제대로 작동할 수 없고, 조명이 없는 곳에서도 제 기능을 발휘하지 못한다. 날씨도 부정적인 영향을 미칠 수 있다. 폭우나 폭설, 안개 등에 의해 카메라 이미지가 무용지물이 될 수 있다.

2.1.2.5 위성 항법 시스템

GNSS^{Global Navigation Satellite System}는 레이더와 마찬가지로 원래 군사용 목적으로 개발된 것이다. 완전한 기능을 갖춘 최초의 GNSS는 Navstar(내브스타)로서, 현재 널리 사용되는 GPS^{Global Positioning System}의 조상격이라 할 수 있다. Navstar는 Navigation system using timing and ranging의 줄임말이며, 1970년대 미국 국방부에서 전 세계 미군 병력의 위치를, 그중에서도 특히 미 해군에서 운용 중인 신형 유도 미사일 탑재 잠수함의 위치를 빠르고 효과적으로 제공하기 위해 개발한 것이다[9]. 이처럼 GNSS는 군용과 민간용 모두에서 중요한 역할을 하기 때문에 EU의 갈릴레오^{Galileo}, 러시아의 GLONASS, 중국의 바이두^{BeiDou}를 비롯한 다양한 위성 항법 시스템이 등장하게 됐다.

위성 기반 항법 시스템은 전 세계를 대상으로 하기 때문에 SDV 개발에 관련된 주요 혁신을 먼저 이뤘다. 자동차는 디지털 지도와 온보드 컴퓨터를 함께 이용해 지도상의 현재 위치를 파악하고, 원하는 목적지까지 가는 경로를 계산해 운전자에게 알려주는 작업을 자동으로 처리할 수 있다. 1980년대 초반, 일본의 자동차 회사인 혼다는 지도를 보여주는 차량용 항법(내비게이션) 시스템을 상용차에 최초로 장착했다. 지금은 구글 맵을 비롯한 다양한 서비스를 통해 실시간으로 교통 정보를 받아서 정체 구간을 피하기 위해 기존 경로를 업데이트하는 기능도 흔히 사용하고 있다.

　SDV 내비게이션과 관련해 특히 명심할 점이 있다. GNSS는 정확도에 한계가 있으므로 모든 상황에 적용할 수 없다. 그럼에도 불구하고 GNSS는 앞으로 수년 동안 SDV 개발에 중요한 역할을 할 것이다.

GNSS의 구조

GNSS는 하늘 위의 여러 궤도에서 돌고 있는 위성을 기반으로 작동한다. GPS의 경우, 최소 24개의 위성이 연속적으로 신호(위성 ID, 현재 시각과 위치 등)를 주고받아야 전 세계를 대상으로 위치를 제대로 찾을 수 있다.

　GNSS 수신기는 패시브(수동형) 외부수용 센서다. GPS 수신기가 세 개 이상의 위성으로부터 신호를 받아야 지상의 위치를 결정할 수 있다. GPS 수신기에 원자 시계가 장착돼 있는 경우에는 세 개의 위성만 있어도 된다. 하지만 대다수의 GPS 수신기는 그보다 단순한 시계를 장착하고 있기 때문에 시간 오차를 어느 정도 만회하려면 최소한 네 개 이상의 위성으로부터 신호를 받아야 한다.

　GNSS 수신기의 위치는 삼변측량이라는 수학 원리를 이용해 계산한다. 이 기법에 의하면, 먼저 각 신호의 전파 시간propagation time부터 계산한다. 다시 말해 신호가 위성에서 출발한 시각부터 신호가 수신된 시각까지의 차이를 측정한다. 그리고 나서 이 시간에 신호 전달 속도(즉, 빛의 속도)를 곱해 위성까지의 거리를 계산한다. 그러면 그림 2.11처럼 모든 신호가 교차하는 영역이 수신기의 위치가 된다. 위성의 위치 A, B, C와 각각에 이르는 거리(D_A, D_B, D_C)를 이용해, 수신기의 위치를 결정하는 것이다.

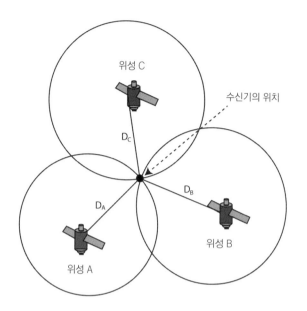

그림 2.11 GNSS 수신기의 위치를 결정하는 데 사용되는 삼변측량의 원리

GNSS의 장점과 단점

GPS, GLONASS와 같은 GNSS 시스템은 전 세계를 대상으로 작동하며 지구 표면의 모든 곳에 존재하는 수신기의 위치를 알아내는 데 사용할수 있다. GNSS는 절대 위치absolute positioning를 사용한다. 다시 말해, 장시간 사용하더라도 IMUInertial Measurement Unit와 오도메트리 센서에 누적 오차accumulated error가 발생하지 않는다. GPS 수신기는 현재 널리 사용되고 있고 가격도 저렴하며, 최신 스마트폰 덕분에 언제 어디서나 사용할 수 있는 수준에 이르렀다.

GNSS 기반 측위 기술GNSS-based positioning technology의 가장 큰 단점은 수신기와 위성 사이에 장애물이 없어야 제대로 작동한다는 것이다. 그래서

GNSS 기반 측위 기술은 위가 뚫린 야외에서 잘 작동하고, 주차장이나 터널 같은 실내에서는 제대로 작동하지 않는다. 가령 높은 건물로 둘러싸인 복잡한 도심에서는 GNSS 신호가 여러 경로를 거치면서 지연되는 현상이 발생한다. 신호가 여러 개체에 부딪혀서 반사된 신호가 여러 경로로 들어오기 때문에 위치 확인 성능이 크게 떨어질 수 있다. 또 다른 문제는 공용 GPS의 정확도가 대략 3미터(ESA의 갈릴레오 시스템은 1미터)에 불과하다는 것이다. SDV에서 사용하기에는 부족한 수준이다. 하지만 DGPS^{Differential Global Positioning System}나 RTK GPS^{Real-Time Kinematic GPS}와 같은 기술을 활용하면 위치 정확도를 크게 높일 수 있다. 단, 두 기술 모두 전용 기지국이 고정된 위치에 있어야 하므로 특정한 영역에서만 적용할 수 있다는 단점이 있다.

2.1.2.6 IMU

앞 절에서 설명했듯이 GNSS는 위성과 수신기 사이에 장애물이 없어야 하며, 위성은 최소 세 개 이상이어야 제대로 작동한다. 그래서 SDV를 구현하려면 복잡한 도심이나 실내와 같이, 위성 신호를 수신할 수 없는 상황에서 사용할 수 있는 기술이 필요하다. 바로 이러한 목적으로 관성 측정 장치(IMU)를 사용한다.

SDV는 IMU를 이용해 현재 위치와 자세^{pose}(차가 바라보는 방향)를 계산하는데, 이때 가속도계^{accelerometer}와 자이로스코프^{gyroscope}로 수집한 데이터를 활용하고 필요에 따라 지자기계^{magnetometer}로 수집한 정보도 함께 사용한다. IMU는 일반적으로 자이로스코프 세 개와 가속도계 세 개로 구성하며, 여섯 개의 자유도(DoF^{Degree-of-Freedom}) 자세 추정 기능(X, Y, Z축 + 롤, 피치, 요)을 제공한다. 일부 모델은 지자기계도 장착해 아홉 개의 DoF 자세 추정 기능을 제공한다. 그림 2.12는 IMU 센서의 예를 보여준다.

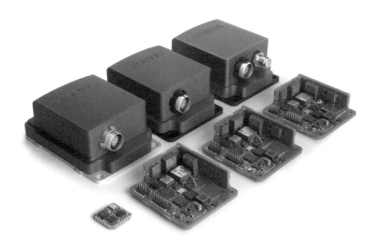

그림 2.12 Xsens MTi 1-시리즈, 10 시리즈, 100 시리즈 IMU 센서 모듈(Xsens의 허가를 받아 인용함. ©2019 Xsens Technologies B. V.)

IMU의 구조

IMU는 관성 센서, 그중에서도 자이로스코프를 이용해 고정 좌표계 기반으로 자동차의 방향을 알아낸다. 자이로스코프에는 여러 가지 종류가 있다. 기계식 자이로스코프mechanical gyroscope는 짐벌gimbal 두 개와 지지대 위에 고정된 돌림판spinning wheel이나 회전자를 사용한다. 돌림판의 각운동량에 의해 지지대의 방향이 변하더라도 휠의 원래 방향이 그대로 유지된다. 따라서 관성 좌표계를 기준으로 두 짐벌 사이의 각도 차이를 측정하는 방식으로 방향의 변화량을 측정할 수 있다. 광학 자이로스코프optical gyroscope는 주로 레이저 기반으로 제작하며 사냐 효과Sagnac effect라는 물리 현상을 이용한다[14]. 두 광학 빔이 회전하는 원형 경로에서 서로 반대 방향으로 전달될 때, 전파 시간propagation time, 즉 빔이 출발점으로 되돌아오기까지 걸린 시간은 아주 조금씩 차이가 나게 된다. 다시 말해, 회전 방향과 동일한 방향으로 이동한 빔이 출발점으로 되돌아오는 데 걸리는 시간은 반대 방향 빔보다 더 오래 걸린다(그림 2.13). 이러한 원형 경로에 나타난 각속도는 빔의 위상차를 측정하는 방식으로 알아낼 수 있다.

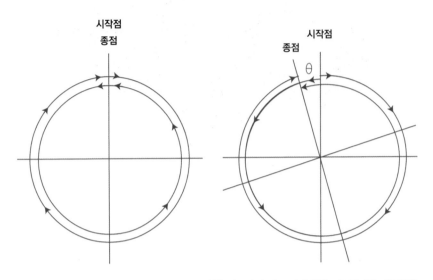

그림 2.13 사냑 효과. 두 광학 빔이 회전하는 원형 경로에서 서로 반대 방향으로 전파될 때(오른쪽 그림), 빔의 전파 시간은 회전하지 않는 원형 경로를 이동하는 빔보다 길다. 두 빔의 위상 차이(θ)를 측정하면 원형 경로에 나타난 각속도를 구할 수 있다(Kevin Brown의 'Reflections on Relativity'에서 인용함. 2004. ©2004 Kevin Brown).

널리 사용되는 IMU 중에 MEMS Micro Electro-Mechanical System 자이로스코프도 있다. MEMS 자이로스코프는 시스템의 각속도에 비례하는 회전 시스템에서 움직이는 개체의 방향을 바꾸는 관성력인 코리올리 힘 Coriolis force 을 측정하는 원리를 이용해 작동한다[13]. 그림 2.14(a)에서 보듯이, 회전체의 바깥 모서리를 향해 아래쪽으로 이동하는 사람은 왼쪽 방향으로 가속도를 높여야 아래쪽 방향으로 진행할 수 있다. 이렇게 증가한 왼쪽 가속도는 오른쪽 방향으로 증가한 코리올리 힘을 보상하기 위해 필요하다. 왼쪽과 오른쪽에 정전식 감응 소자가 있는 프레임 안에서 한 방향(위쪽 또는 아래쪽)으로만 움직이는, 공진 질량체 resonating mass 를 이용한 MEMS 자이로스코프를 생각해보자. 그림 2.14(b)와 같이 공진 질량체가 위쪽으로 이동할 때, 왼쪽으로 발생하는 코리올리 힘에 의해 공진 질량체가 이동한 양을 측정함으로써 플랫폼의 각속도를 알아낸다. 마찬가지로 그림 2.14(c)에서 보듯이 공진 질량체가 아래쪽으로 이동할수록 오른쪽 방향으로 발생하는 코리올리 힘에 의해 공진 질량체가 이동하는데, 가속도는 이러한 이동량에 비례한다.

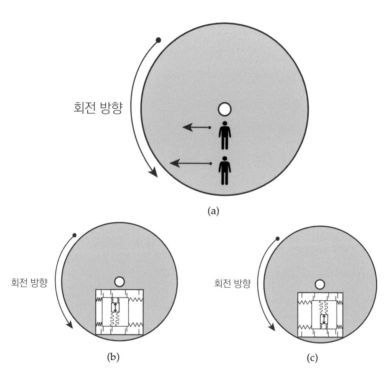

그림 2.14 코리올리 효과와 MEMS 자이로스코프의 작동 원리(Jeff Watson의 'MEMS Gyroscope Provides Precision Inertial Sensing in Harsh, High Temperature Environment'에서 인용함. ©2019 Analog Devices, Inc.)

IMU의 또 다른 중요한 구성 요소로 가속도계가 있다. 가속도계는 탄성spring−질량mass−감쇠damper 원리에 따라 작동한다. 관성력, 감쇠력, 탄성력은 모두 개체에 작용한 힘을 측정하는 방식으로 계산할 수 있다. 스프

링과 질량에 의해 발생한 압력은 장치 내부에 봉인된 잔류 가스^{residual gas}에 의해 감쇠된다. 가속도계의 종류는 다양하다. 정전식 가속도계^{capacitive accelerometer}는 고정된 구조물과 검증 질량 사이의 정전용량을 측정하고, 압전형 가속도계^{piezoelectric accelerometer}는 크리스탈 하나 또는 세라믹 압전 물질을 이용해 압력이 가해질 때 발생하는 전압을 측정한다. 두 가속도계 모두 한 축 방향으로 가속도를 측정한다. 그래서 3D 계산을 위해 가속도계를 세 개나 사용하는 것이다.

IMU의 장점과 단점

IMU는 지구의 중력장과 자기장처럼 언제든지 측정할 수 있는 매개변수를 감지하도록 설계된 수동형 센서다. 그러므로 SDV는 언제든지 IMU로부터 정보를 얻어서 활용할 수 있다.

하지만 언제든지 측정할 수 있다고 해서 오차가 없는 것은 아니다. 흔히 발생하는 IMU 오차로는 노이즈, 옵셋, 환산 계수^{scale factor} 오차 등이 있으며, 날씨나 온도에 따라 더 커질 수 있다. 일부 IMU는 기압계를 장착해 날씨에 의한 압력 변화를 보정한다. 날씨가 급격히 변하는 혹독한 상황에서는 수직 방향의 정확도가 일시적으로 나빠질 정도로 해수면 기압이 달라질 수 있다.

2.1.2.7 오도메트리 센서

오도메트리 센서^{odometry sensor/odometer}는 자동차가 이동한 거리를 측정하도록 특별히 설계된 센서다. 이 센서는 바퀴 회전수와 타이어 둘레를 곱해 구한다. 오도메트리 센서는 (외부 전력을 이용한) 액티브 센서이기도 하고 패시브 센서이기도 하다.

자동차 업계에서 오도메트리 센서의 기능은 흔히 휠 스피드 센서^{wheel speed sensor} 형태로 구현한다. 이 센서는 현재 휠 속도뿐만 아니라 각 휠이 이동한 거리에 대한 정보를 제공한다. ABS^{Anti-lock Braking System}를 비롯한 표준 안전 장치가 제대로 작동하려면 이러한 휠 속도를 정확히 측정해야 한다.

오도메트리 센서의 구조

패시브 휠 스피드 센서^{passive wheel speed sensor}는 외부 전력이 필요 없다. 펄스 휠이 모니터링할 휠과 동기식으로 회전한다. 펄스 휠의 톱니와 틈이 번갈아가면서 센서의 헤드에 장착된 영구 자석과 코일 사이의 자기 선속을 바꾼다. 그림 2.15에서 보듯이, 센서는 자기 선속의 변화에 의해 유도된 교류 전압을 측정해 속도를 알아낸다.

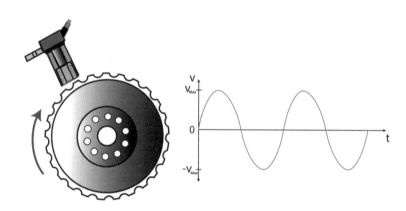

그림 2.15 패시브 휠 스피드 센서의 작동 원리. 휠이 회전하면서 번갈아 나오는 톱니와 틈에 의해 센서의 코일과 영구 자석 사이에 자기 선속의 변화가 발생하면서 교류가 발생한다.

액티브 휠 스피드 센서^{active wheel speed sensor}도 작동 원리는 비슷한데, 펄스 휠은 그림 2.16에 나온 것처럼 자극^{pole}이 교차하도록 구성된다. 이처럼 자극이 교차하면서 발생하는 변화는 자기 저항이나 홀 센서^{Hall sensor}로 감지해서, 펄스폭 변조(PWM^{Pulse-Width Modulated}) 신호로 변환한다. 패시브 센서와 달리 액티브 센서는 제어 유닛에 외부 전력이 필요하다.

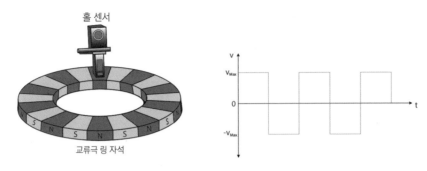

그림 2.16 액티브 휠 스피드 센서의 작동 원리. 홀 효과 센서(Hall-effect sensor)는 펄스 휠이 회전하면서 발생하는 자극의 변화를 감지한다. 이렇게 생성된 PWM 신호는 회선 속도에 비례한다.

오도메트리 센서의 장점과 단점

오도메트리 센서는 자동차의 이동 속도에 대한 정보를 상당히 정확하게 제공하며 가격도 저렴한 편이다. 최신 액티브 센서는 휠 스피드를 0.1km/h 단위까지 측정할 수 있으며, 진동과 온도 변화에 큰 영향을 받지 않는다[7].

하지만 자동차가 드리프트하거나 휠이 미끄러지거나 표면이 고르지 않은 등의 이유로 발생하는 오차가 누적되면, 정확도가 떨어지며 운행 거리가 길어질수록 그 정도는 심해진다[1]. 그래서 자동차의 위치를 계산하고자 오도메트리 센서로부터 측정한 값과 GNSS나 IMU와 같은 다른 센서 측정값을 조합하고, 칼만 필터Kalman filter와 같은 알고리즘을 이용해 정확한 결과를 구한다. 센서 데이터를 조합하는 방법은 3.5절에서 자세히 설명한다.

2.2 컴퓨팅 플랫폼

앞 절에서 소개한 센서들은 SDV의 눈과 귀에 해당하는, 주변 환경을 감지하는 기술이라 할 수 있다. 이에 반해 컴퓨팅 플랫폼은 두뇌에 해당하며, 센서로부터 수집한 모든 데이터를 분석해 실시간으로 정보를 가공함으로써 주변 환경에 대한 뷰를 생성한다. 컴퓨팅 플랫폼이 자동차 주변의 현재 상황을 파악하면, 의사 결정을 하고 필요한 동작을 수행하도록 액추에이터 인터페이스actuator interface에게 명령을 내린다. 이러한 감지sense–결정decide–실행act 루프는 자율주행의 핵심이다.

2.2.1 핵심 고려 사항

자동차 주변에 대한 3D 이미지를 견고하면서 정확도가 높게 생성하는 능력은 안전하고 신뢰성 있는 자율주행에서 핵심적인 요소다. 하지만 이를 위해서는 고성능 컴퓨터(HPCHigh-Performance Computer) 수준의 컴퓨팅 파워가 필요하다. SDV를 위한 최상의 컴퓨팅 플랫폼을 구성하는 데 반드시 고려해야 할 사항을 살펴보자.

- **데이터 속도**

  SDV 센서는 방대한 데이터를 생성하는데, 거의 실시간으로 처리할 수 있어야 한다. 자동차에 장착된 카메라와 라이다, 레이더를 비롯한 센서의 개수에 따라 데이터 전송 속도가 최대 1Gbps에 이를 수 있다. 비유하면, 유튜브 HD급 영상에 필요한 속도의 1,000배가량에 해당한다. 이런 데이터를 모두 수집해 처리할 뿐만 아니라 저장도 해야 하는데, 이를 위해 풀어야 할 큰 문제가 있다. 장애 진단을 비롯한 여러 기능을 수행하는 데 있어서 이렇게 저장된 미가공 센서 데이터에 접근하는 기능은 필수다. 따라서 스토리지 컨트롤러뿐만 아니라 스토리지 디바이스(HDD나 SSD) 자체도 데이터를 병목 현상 없이 고속으로 처리할 수 있도록 구성해야 한다.

- **컴퓨팅 파워**

  컴퓨팅 플랫폼은 방대한 데이터를 실시간으로 처리해야 할 뿐만 아니라, 모든 상황마다 올바른 결정을 내릴 수 있도록 컴퓨팅 파워가 충분해야 한다. 긴급제동emergency braking과 같은 동작은 몇 밀리초만 지연돼도 심각한 결과를 초래할 수 있으므로, 지연 시간은 거의 0에 가까워야 한다. 100km/h로 달리는 자동차는 1초에 28미터를 이동한다. 그래서 SDV의 반응이 1초만 늦어져도 총 제동 거리가 원래보다 28m나 늘어나게 된다. 140km/h로 달릴 때는 1초의 지연으로 제동 거리가 39m나 추가된다. 두 경우 모두 생과 사를 가를 정도로 안전에 큰 영향을 미친다. 드론이나 외과 수술용 로봇과 마찬가지로, SDV도 동작에 관련된 정보가 거의 실시간에 가깝게 안정적으로 전달돼야 한다.

- **에너지 소비**

  전문가들은 향후 SDV는 대부분 전기 자동차일 것으로 예상하고 있다[16]. 전기 자동차의 최대 주행 거리는 구동계를 비롯한 모든 전기 부품의 총 에너지 소비량에 따라 결정된다. 배터리의 불필요한 에너지 낭비를 줄이려면 에너지 효율을 극대화하면서 높은 컴퓨팅 파워를 제공하는 컴퓨팅 플랫폼을 구성해야 한다.

- **견고성**

  SDV가 거의 모든 지형과 (혹한과 혹서를 포함한) 기후에서 안전하게 작동하도록 보장하려면, 자동차급 표준에 맞는 컴퓨팅 플랫폼이 있어야 한다. 예를 들어, 작동 온도 범위는 −40~125℃여야 한다. 컴퓨팅 플랫폼과 이를 구성하는 하드웨어 요소는 기계적 진동을 충분히 견딜 정도로 견고해야 한다.

2.2.2 컴퓨팅 플랫폼의 예

SDV 기술 분야에 대한 대중의 관심이 아주 높고, 이에 대한 연구 개발 활동도 활발하기 때문에 여러 기술 기반 회사는 SDV를 비롯한 특수 응용에 특화된 고성능 컴퓨팅 플랫폼을 제공하기 시작했다.

엔비디아Nvidia는 GPU(그래픽 처리 장치)로 굉장히 유명한데, 자율주행에서 인지perception 기능 구현, 그중에서도 특히 7장에서 자세히 설명할 딥러닝으로 처리할 수 있는 영역에서 GPU의 잠재력을 일찌감치 간파했다. 그림 2.17에 나온 엔비디아 드라이브 AGX 페가수스NVIDIA DRIVE AGX Pegasus는 확장성이 높고 강력하며 에너지 효율이 높은 컴퓨팅 플랫폼으로서 자율주행에 특화해 설계됐다.

그림 2.17 엔비디아 드라이브 AGX 페가수스 컴퓨팅 플랫폼(엔비디아의 허가를 받아 인용함. ©2019 NVIDIA Corporation)

자율주행용 컴퓨팅 플랫폼을 개발한 또 다른 회사로 TTTech Auto가 있다. 이 회사는 컴퓨팅부터 항공까지 아우르는 기술 분야에서 견고하고 안전한 네트워크 기반 제어 기술로 유명하다. TTTech Auto의 르네사스Renesas 칩셋 기반인 'RazorMotion'과 인텔Intel/인피니온Infineon 칩셋 기반인 'AthosMotion'(그림 2.18) 프로토타입 ECU는 ASIL D 기능 안전 요구 사항에 맞게 개발됐으며, 양산 수준의 SDV 기능을 제공한다. 기능 안전은 6장에서 자세히 설명한다.

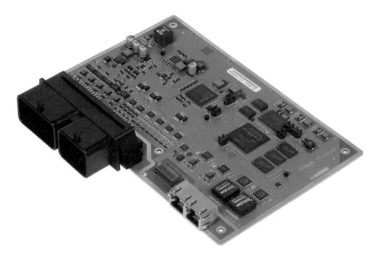

그림 2.18 TTTech Auto AthosMotion 컴퓨팅 플랫폼(TTTech Auto의 허가를 받아 인용함. ©2019 TTTech Auto AG)

2.3 액추에이터 인터페이스

액추에이터 인터페이스actuator interface는 컴퓨팅 플랫폼이 내리는 명령을 실제 물리적 움직임으로 변환하는 역할을 담당한다. 예를 들어 컴퓨팅 플랫폼이 조향각을 3도만큼 왼쪽으로 틀도록 결정하고, 액추에이터는 (폐쇄 루프 제어 시스템으로 구성될 수 있는) 조향 제어 모듈에 관련된 모든 저수준 명령이 제때, 그리고 정확하게(예를 들어, 명령이 실행될 때 조향각이 3도보다 작거나 크지 않도록) 수행되도록 보장한다. 이 명령을 실행하는 데 필요한 실제 저수준 제어 명령들은 자동차마다 다르다. 그래서 액추에이터 인터페이스는 각 자동차에 특화된 저수준 제어 명령의 복잡도를 숨겨주는, 자동차 종류에 독립적인 추상 계층과 같은 역할을 한다.

2.3.1 액추에이터 인터페이스의 구성 요소

국제자동차기술자협회(SAE International)의 SAE 표준 J670e Vehicle Dynamics Terminology[10]에서는 SDV가 안전하고 안정적으로 운행되려면 액추에이터 인터페이스에서 종방향 제어와 횡방향 제어를 모두 지원해야 한다고 정의하고 있다. 횡방향 제어lateral control는 자동차의 Y축 방향 움직임(즉, 좌우 이동)을 제어한다. 대표적인 예가 바로 조향각 제어다. 종방향 제어longitudinal control는 자동차의 X축 방향 움직임을 제어한다. 대표적인 예로 가속 페달과 브레이크가 있다. 그림 2.19는 SAE J670e 표준에서 정의한 자동차 좌표계vehicle axis system를 보여준다.

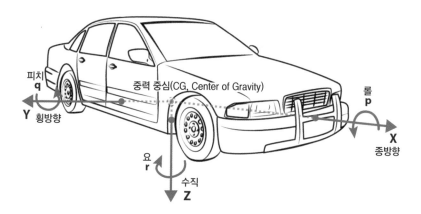

그림 2.19 SAE J670 자동차 좌표계(국제자동차기술자협회의 'Vehicle Dynamics Terminology: SAE J670e'에서 인용함. ©1978 SAE International)

SDV는 컴퓨터 플랫폼에서 구동하는 소프트웨어가 제어하기 때문에 자동차의 액추에이터는 완전히 프로그래머블programmable해야 한다(즉, '드라이브 바이 와이어drive-by-wire'를 지원해야 한다). 드라이브 바이 와이어로 작동하는 자동차는 주행 관련 기능을 모두 ECU로 제어한다. 이러한 ECU는 자동차에 여러 개가 장착돼 있으며, 그림 2.20처럼 연결된 버스 시스템으로부

터 명령을 주고받는다. SDV에서 완전히 프로그래머블한 종방향 및 횡방
향 제어를 하려면, 여러 가지 드라이브 바이 와이어 관련 구성 요소 중에
서도 최소한 스티어 바이 와이어, 브레이크 바이 와이어, 스로틀 바이 와
이어를 지원해야 한다. 스티어 바이 와이어steer-by-wire는 통신 버스를 통해
전달되는 전자식 스티어링 커맨드(메시지)를 통해 횡방향 제어를 처리한다.
브레이크 바이 와이어brake-by-wire와 스로틀 바이 와이어throttle-by-wire는 기계
식 페달 없이 순전히 프로그래밍에 의해 종방향 제어를 처리한다. 브레이
크나 스로틀 커맨드를 받으면 ECU는 실제 물리적인 정지 또는 가속 동
작을 수행한다.

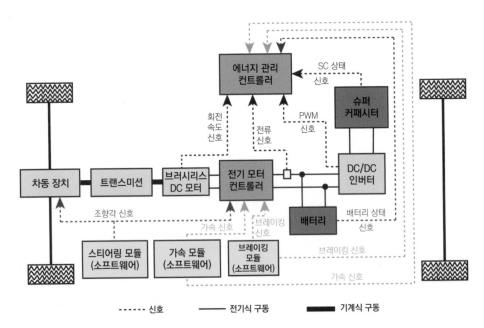

그림 2.20 전기 자동차에 사용되는 드라이브 바이 와이어 아키텍처의 예(Chaofeng Pan, Yanyan
Liang, Long Chen, Liao Chen의 'Optimal Control for Hybrid Energy Storage Electric Vehicle to
Achieve Energy Saving Using Dynamic Programming Approach'에서 인용함. ©Chaofeng Pan,
Yanyan Liang, Long Chen, and Liao Che, https://www.mdpi.com/energies/energies-12-00588/
article_deploy/html/images/energies-12-00588-g00l.png, "Architecture of the hybrid system",
https://creativecommons.org/licenses/by/4.0/legalcode)

자동차 제어를 모두 소프트웨어로 처리하기 때문에 사람 운전자가 사용하는 제어용 하드웨어(예: 스티어링 휠이나 가속 페달)가 더 이상 필요 없지만, 경우에 따라 사람이 언제든지 개입할 수 있도록 이런 하드웨어를 함께 장착할 수도 있다. 레벨 5 SDV는 이런 하드웨어가 전혀 없어도 된다. 자동차를 수동으로 운전할 사람 운전자가 없기 때문이다.

드라이브 바이 와이어 시스템은 어댑티브 크루즈 컨트롤이나 차선 보조 시스템과 같은 혁신적인 ADAS 애플리케이션을 구현하는 데 핵심적인 요소다. 하지만 이와 동시에 ECU에 가짜 메시지를 주입해 시스템에서 허용하지 않은 동작을 수행할 위험도 존재한다. 최신 자동차는 대부분 보안 계층을 추가로 제공해 해커가 드라이브 바이 와이어 시스템에 함부로 침투하기 어렵게 만들고 있다. 이런 장치가 마련되지 않은 예전 자동차는 보안에 취약하므로 드라이브 바이 와이어 시스템 내부의 버스 메시지를 가로채서 자동차의 제어권을 얻을 위험이 훨씬 크다.

그럼에도 불구하고 자율주행차량 프로토타입을 제작하기에는 최신 양산형 자동차보다 예전 자동차가 훨씬 쉽다. 여기서는 드라이브 바이 와이어 시스템 내부에서 사용되는 메시지가 자동차 제조사마다 다르며 같은 제조사라도 모델에 따라 달라지기도 한다는 점을 명심해야 한다. 이런 데이터는 일반적으로 소유권이 제조사에게 있다.

2.3.2 드라이브 바이 와이어 시스템 실현

앞 절에서 설명했듯이 SDV를 위해서는 드라이브 바이 와이어와 같은 시스템을 기반으로 자동차를 완전히 프로그래머블하게 제어할 수 있어야 한다. 드라이브 바이 와이어에서 내부적으로 사용하는 메시지는 대체로 공개돼 있지 않으며, 함부로 수정할 수 없도록 보호받고 있다.

하지만 기존 자동차에 드라이브 바이 와이어에 대한 정보나 접근 방법이 전혀 없는 경우에는 다음과 같은 몇 가지 방법을 고려해야 한다.

- 상용 개발 도구를 사용한다. 예를 들면, 포드와 링컨 자동차를 제어하는 데 사용되는 데이터스피드^{Dataspeed Inc.}의 ADAS 키트가 있다[3].

- OSCC^{Open Source Car Control}를 지원하는 자동차를 골라서 프로그래머블 인터페이스를 직접 구현한다[11]. 이 책을 저술하는 시점에 OSCC 프로젝트는 기아자동차 모델 하나만 지원하고 있었다. OSCC는 5장에서 자세히 설명한다.

- 기존 자동차의 수동 액추에이터를 모두 프로그래머블한 장치로 교체한다(그림 2.21).

그림 2.21 드라이브 바이 와이어 시스템으로 개조하는 모습(롤링 인스퍼레이션의 허가를 받아 인용함. ⓒ2018 Charmont Media Global)

2.4 차량 내부 네트워크

센서가 SDV의 눈과 귀고, 컴퓨팅 플랫폼이 SDV의 두뇌와 같다면, 차량 내부 네트워크in-vehicle network는 중추 신경계에 해당한다. 자동차 내부에 연결하는 데 사용할 수 있는 통신 네트워크의 종류는 다양한데, 현재 사용하는 자동차 플랫폼 컨트롤러와 센서의 종류에 따라 결정된다. 현재 나와 있는 센서의 종류는 너무나 다양하므로 자동차의 컴퓨팅 플랫폼은 하나 이상의 네트워크 시스템(가령 CAN과 이더넷 둘 다)을 지원해야 한다.

CANController Area Network은 가장 널리 사용되는 차량용 네트워크 버스 아키텍처다. 여러 ECU끼리 안정적으로 메시지를 주고받을 수 있도록 이미 1980년대 후반부터 적용된 것이다. CAN 메시지마다 식별자와 최대 8바이트 데이터, 기타 정보로 구성된다. CAN 메시지 ID는 각 버스마다 반드시 고유한 값이어야 한다. 이 값에 따라 버스 참여자가 데이터 페이로드를 해석하는 방법이 결정되기 때문이다. CAN 데이터의 전송 속도는 최대 1Mbps로 제한되지만, 개선된 버전인 CAN FDFlexible Data-rate부터는 1Mbps 이상으로 전송할 수 있으며 데이터 페이로드도 최대 64바이트까지 담을 수 있다[4].

이더넷Ethernet은 현재 IT 분야에서 LAN 환경을 위한 사실상의 표준으로 자리 잡았다. 그런데 무선 주파수 노이즈와 지연 시간과 같은 기술적 이슈로 인해 최근에서야 양산차에 적용되기 시작했다[8]. IT 분야에서는 큰 문제가 되지 않지만 자동차에서는 중요한 이슈였는데, 최근에서야 해결됐다. 이더넷은 기존 차량용 네트워크에 비해 훨씬 많은 양의 데이터 페이로드를 더 빠른 속도로 전송할 수 있다. 또한 모든 참여자에게 브로드캐스팅하거나 일부 참여자에게 멀티캐스팅하거나 특정 참여자에게만 전송하는 등, 다양한 옵션을 제공해 대역폭을 효율적으로 활용할 수 있다. 적은 페이로드에 다양한 메시지를 담을 수 있으므로 대역폭 효율을 더욱 높일 수 있다.

표 2.1은 CAN과 이더넷과 다른 차량용 네트워크 기술의 주요 특징을 비교한 것이다[2].

표 2.1 차량용 네트워크 시스템 비교(Alexander Camek, Christian Buckl, Pedro Sebastiao Correia, Alois Knoll의 'An automotive Side-view system based on Ethernet and IP'에서 인용함. 2012, IEEE 26th International Conference on Advanced Information Networking and Applications Workshops (WAINA), p.242)

이름	최대 대역폭	최대 페이로드	실시간 지원	비용
CAN	1Mbps	8바이트	없음	낮음
이더넷	1Gbps	1500/9000[a]바이트	없음	낮음
LIN	20kbps	8바이트	없음	낮음
FlexRay	10Mbps	254바이트	있음	중간
MOST	150Mbps	1014[b]/3072[c]바이트	없음	중간

[a] 점보 프레임(Jumbo Frame)
[b] MOST25
[c] MOST150

2.5 요약

이 장에서는 일반 자동차를 SDV로 변환하는 데 필요한 주요 하드웨어 구성 요소를 알아봤다. 그중에는 다양한 종류의 센서도 있고, 컴퓨팅 플랫폼도 있고, 액추에이터 인터페이스도 있고, 차량 내부 네트워크도 있다.

앞서 살펴본 것처럼 현재 SDV용 센서가 다양하게 나와 있다. 외부수용 센서는 자동차 주변의 상황을 파악하는 눈과 귀 같은 역할을 한다. 능동형 외부수용 센서는 송출한 에너지가 돌아오는 데 걸리는 시간을 기록하는 방식으로 작동한다. 레이더와 라이다는 전자기 에너지를 송출한다. 레이더는 전파를 이용해 화각에 있는 개체의 거리와 방향을 측정한다. 라이다는 저전력 레이저를 이용해 포인트 클라우드 형태로 주변 상황에 대한 3D 이미지를 구성한다. 초음파 센서는 음 에너지sound energy를 송출해 자동차 바로 주변에 있는 개체의 위치와 방향을 측정한다. 이와 반대로 GNSS 수신기나 카메라와 같은 수동형 외부수용 센서는 주변 환경으로부터 받은 에너지를 수동적으로 기록한다. 카메라는 자동차 주변의 개체에 대해 상세한 시맨틱 맵을 생성하는 데 활용된다. GNSS는 전 세계 어디서라도 자동차가 자신의 위치를 몇 미터 단위로 알아낼 수 있다(물론 볼 수 있는 위성이 충분히 많이 있어야 한다).

자기수용 센서는 특정한 좌표계를 기준으로 자동차의 상태를 측정한다. IMU는 여러 센서를 하나로 묶는다. 일반적으로 IMU는 3축 자이로스코프와 3축 가속도계와 3축 지자기계를 이용한 9 자유도(DoF)로 측정한다. 마지막으로 오도메트리 센서는 자동차 휠이 이동한 거리와 속도를 측정하는 데 사용된다. 3장에서 자세히 설명하겠지만, IMU와 오도메트리 센서는 자동차의 위치를 추측 항법으로 계산하는 데 활용된다.

모든 SDV에서는 고성능 컴퓨팅 플랫폼이 핵심이다. 앞에서 설명했듯이 이 플랫폼은 가정용 PC와 비슷한 점이 많지만, SDV에 필요한 복잡한 연산을 수행할 수 있도록 GPU를 장착한 것이 많다(이때 수행하는 연산은 3장에서 자세히 설명한다). SDV 설계는 안전 중요safety-critical 속성을 만족해야 하므로 실시간성을 지원해야 한다. 또한 극한 상황에서도 작동할 수 있어야 하며 전력을 최소한으로 사용해야 한다.

이 장에서는 컴퓨팅 플랫폼이 내린 커맨드를 종방향(가속과 감속)과 횡방향(조향)을 담당하는 ECU에 맞게 변환하는 데 사용되는 프로그래머블 액추에이터와 바이 와이어 제어 장치를 살펴봤다. 이러한 명령은 액추에이터 인터페이스라 부르는 추상 계층을 통해 전달된다. 요즘 사용하는 ECU와 액추에이터는 제조사마다 소유권을 갖고 공개되지 않으므로 제어하려는 액추에이터 제품에 맞추는 작업을 해야 할 수도 있다.

마지막으로 차량 내부 네트워크를 살펴봤다. 요즘 나온 자동차, 그중에서도 특히 SDV에서는 굉장히 중요한 요소다. 현재 대표적인 네트워크로 손꼽히는 CAN과 이더넷을 자세히 살펴봤다. 또한 다른 종류의 네트워크와 장단점을 비교하기도 했다.

다음 장에서는 여러 센서로부터 수집한 데이터를 취합해 SDV가 주변 환경을 정확하게 인지하도록 만드는 방법을 소개한다. 이 기능은 SDV가 실제로 어디에 있는지와 목적지로 어떻게 이동하는지를 인식하고, 주변 도로 상태를 파악하고, 환경에 있는 다른 개체와 충돌하지 않도록 피하는 데 핵심적인 요소다.

참고 문헌

[1]   Tanveer Abbas, Muhammad Arif, and Waqas Ahmed. Measurement and correction of systematic odometry errors caused by kinematics imperfections in mobile robots. In *SICE-ICASE, 2006. International Joint Conference*, pages 2073–2078. IEEE, 2006.

[2]   Alexander Camek, Christian Buckl, Pedro Sebastiao Correia, and Alois Knoll. An automotive side-view system based on eEthernet and ip. In *Advanced Information Networking and Applications Workshops (WAINA), 2012 26th International Conference on*, pages 238–243. IEEE, 2012.

[3]   Dataspeed. Robot mobility base I adas kit I vehicle power distribution. http://dataspeedinc.com/what-we-make/. [Online; accessed 17-Aug-2018].

[4]   Harald Eisele. What can fd offer for automotive networking. In 14. *Internationales Stuttgarter Symposium*, pages 1237–1254. Springer, 2014.

[5]   Heinrich Gotzig and Georg Otto Geduld. *LIDAR-Sensorik*, pages 317–334. Springer Fachmedien Wiesbaden, Wiesbaden, 2015.

[6]   K. Hamada, Z. Hu, M. Fan, and H. Chen. Surround view based parking lot detection and tracking. In *2015 IEEE Intelligent Vehicles Symposium (IV)*, pages 1106–1111, June 2015.

[7]   Hella. Wheel speed sensors in motor vehicles. function, diagnosis, troubl

eshooting. http://www.hella.com/ePaper/Sensoren/Raddrehzahlsensoren_EN/document.pdf. [Online; accessed 17−Aug−2018].

[8]   Ixia. Automotive ethernet: An overview. https://support.ixiacom.com/sites/default/files/resources/whitepaper/ixia−automotive−ethernet−primer−whitepaper_1.pdf. [Online; accessed 17−Aug−2018].

[9]   NASA. Global positioning system history. https://www.nasa.govIdirectorates/heo/scan/communications/policy/GPS_History.html. [Online; accessed 17−Aug−2018].

[10]   Society of Automotive Engineers. Vehicle Dynamics Committee. Vehicle dynamics terminology: Sae j670e : Report of vehicle dynamics committee approved july 1952 and last revised july 1976, 1978.

[11]   PolySync. Open source car control. https://github.com/PolySync/OSCC, Oct 2018. [Online; accessed 17−Aug−2018].

[12]   Konrad Reif. *Fahrerassistenzsysteme*, pages 321−367. Springer Fachmedien Wiesbaden, Wiesbaden, 2014.

[13]   Arthur G Schmidt. Coriolis acceleration and conservation of angular momentum. *American Journal of Physics*, 54(8):755−757, 1986.

[14]   Eyal Schwartz and Nizan Meitav. The sagnac effect: interference in a rotating frame of reference. *Physics Education*, 48(2):203, 2013.

[15]   David H Sliney and J Mellerio. *Safety with lasers and other optical sources: a comprehensive handbook*. Springer Science and Business Media, 2013.

[16]   US−EIA. Autonomous vehicles: Uncertainties and energy implications. https://www.eia.gov/outlooks/aeo/pdfIAV.pdf. [Online; accessed 17−Aug−2018].

[17]   Mark Walden. Automotive radar − from early developments to selfdriving cars. *ARMMS RF and Microwave Society*, 2015.

3

∴

인지

사람의 두뇌는 우리 주변의 환경을 인지하는 능력이 매우 뛰어나다. 심지어 너무나도 좋은 성능을 당연하게 여기기도 한다. 도로를 건널 때 우리는 다가오는 차량이 있는지 확인한다. 우리를 향해 다가오고 있는 차가 있다면 다가오는 차량의 속도를 빠르게 예상할 수 있고, 도로를 건너는 것이 안전한지 판단할 수 있다. 이런 방식과 비슷한 행동은 순전히 반사적으로 일어나며, 우리를 안전하게 지키기 위한 원초적 본능에 기반한다. 어떤 장면을 볼 때, 우리의 눈은 그저 빛과 색의 패턴을 기록해서 두뇌로 전달한다. 두뇌는 전달받은 패턴을 과거의 경험을 이용해 실제 이미지로 해석한다. 실제로 우리는 눈의 광학적인 원리 때문에 위아래가 뒤집어진 이미지를 보지만, 두뇌가 이미지를 올바르게 해석할 수 있어 공을 잡는 것과 같은 묘기를 부릴 수 있는 것이다. 하지만 자율주행차량이 이런 능력을 모사하는 것은 어렵다.

2장에서 봤듯이, SDV는 다양한 하드웨어 센서에 의존한다. 하지만 이런 센서가 생성한 미가공 데이터는 우리의 눈과 마찬가지로 본질적으로 무의미하다. 이런 데이터를 해석하고, 해석한 데이터를 이용해 차량 주변의 환경을 그려나가는 것은 소프트웨어가 수행하는 일이다. 구체적으로 말하자면, 이런 해석을 수행하는 것이 바로 인지 및 항법 소프트웨어다. 1.5미터 높이의 가느다란 물체가 눈앞의 도로를 천천히 건너는 것을 봤을 때, 인지 및 항법 소프트웨어는 이 물체가 보행자임을 인식하고 이 정보를 제어 소프트웨어로 전달할 수 있다. 이 소프트웨어는 차량이 보행자를 피할지 말지도 판단할 수 있다.

인지 기능의 목표는 차량 주변의 환경을 가능한 한 완전하고 정확하게 이해하는 것이다. 인지 기능은 이어지는 항법 기능의 의사 결정을 위한 근거가 된다. 인지에는 '나는 어디에 있는가?'와 '내 주변에는 무엇이 있는가?'에 대한 답변이 포함된다. 믿을 수 있는 인지 기능은 SDV의 원활하고 안전한 작동을 보장하는 데 필수적이다.

움직이는 개체가 있는 환경과 같이 동적인 환경에서의 인지는 일반적으로 두 하위 영역인 동시 로컬라이제이션 및 매핑(SLAM^{Simultaneous Localization And Mapping}), 이동 물체 검출 및 추적(DATMO^{Detection and Tracking of Moving Objects})으로 나눌 수 있다. 이 장에서는 SDV가 주변 환경을 어떻게 인지하는지를 자세히 다룰 것이다.

3.1 로컬라이제이션

로컬라이제이션은 어떤 지도를 기반으로 차량의 위치와 방향을 결정하는 과정이다. 지도는 공공 도로를 운행하는 자율주행차량에 쓰이는 세계 지도가 될 수도 있고, 공장과 같이 제한된 환경 내에서 운행하는 차량에 한정된 지도가 될 수도 있다.

로봇의 로컬라이제이션 기술에 대한 연구는 많이 이뤄졌다. 하지만 로봇과 SDV에는 상당한 차이가 있다. 일반적으로 SDV는 정확하게 매핑된 accurately mapped 환경에서 동작한다. 이런 방식을 통해 로컬라이제이션 문제가 더 간단해진다. 반면에 SDV는 빠르게 움직이는 물체들과 함께 훨씬 더 동적이고 복잡한 환경에서 동작하며, 동작하는 속도가 더 빠르다.

로컬라이제이션에는 두 가지 접근 방식이 있다. 지역local(혹은 상대relative) 로컬라이제이션은 현재 자세(혹은 위치)를 이전 자세와 비교한다. 전역global (혹은 절대absolute) 로컬라이제이션은 현재 자세를 결정하기 위해 외부 참조 정보external reference를 사용한다. 외부 참조 정보에는 인공위성이나 알려진 랜드마크가 포함될 수 있다. 일반적으로 상대 로컬라이제이션 접근 방법은 전역 로컬라이제이션 접근 방법에 비해 빠르고, 더 적은 리소스를 요구한다. 하지만 상대 로컬라이제이션은 오차나 드리프트drift의 악영향을 받는다. 더욱 심각한 것은 로봇 납치 문제의 희생자가 될 수 있다는 점이다. 이런 문제는 로봇의 시작 지점을 정확하게 파악하지 않고 아무렇게나 새 위치로 움직일 때 발생한다. 시스템이 재부팅되거나 상태 정보가 손실된 상황에서도 이런 문제가 발생할 수 있다. 이는 실제로 두 기법이 상호 보완적으로 사용될 수 있음을 의미한다. 상대 위치를 사용해 현재 자세를 추적하고, 주기적인 절대 로컬라이제이션을 통해 드리프트의 영향을 교정하거나 시스템 재부팅 이후의 위치를 스스로 파악할 수 있다.

3.1.1 GNSS 기반 로컬라이제이션

GNSS^Global Navigation Satellite System는 차량의 위치를 간단하고 저렴한 방식으로 구할 수 있어 인기 있는 로컬라이제이션 기술이다. GNSS는 삼변측량의 원리를 이용해 어디서든 차량의 절대 위치를 측정한다. 하지만 이런 방식은 적어도 세 개의 위성이 보여야 하므로 실내, 도심 협곡, 터널 등과 같이 위성의 위치를 알 수 없는 운영 환경에서 동작하는 데는 적합하지 않다. GNSS의 또 다른 단점은 상대적으로 낮은 정확도다. GNSS의 정확도는 D-GPS 혹은 RTK 기준국을 이용해 확실히 향상될 수 있지만, 어디서든 사용할 수 있는 기술은 아니다.

3.1.2 휠 오도메트리 기반 로컬라이제이션

휠 오도메트리 로컬라이제이션은 휠 센서와 방위각 센서를 이용하는 상대 로컬라이제이션 접근 방식이다. 휠 오도메트리 로컬라이제이션은 고대의 항해에서 사용하기도 한 간단한 기법인 추측 항법을 사용한다. 추측 항법은 차량이 바라보는 방향과 알고 있는 시작점으로부터의 이동 거리를 이용해 차량의 위치를 추정한다. 오도메트리 기반 로컬라이제이션은 외부 참조 정보가 필요하지 않으므로 어떤 운영 환경에서도 동작한다. 이 기법은 상대 로컬라이제이션 기법의 일종으로, 휠 슬립이나 고르지 못한 노면 등으로 인해 오차 누적 현상을 겪는다. 따라서 일반적으로 휠 오도메트리 기반 로컬라이제이션 결과는 터널 내 운전과 같이 다른 로컬라이제이션 기법을 쓸 수 없는 상황을 대처하는 용도로만 가끔씩 쓰인다.

3.1.3 INS 기반 로컬라이제이션

INS(관성항법시스템) 기반 로컬라이제이션은 휠 오도메트리 기반 로컬라이제이션처럼 외부 참조 정보가 필요 없는 상대 로컬라이제이션 기법이다.

INS 기반 로컬라이제이션은 일반적으로 가속도계, 자이로스코프, 지자기 센서로 이뤄진 IMU(관성 측정기)로 측정한 움직임과 회전 정보에 대한 추측 항법 기술의 적용을 기초로 한다. INS 기반 로컬라이제이션은 일반적으로 휠 오도메트리보다 더 정확하게 자세를 추정하지만, 여전히 오차 누적에 대한 내성이 있는 것은 아니므로 때때로 다른 (절대) 로컬라이제이션 기법으로 교정할 필요가 있다.

3.1.4 외부 참조 정보를 이용한 로컬라이제이션

차량의 로컬라이제이션을 위한 또 다른 방법은 차량을 운영하는 환경에 추가로 보조 장치나 시설을 설치하는 것이다. 보조 시설은 자석이나 시각 표지판과 같은 패시브(비송출) 디바이스passive device 혹은 와이파이나 블루투스 비콘Bluetooth beacon과 같은 액티브(송출) 디바이스active device가 될 수 있다. 시설 기반 로컬라이제이션은 일반적으로 다른 로컬라이제이션 접근 방법이 동작하기 힘든 실내 환경에서 쓰인다. 기술을 어떻게 사용하고 장치를 배치하는지에 따라 견고하고 정확하게 위치를 추정할 수 있다. 하지만 항상 시설의 수준을 향상시킬 수는 없고, 이런 접근 방식은 넓은 영역에서의 운영에 적합하지 않다. 자파리 연구진Zafari et al.[68]과 브레나 연구진Brena et al.[8]은 이런 접근 방식에서 흔히 쓰이는 기술과 기법을 비교했다.

3.1.5 라이다 기반 로컬라이제이션

라이다 기반 로컬라이제이션은 빌딩, 벽, 나무와 같이 운영 환경에 존재하는 '자연적인' 랜드마크를 사용한다. 라이다 기반 로컬라이제이션에는 특별한 시설이 필요하지 않으므로, 이 기법은 추가 시설 설치 비용이 과도하게 높거나 시설 설치가 불가능한 대규모 환경에서의 운영에 더 적합하다.

라이다는 알려진 지도 안에서 수행하는 지역 로컬라이제이션과 전역 로컬라이제이션 모두에 사용될 수 있다. 라이다 기반 로컬라이제이션에는 보통 스캔 매칭을 이용한다. 스캔 매칭은 두 스캔 결과가 최적으로 중첩될 수 있는 기하학적 정렬을 탐색하는 기법이다. 결과적으로 기하학적 정렬은 두 스캔 사이의 변화를 일으킨 차량의 이동translation과 회전이 된다. 차량의 이동과 회전을 추적하면서 시작점으로부터의 자세 변화를 누적시켜 현재의 자세를 구할 수 있다. 전역 로컬라이제이션과 관련해, 특정한 스캔 매칭 기법은 루프 클로징loop closure의 탐지에 적용될 수 있다. 여기서 루프 클로징은 이전 관찰의 스캔과 현재 스캔의 유사성으로 인해 현재 위치를 다시 방문하는 것을 의미한다. 또한 스캔 매칭은 지도를 구축하는 과정에서 사전 오도메트리 교정에 효과적인 방법인데, 대규모 환경에 대한 지도 구축 과정에서 견고함과 정확성을 크게 향상시킬 수 있다[28].

스캔 매칭

가장 많이 인용된 스캔 매칭 기법은 의심할 여지 없이 ICPIterative Closest Point 이다. ICP는 베슬Besl과 맥케이Mckay가 처음 도입했고[5], 이후 루Lu와 밀로스Milios가 로컬라이제이션 애플리케이션에 맞게 개량했다[40]. ICP는 두 스캔 사이의 점 대 점 거리를 최소화하도록 하는 반복 알고리즘이다. ICP는 세 가지의 주요 단계로 구성된다.

1. 참조(혹은 첫 번째) 스캔의 각 지점에 대해, 개체(혹은 두 번째) 스캔의 가장 가까운 지점이나 가장 가까운 주변 지점을 골라 대응correspondence을 탐색한다.
2. 참조 스캔과 개체 스캔에 대한 모든 대응 쌍의 제곱 평균 오차를 최소화하는 강체 변환을 계산한다.
3. 개체 스캔에 강체 변환을 적용하고, 제곱 평균 오차가 수렴할 때까지 반복한다.

1990년대에 ICP가 소개된 이후 ICP 알고리즘의 속도, 안정성, 노이즈에 대한 내성 등을 개선한 ICP의 아종이 제안됐다. PLICP는 점 대 점 거리 대신 점 대 선 거리를 사용해 수렴 속도를 향상시킨 ICP의 아종이다[10]. 올슨 스캔 매칭Olson Scan Matching으로도 알려진 상관 스캔 매칭Correlative Scan Matching은 데이터 관측 성공 확률을 최대화하는 강체 변환을 찾기 위해 (동작 명령이나 오도메트리에 대해) 가능한 모든 변환을 탐색하는 방식으로, 강체 변환 문제에 대해 확률적인 접근 방식을 취한다[46].

또 다른 종류의 접근 방식은 특징 대 특징 매핑을 기반으로 한다. 즉, 고속 레이저 관심 지역 변환(FLIRTFast Laser Interest Region Transform)과 같이 스캔 지점들이 특징 세트a set of features로 추출되기 때문에 로컬라이제이션은 현재 관측할 수 있는 특징을 지도나 위치 및 위치와 연관된 특징을 포함하는 데이터베이스와 매칭시키는 방식으로 수행된다[59]. 이런 접근 방법은 지역적으로 구분할 수 있는 랜드마크가 많은 환경에서는 부분적으로 효과적일 수 있고, 일반적으로 점 기반 접근 방식보다 환경을 컴팩트하게 표현할 수 있다.

레이더와 같은 또 다른 거리 및 베어링 센서를 기반으로 하는 로컬라이제이션 기법 또한 연구됐다. 비벳 연구진Vivet et al.은 느리게 돌아가는 주파수 변조 연속파(FMCWFrequency Modulated Continuous Wave) 레이더를 오도메트리와 매핑에 활용했다[62]. 워드 연구진Ward et al.은 저가의 레이더에 ICP 스캔 매칭과 연계한 확장 칼만 필터Extended Kalman Filter 기반 로컬라이제이션 기술을 적용해 좋은 로컬라이제이션 결과를 성취했다[63].

3.1.6 카메라 기반 로컬라이제이션

거리계 기반 로컬라이제이션처럼, 카메라 혹은 시각visual 기반 로컬라이제이션은 추가적인 시설을 요구하지 않는다. 이런 로컬라이제이션 기법은 모노, 스테레오, 혹은 RGB-D(피사체의 색과 깊이를 인식) 카메라를 통해 구한 환경의 시각적인 특징을 이용해 로컬라이제이션을 수행한다.

카메라를 이용한 로컬라이제이션에는 몇 가지 접근 방법이 있다. 비주얼 오도메트리(VO^Visual Odometry)는 연속적인 이미지를 기반으로 카메라의 움직임을 추정하는 방식으로 로컬라이제이션을 수행한다. 휠 오도메트리와 비슷하게, 비주얼 오도메트리는 시작점으로부터 추정한 자세를 점진적으로 갱신하는 방식으로 차량의 궤적을 획득한다. 반대로 VSLAM^Visual SLAM은 차량의 시작점으로부터의 로컬라이제이션뿐만 아니라, 지도 내에서 전역적으로 일관된 로컬라이제이션 또한 수행한다. VO는 움직임 추정 성능을 (일반적인 휠 오도메트리나 INS 기반 오도메트리에 비해) 향상시키기 위해 VSLAM에 사용될 수 있다[23].

VSLAM은 VO보다 더 어렵고, 루프 클로징의 탐지와 이전까지의 모든 카메라 관측을 추적하기 위해 많은 계산 리소스를 요구한다. 루프 클로징의 탐지, 또는 현재의 관측이 과거의 또 다른 관측과 매칭되는지에 대해 인지하는 것은 SLAM 기법에서 흔한 문제다. 루프 클로징이 탐지됐을 때, SLAM 알고리즘은 지도와 궤적에서 모두 발생하는 누적 드리프트를 교정할 수 있다. 이런 과정은 (차후에 설명할) 전역 번들 조정^global bundle adjustment 이라고 부른다. 비주얼 오도메트리는 궤적을 더욱 정확하게 추정하기 위해 이따금씩 번들 조정을 수행하는데, 일반적으로 최근의 관측 중 고정된 수의 관측을 사용한다(윈도우 번들 조정).

시각 기반 로컬라이제이션 방법은 일반적으로 두 가지 접근 방식, 즉 특징 기반 접근 방식이나 생김새 기반 접근 방식을 따른다. 특징 기반 방식에서, 로컬라이제이션 알고리즘은 현재 관측으로부터 가장자리와 모서리 같은 핵심적인 특징을 추출하고, 지금까지 관찰한 알려진 특징들과 매칭시킨다. 생김새, 혹은 직접 접근 방식은 이미지의 정보(예를 들어, 화소 강도)를 직접적으로 이용하는 방식으로 동작한다. 생김새 기반 접근 방식은 텍스처가 낮거나 텍스처가 없는 환경에 더 적합하지만, 급격한 밝기 변화와 이미지 블러image blurring에는 견고하지 않다[67].

가장 유명한 특징 기반 비주얼 로컬라이제이션 알고리즘은 모노, 스테레오, RGB-D 카메라 등에서 동작할 수 있는 ORB-SLAM2[45]이다. ORB-SLAM2는 ORBOriented FAST and Rotated BRIEF 특징을 사용한다[49]. ORB는 기본적으로 FAST 키포인트 검출기의 아종과 회전 인식 BRIEF 이진 설명자의 조합이다. 그림 3.1에서 볼 수 있듯이, ORB-SLAM2는 추적, 국부 매핑, 루프 클로징 탐지를 병렬 수행하는 세 개의 메인 스레드를 사용한다. 추적 스레드는 ORB 특징을 검출하고 국부 지도와 매칭시킨다. 국부 매핑 스레드는 국부 지도를 관리하고, 국부 번들 조정(LBALocal Bundle Adjustment)을 수행한다. 마지막으로, 루프 클로징 탐지 스레드는 루프 클로징을 탐지해 지도 중복을 방지하고 누적 드리프트를 교정한다. 추적 실패와 같은 상황에서, ORB-SLAM2 알고리즘은 루프 클로징을 탐지하거나 다시 로컬라이제이션을 수행하기 위해 차별적 시각 단어 집합(DBoW2Discriminative Bags of Visual Words)[24]을 기반으로 하는 ORB 특징 데이터베이스를 사용한다. ORB 특징 데이터베이스는 장소 인식 모듈에서 운영된다. 시각 단어 집합은 자연어 처리로부터 영감을 받은 개념이다. 시각 단어는 국부 특징의 조합으로 이뤄진 정보 영역을 말한다. 시각 어휘는 시각 단어의 모음이며, 일반적으로 많은 수의 이미지 학습 데이터로부터 구한 특징을 클러스터링하는 것을 통해 생성한다. 이런 이유로, 시각 단어 집합 개념에서 이미지는 공간 정보와 관계없이 이미지에서 구한 시각 단어의 주파수 히스토그램으로 나타낸다.

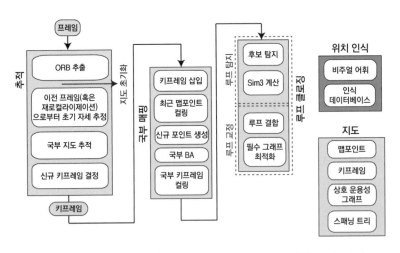

그림 3.1 ORB–SLAM2 알고리즘 개요(Raul Mur–Artal, Juan D Tardós의 'Orb–slam2: An open-source slam system for monocular, stereo, and rgb–d cameras'에서 인용함. 2017, IEEE Transactions on Robotics Volume 33 No. 5, p. 1255–1262, ©2017 IEEE)

대규모 다이렉트 모노큘러 SLAM(LSD–SLAM)[19]과 스테레오 대규모 다이렉트 SLAM(S–LSD–SLAM)[20]은 생김새 기반 비주얼 로컬라이제이션에서 핵심적인 알고리즘이다. LSD SLAM과 S–LSD SLAM은 추적과 매핑에 대해 이미지 강도에서 직접 동작하므로, 이런 알고리즘은 ORB–SLAM2와 같이 특징의 탐지와 매칭을 포함하지 않는다. LSD SLAM(그리고 스테레오 대응)은 기본적으로 포즈 그래프를 키프레임으로 사용하는 그래프 기반 SLAM 기법이다. 각 키프레임은 추정 세미 덴스semi-dense 깊이 지도를 포함한다. 여기서 '세미 덴스'라는 용어는 모든 이미지 픽셀을 사용하는 것이 아니라, 충분히 큰 강도 구배를 갖는 픽셀만을 사용한다는 것을 의미한다. 그림 3.2와 같이, LSD SLAM 알고리즘은 세 가지 주요 업무인 추적, 깊이 지도 추정, 지도 최적화로 구성된다. 추적 단계에서 자세 그래프에 대한 제약 조건은 직접 이미지 정렬을 사용한 강체 변환을 통해 결정한다. 깊이 지도 추정 단계에서는 현재 프레임을 새로운 키프레임으로 삼아 현재 깊이 지도의 개선과 새로운 깊이 지도의 생성을 모두 수행한다. 새로운 깊이 지도의 생성은 카메라가 기존의 지도에 비해 너무 멀리 떨어질 경우 수행한다. 마지막으로, 지도 최적화 단계에서는 제약 조건을 부과하는 것으로 인해 발생하는 오차를 최소화하도록 하는 최적의 그래프 구성^{configuration}을 계산한다. 그래프 구성의 계산 문제는 (초)그래프 최적화(G2O $^{General(Hyper)\ Graph\ Optimization}$)[32]나 희박 번들 조정(sSBA $^{Sparse\ Bundle\ Adjustment}$)[30]과 같은 일반적인 그래프 기반 SLAM 백엔드 프레임워크를 이용해 해결할 수 있다. 그래프 기반 SLAM은 3.3절의 마지막에서 더 자세히 다룰 것이다.

3.1.7 다중 센서 융합 기반 로컬라이제이션

실제로 SDV는 모든 상황에 대해 최적의 결과를 얻기 위해 앞서 언급한 접근 방법을 복합적으로 사용한다. 예를 들어, 도심에서 고층 빌딩 사이를 운전할 때와 같이 GNSS 기반 로컬라이제이션을 신뢰할 수 없는 경우에는 비주얼 오도메트리나 라이다 기반 오도메트리와 같은 다른 로컬라이제이션 방법에 의존해야 한다. 데이터나 다양한 센서의 출력을 결합하는 기법은 다중 센서 융합이라고 부른다. 이는 3.5절에서 다룰 것이다.

3.2 매핑

이전 장에서 다룬 순수 로컬라이제이션 기법이 동작하려면 매우 정밀하고 정확한 지도를 사전에 이미 구할 수 있다고 가정해야 한다. 하지만 실제로 이런 고정밀 지도는 일반적으로 공개되지 않고, 대부분 제작할 필요가 있다. 이 장에서는 SDV에 흔히 쓰이는 여러 종류의 지도를 살펴볼 것이다. 사용하는 센서의 종류, 연산 플랫폼의 메모리와 처리 능력, 사용 로컬라이제이션 알고리즘 등과 같은 요소를 고려해 모델이나 지도 유형을 선택한다.

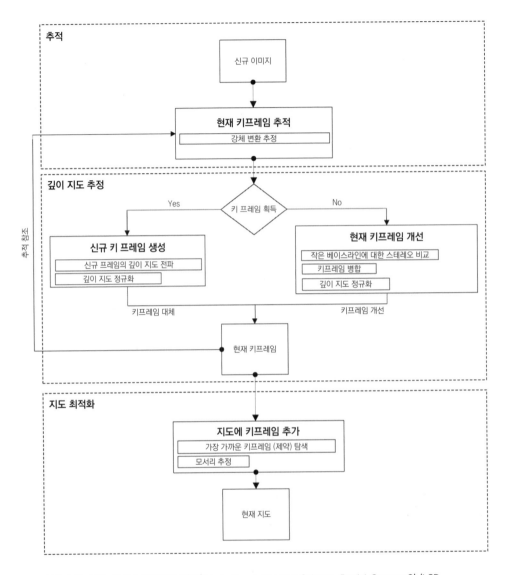

그림 3.2 LSD–SLAM 알고리즘 개요(Jakob Engel, Thomas Schöps, Daniel Cremers의 'LSD–SLAM: Large–Scale Direct Monocular SLAM'에서 인용함. 2014, Computer Vision – ECCV 2014, Lecture Notes in Computer Science, vol 8690, Springer, Cham)

3.2.1 점유 격자 지도

점유 격자 지도는 확실히 로보틱스와 SDV에서 가장 인기 있는 종류의 지도다. 격자 지도는 환경을 사각 셀(혹은 3D 지도의 큐브 셀)의 집합(혹은 격자)으로 분해한다. 격자 지도의 각 셀에는 점유됐는지에 대한 점유 확률이 포함돼 있다. 점유 격자 지도의 보편적인 표현 방식 덕분에 점유 격자 지도는 다중 센서 데이터 융합에서 인기 있는 선택지다.

3.2.2 특징 지도

특징, 혹은 랜드마크 지도는 나무와 나무의 환경 내 위치와 같이 특별한 물리적인 요소를 포함한다. 격자 지도와 비교해, 특징 기반 지도는 추상화 수준이 높기 때문에 더 컴팩트한 표현이 가능하고 센서 관측치의 작은 변화에도 더 견고하다. 반면에 SDV가 동작하는 특정한 환경에 적합한 좋은 특징을 선택하는 일은 어려울 것이다. 또한 특징을 실시간으로 추출하고 매칭하는 것은 전반적인 계산량을 증가시킨다. 그림 3.3은 시드니 빅토리아 공원Victoria Park Sydney에서 구한 격자 지도의 예시다. 여기서 격자는 원으로 강조했다.

그림 3.3 특징 지도의 예시(Josep Aulinas의 'Selective Submap Joining SLAM for Autonomous Vehicles'로부터 허가를 받아 인용함. 2011, Doctoral dissertation, University of Girona, Spain)

3.2.3 관계 지도

관계 지도는 환경 요소 사이의 관계를 정의한다. 관계 지도는 환경의 공간 정보를 기반으로 동작하는데, 앞서 살펴본 종류의 지도와는 대조적이다. 인기 있는 관계 지도 중 하나는 그림 3.4와 같이 그래프 기반 SLAM에서 널리 쓰이는 자세 제약pose-constraint 지도다. 자세 제약 지도에서는 위치나 방위각 같은 차량의 자세가 지도 요소에 포함되고, 점진적인 방식으로 지도를 구축하며, 그래프를 이용해 지도를 표현한다. 지도의 요소(혹은 그래프의 노드)는 일반적으로 오도메트리 측정치를 기반으로 하는 에지를 이용해 서로 연결된다. 에지는 자세 사이의 공간적 제약을 의미한다.

그림 3.4 자세 제약 지도의 예(Jose Guivant, Eduardo Nebot의 'Simultaneous localization and map building: Test case for outdoor applications'에 있는 Victoria Park 데이터셋에서 인용함. 2002, IEEE Int. Conference on Robotics and Automation)

3.2.4 다른 유형의 지도

지도의 표현 방식에는 위에서 언급한 지도 외에도 여러 가지가 존재한다. 격자 지도는 모든 셀의 점유 정보를 저장하는 반면, 포인트 기반 지도는 라이다 센서가 탐지한 고체 개체의 3D 점군point clouds 조합과 같이 점유된 정보만을 포함하는 유형의 지도다. 이와 대조적으로, 자유 공간 지도는 자유 공간 정보만을 저장하는 또 다른 유형의 메모리 최적화 지도다. 자유 공간은 기하학적 형상(예를 들어, 사다리꼴이나 원뿔)이나 보로노이Voronoi 그래프 등으로 나타낼 수 있다. 또 다른 인기 있는 종류의 지도는 선 지도다. 선 지도는 환경을 나타내는 선들의 조합을 사용한다. 압축성, 요구 연산 속도, 세부 수준과 기타 측면에 따른 일반적 지도 유형은 [52]에서 비교했다.

3.3 SLAM

이전 장에서 봤듯이, 정확한 지도를 구축하는 것은 차량의 정확한 자세를 알고 있을 때만 가능하다. 실제로, 차량의 정확한 자세를 결정하는 것은 센서의 측정 오차 때문에 어렵다. 동시 로컬라이제이션 및 매핑(SLAM)은 이런 고전적인 '닭이 먼저냐, 달걀이 먼저냐의 문제chicken-and egg problem'를 해결하려고 한다. SLAM은 환경에 대한 정확한 지도를 구축함과 동시에 지도 범위에서 차량에 대한 로컬라이제이션을 수행하는 기법이다. 문제는 그림 3.5와 같이 관찰된 지도의 특징과 차량의 알려진 위치 모두에 오차가 있으며 이런 오차는 차량이 마지막으로 알려진 위치에서 멀어질수록 증가한다는 것이다. 하지만 전체 경로를 수차례 반복 주행한다면, 루프 클로징 덕분에 SLAM은 일관적이고 정확한 지도를 만들 수 있다. 이런 과정을 통해 구한 지도를 사용해 로컬라이제이션 모드에서만 (매핑 없이) SLAM 알고리즘을 수행해 지도 내의 어느 곳에서나 차량의 로컬라이제이션을 정확하게 수행할 수 있다.

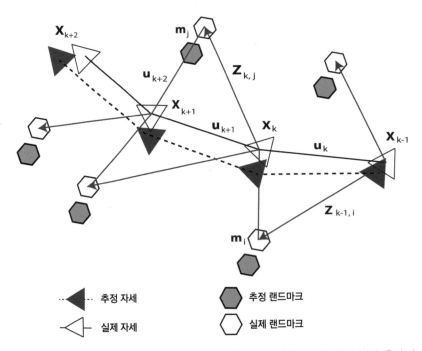

그림 3.5 SLAM 문제. 차량의 실제 위치는 측정 오차와 드리프트 등으로 인해 알 수 없다. 추정 자세 x_{k+1}은 차량 제어 u_{k+1}을 이전 추정 자세 x_k에 적용하는 것을 통해 계산한다. $z_{k,i}$는 차량의 자세 x_k와 관측한 랜드마크 m_i 사이에 대해 측정한 거리를 의미한다(Hugh F. Durrant-Whyte, Tim Bailey의 'Simultaneous Localisation and Mapping (SLAM) : Part I The Essential Algorithms'에서 인용함. 2006, IEEE Robotics and Automation Magazine Volume 13 Number 2, p. 99-108).

고전적인 로보틱스 연구에서 SLAM 문제는 완전 SLAM 문제와 온라인 SLAM 문제로 나눠질 때가 있다. 완전 SLAM은 전체적인 경로와 지도를 추정하려고 하는 반면, 온라인 SLAM은 최신의 자세와 지도만을 추정한다. $X_T = \{x_0, x_1, ..., x_t\}$는 경로 혹은 이동한 위치 시퀀스를 의미하고, x_0은 시작점을 의미한다. m은 환경에 대한 지도를 의미한다. $Z_T = \{z_1, z_2, ..., z_t\}$는 측정 시퀀스를 의미하고, $U_T = \{u_1, u_2, ..., u_t\}$는 제어 입력 시퀀스를 의미한다. 완전 SLAM 문제는 식 3.1과 같이 수식화할 수 있다.

$$p(X_T, m|Z_T, U_T) = p(x_{0:t}, m|z_{1:t}, u_{1:t}) \tag{3.1}$$

반면 온라인 SLAM은 다음과 같이 식 3.2를 통해 구현된다.

$$p(x_t, m|z_{1:t}, u_{1:t}) = \int_{x_0} \int_{x_1} \cdots \int_{x_{t-1}} p(x_{0:t}, m|z_{1:t}, u_{1:t}) \, dx_{t-1} \ldots dx_1 \, dx_0 \tag{3.2}$$

1980년대 중반에 SLAM 문제가 처음 제기된 이후로, SLAM 문제를 해결하기 위한 몇 가지 알고리즘이 제안됐다[66]. 일반적으로 SLAM 알고리즘은 두 가지 주 접근 방식, 즉 필터링 접근 방식과 최적화 기반 접근 방식으로 분류할 수 있다.

3.3.1 점유 격자 지도

필터링 접근 방식은 과거의 관측을 기반으로 현재 상태를 추정하는 기법을 말한다. 따라서 필터링 접근 방식은 새로운 관측치를 통합해 반복적으로 내재적 신뢰internal belief를 개선한다. 이런 접근 방법에는 두 가지 중요한 아종인 칼만 필터와 파티클 필터가 존재한다.

3.3.1.1 칼만 필터

칼만 필터는 모든 시스템 노이즈가 가우시안 분포를 따른다고 가정하는 베이지안Bayesian 필터의 일종이다. 그림 3.6과 같이, 칼만 필터는 두 단계(예측 단계와 갱신 단계)로 구성되는 재귀 기법이다. 예측 단계에서는 직전의 반복iteration(혹은 초기 추정치)으로부터 구한 최신 상태 추정치 $\hat{x}_{k-1|k-1}$과 오차 공분산 추정치 $P_{k-1|k-1}$을 사용해 예측 상태 추정치 $\hat{x}_{k|k-1}$과 예측 오차 공분산 $P_{k|k-1}$을 계산한다. 갱신 단계는 갱신된 상태 추정치 $\hat{x}_{k|k}$와 오차 공분산 추정치 $P_{k|k}$를 구하기 위해 최신 측정치 y_k를 고려해 직전 단계에서 구한 예측 상태 추정치를 교정하는 작업이 포함된다. 베이지안 필터링 접근 방법은 재귀 베이지안 추론 프레임워크를 사용해 상태 추정치와 같이 알려지지 않은 확률 분포를 추정하는 확률적 접근 방법이다. 이런 접근 방법을 사용하는 가장 인기 있는 두 가지 SLAM 알고리즘은 확장 칼만 필터(EKF-SLAM)와 무향 칼만 필터(UKF-SLAM)다.

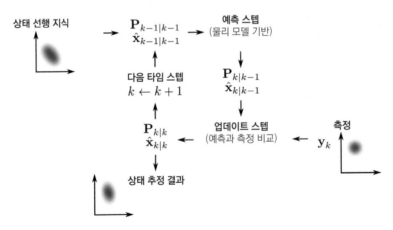

그림 3.6 칼만 필터 알고리즘(©페트리 아이모넨 / 위키미디어 공용 / CC-Zero-1.0)

확장 칼만 필터(EKF^{Extended Kalman Filter})와 무향 칼만 필터(UKF^{Unscented Kalman Filter})는 비선형 움직임과 (혹은) 측정 모델을 포함한 시스템의 해석에

쓰일 수 있다. 이런 특성은 SDV에서 사용하기에 이상적인데, 카메라, 라이다, 초음파, 레이더와 같이 흔한 센서가 사용하는 (각도와 거리에 대한) 극좌표계를 데카르트 좌표계로 변환할 때 비선형 항이 생기기 때문이다. 또한 움직임 모델은 일반적으로 비선형일 수 있는 이동과 회전을 포함한다.

선형 칼만 필터는 선형 시스템에서 항상 최적해를 구한다는 것이 증명된 반면, EKF와 UKF는 상태 추정치에 대한 추정 비선형 확률 분포만을 제공할 수 있다. EKF는 1차 테일러 확장 기반 선형화를 적용하는 것을 통해 비선형 확률 분포를 추정한다. 반면, UKF는 알려지지 않은 확률 분포를 표현하기 위해 특별히 선택한 가중 포인트 집합, 예를 들어 시그마 포인트를 사용하는 무향 변환(UT^{Unscented Transformation})을 기반으로 한다. 확률 분포의 평균과 공분산을 유지하기 위해 필요한 시그마 포인트의 수는 $2L+1$로 정의되는데, 여기서 L은 차원의 크기를 의미한다. 따라서 2차원 확률 분포의 경우, 다섯 개의 포인트(한 개의 평균 포인트와 각 차원에 두 개의 포인트)가 필요하다. 칼만 필터 갱신식은 이런 시그마 포인트를 비선형 함수에 직접 적용한다. 따라서 EKF와 같이 비선형 항을 미분하는, 즉 자코비안 행렬^{Jacobian matrix}을 계산할 필요가 없다. 일부 모델에서는 자코비안 행렬을 구하기 힘들 수 있고, 심지어 닫힌 형식의 자코비안 행렬이 존재하지 않을 수 있다.

EKF-SLAM과 UKF-SLAM은 간단하게 SLAM 문제에 EKF와 UKF를 각각 적용한 것이다. EKF-SLAM은 스미스^{Smith}와 치즈맨^{Cheeseman}이 1987년에 제안한 온라인 SLAM 문제[55]의 첫 번째 해결책이다. EKF-SLAM과 UKF-SLAM은 구조상 랜드마크 기반 지도(즉, 랜드마크 위치를 유지하는 지도)에 특히 유용하고, 거의 비슷한 연산 시간을 가진다. 하지만 두 기법은 랜드마크의 수가 늘어남에 따라 복잡도 또한 증가하는 대규모 지도에는 상대적으로 유용하지 않은 것으로 알려져 있다. 따라서 EKF-

SLAM과 UKF-SLAM은 일반적으로 좁은 공간이나 구별할 수 있는 랜드마크가 존재하는 사적인 도로와 같이 소규모의 환경에서 SDV가 동작할 때만 쓰인다.

3.3.1.2 파티클 필터

이전 장의 칼만 필터 접근 방식은 알려지지 않은 확률 분포가 가우시안 확률 분포일 것이라는 강한 추정에 의존한다. 이런 가정이 많은 사례에서 잘 동작하지만, 가우시안 분포는 어떤 시나리오에서는 너무나도 단순하다. 칼만 필터 접근 방식의 또 다른 한계는 단봉형 확률 분포 모델로 인해 현재 상태(지도와 자세)에 대해 한 가지 가설만을 허용한다는 것이다. 지도에서 비슷한 센서 측정 특성을 보이는 두 장소를 상상해보자. 언제든지 하나의 가설만이 가능하기 때문에 필터는 두 후보 위치 중 하나를 선택해야만한다. 필터가 잘못된 선택을 한다면, 이후의 모든 관측은 이전의 관측들로부터 구한 신뢰belief와 일치하지 않을 것이다. 따라서 필터는 잘못된 신뢰에 '갇히게' 되고, 이런 상황에서 회복할 방법을 찾거나 다시 초기화하지 않는 이상 결코 수렴하지 않을 것이다.

파티클 필터(PF^Particle Filter) 접근 방식은 가우시안 오차 가정을 철폐하는 것을 통해 이러한 한계를 극복한다. 다시 말해, 파티클 필터 접근 방식은 알려지지 않은 확률 분포에 대한 가정을 수행하지 않으므로 복잡한 비선형, 비가우시안 모델에 더 적합하다. 이런 접근 방식은 알려지지 않은 확률 분포를 임포턴스 샘플링importance sampling 기법을 통해 제안 분포로부터 임의로 추출한 가중치weight 샘플(혹은 '파티클')의 합으로 근사하는 순차 몬테-카를로(SMC^Sequential Montel Carlo) 기법을 기반으로 한다[29].

근사하고자 하는 타깃 분포는 알 수 없으므로, 타깃 분포로부터 어떤 샘플을 추출할 수는 없다. 하지만 임포턴스 샘플링으로 알려진 교묘한 통계적 방법을 사용해 간접적으로 샘플을 만들어낼 수 있다. 즉, (제안 분포로 알려진) 다른 확률 분포로부터 샘플을 추출하고 (중요도 가중치로 알려진) 가중치를 모든 샘플에 할당해 가중치 밀도가 목표 분포에 비례하도록 하는 것이다. 그림 3.7은 임포턴스 샘플링의 원리를 나타낸다.

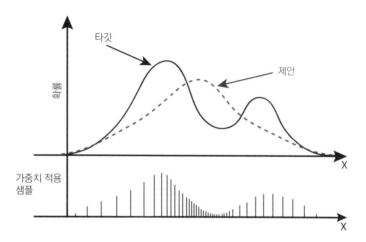

그림 3.7 중요도 샘플링. 알려지지 않은 타깃 분포 f(x)는 중요도 샘플링 가중치 w(x) = f(x) = g(x)를 갖는 제안 분포 g(x)로부터 샘플을 추출하는 것을 통해 근사된다(Michael Montemerlo, Sebastian Thrun의 'FastSLAM. A scalable method for the simultaneous localization and mapping problem in robotics'에서 인용함. 2007, Springer Tracts in Advanced Robotics, p. 37. ©2007 Springer Berlin Heidelberg).

SLAM의 맥락에서, 파티클 필터의 각 파티클은 지도와 차량의 자세에 대한 구체적인 가설을 포함한다. 매 반복에서 각 파티클의 추정 지도 및 자세는 차량의 움직임 모델과 센서 측정에 따라 갱신된다. 또한 각 파티클의 가중치는 관측 가능도를 기반으로 재배치된다. 그러나 PF가 '차원의 저주curse of dimensionality'에 시달리는 것은 잘 알려져 있는데, 이는 목표 분포와 일치하는 밀도를 보장하기 위해 필요한 파티클의 수가 시스템 차원에 따라 기하급수적으로 증가하기 때문이다[3].

이런 문제를 완화하는 확실한 방법은 상태 공간의 크기를 줄이는 것이다. 상태 공간의 크기를 줄이는 일반적인 접근 방식은 라오-블랙웰라이제이션$^{\text{Rao-Blackwellization}}$ 기법을 PF에 적용하는 라오-블랙웰라이즈 파티클 필터(RBPF$^{\text{Rao-Blackwellized Particle Filter}}$)다. RBPF는 궤적을 알고 있으면 지도를 구축할 수 있다는 관점을 기반으로 한다. 지도와 추정 자세 사이에는 의존성이 큰데, 따라서 두 분포에 대해 더 이상 샘플을 추출할 필요가 없어진다. 이런 점으로 인해 RBPF는 기본적인 PF보다 더 효과적이다.

RBPF-SLAM은 SLAM 문제를 두 개의 상태 부분 공간^{subspace}, 즉 궤적 부분 공간과 궤적에 따른 지도 부분 공간으로 분할하며, 이런 공간은 다음과 같이 수식화된다.

$$p(x_{1:t}, m|z_{1:t}, u_{0:t-1}) = p(x_{1:t}|z_{1:t}, u_{0:t-1}) \cdot p(m|x_{1:t}, z_{1:t}) \tag{3.3}$$

식 3.3에서 지도 공간의 사후 확률(사후 확률의 두 번째 구성 요소)은 다음과 같이 분해될 수 있다[58].

$$p(m|x_{1:t}, z_{1:t}) = p(x_{1:t}|z_{1:t}, u_{0:t-1}) \cdot p(m|x_{1:t}, z_{1:t}) \tag{3.4}$$

분해된 사후 확률을 식 3.4에 적용하는 것을 통해 전체 사후 확률은 다음과 같이 된다.

$$p(x_{1:t}, m|z_{1:t}, u_{0:t-1}) = p(x_{1:t}|z_{1:t}, u_{0:t-1}) \prod_{n=1}^{N} p(m_n|x_{1:t}, z_{1:t}) \tag{3.5}$$

사후 확률의 첫 번째 항인 $p(x_{1:t}|z_{1:t}, u_{0:t-1})$은 기본적으로 관측 Z와 움직임 제어 U에 기반한 로컬라이제이션 문제이며, 일반적인 PF를 사용해 해결할 수 있다. 두 번째 항의 지도 추정은 널리 쓰이고 있는 FastSLAM 알고리즘에서와 같이 칼만 필터(예를 들어, EKF)를 사용해 효과적으로 계산할 수 있다[43]. FastSLAM에서 각 파티클은 추정 궤적과 지도에서 각

랜드마크의 위치를 개별적으로 추정하는 낮은 차원의 EKF 조합이 포함한다.

PF와 관련된 흔한 문제 중 하나는 파티클 퇴화particle degeneracy라고 불리는 문제다. 이런 문제는 대부분의 파티클이 오랫동안 매우 작은 가중치를 가질 때 발생한다. 파티클 퇴화를 방지하기 위한 두 가지 주요 접근 방식이 있는데, 하나는 리샘플링이고 다른 하나는 더 나은 제안 분포better proposal distribution다.

리샘플링의 기본적인 아이디어는 가장 좋은 파티클은 유지하고 나쁜 파티클은 대체하는 것을 통해 낮은 가중치를 갖는 파티클의 수를 줄이는 것이다. 하지만 PF가 파티클 궁핍particle impoverishment으로 알려진 또 다른 문제에 빠지지 않도록 하기 위해 좋은 리샘플링 전략을 세워야 한다. 파티클 궁핍 문제는 필터의 다양성이 상실되는 상황, 즉 큰 가중치를 갖는 소수의 파티클에 의존하고 작은 가중치를 갖는 나머지 파티클은 버려지는 상황을 의미한다. 이런 상황은 PF가 다양한 가설을 가질 수 있다는 장점을 희석시키고, 버려진 파티클이 중요한 파티클일 수도 있다. 널리 쓰이는 리샘플링 알고리즘들의 개요와 알고리즘 간의 비교는 [16]에서 연구했다. 좋은 리샘플링 전략 중 하나는 모든 리샘플링 단계는 분산을 증가시키기 때문에 언제 (얼마나 자주) 리샘플링을 수행해야 하는지를 알아내는 것이다. 리샘플링의 일반적인 규칙은 유효 샘플 크기(ESSEffective Sample Size)가 특정한 임계값 미만일 때 리샘플링을 수행하는 것이다[34].

$$N_{ESS} = \frac{N}{1 + N^2 Var(w_{k|k}^i)} \tag{3.6}$$

여기서 N은 파티클의 수를 의미하고 $Var(w_{k|k}^i)$는 모든 파티클의 비중에 대한 분산을 의미한다. 식 3.6은 다음과 같이 근사해 간략화할 수 있다[27].

$$\hat{N}_{ESS} \approx \frac{1}{\sum_{i=1}^{N} (w_{k|k}^i)^2} \tag{3.7}$$

PF의 성능을 개선하기 위한 또 다른 접근 방식은 더 나은 제안 분포를 사용하는 것이다. 제안 분포는 임포턴스 가중치의 조건conditional 분산을 최소화하는 경우를 최적이라고 설명한다[17]. 직관적으로, 제안 분포가 더 나을수록 실제 사후 확률과 더 잘 매칭되고 관측과 '일치agree'하는 새로운 표본이 더 자주 추출된다. 이를 위한 한 가지 방법은 FastSLAM 2.0(FastSLAM의 개선된 버전)에서 사용한 접근 방식인 제안 분포에 최근의 관측을 통합시키는 것이다. 최적의 제안 분포는 더 적은 파티클로도 일반적인 접근 방식과 동일한 성능을 얻을 수 있을 뿐만 아니라, 알고리즘이 큰 움직임 불확실성large motion uncertainty에도 견고하도록 만든다[43].

3.3.2 최적화 접근 방법

본질적으로 필터링 접근 방식은 새로운 측정치를 순차적으로 수집함에 따라 과거의 관측 정보를 요약하고 시간에 따라 전파하는 방식으로 동작한다. 여기서 정보는 지도에 있는 모든 특징의 (특징들이 어떻게 서로 연결되는지에 대한) 결합 확률 분포joint probability distribution와 현재 자세를 포함한다. 현재 자세 외의 다른 자세는 정보에 포함시키지 않는다. 대조적으로, 최적화 기법은 스무딩 원리를 이용해 동작한다. 즉, 시작부터 현재 관측까지의 모든 자세와 측정치를 사용해 가장 가능성이 높은 전체 궤적을 찾는다는 것이다. 여기서 전체 궤적은 전체 관측 집합과 가장 잘 일치하는 궤적으로 정의된다.

과거의 관측이 고려되기 때문에 최적화 접근 방식은 완전 SLAM 문제의 확실한 해결책이 된다. 그러나 이는 최적화 접근 방식이 오프라인 배치 운영offline batch operation을 통해서만 이뤄질 수 있다는 것을 의미하지는 않는다. 다음 장에서 보게 되겠지만, 최적화 접근 방식의 일부는 온라인 SLAM 문제의 해결에서도 적합하게 동작할 수 있다. 사실, 최적화 접근 방식은 최신state-of-the-art SLAM 알고리즘을 지배해왔고 대규모 지도의 구축에 핵심적인 역할을 수행한다[56].

최적화 접근 방식을 기반으로 한 기법은 일반적으로 그림 3.8과 같이 프런트엔드front-end와 백엔드back-end라는 두 가지 과정으로 구성된다. 프런트엔드는 센서 데이터에서 유의미한relevant 특징을 추출하고 데이터 연계data association를 수행하는 센서 종속 과정이다. 국부(혹은 단기) 데이터 연계는 두 연속된 측정치 사이의 특징을 추적하는 방식으로 수행되며, 보통 '오도메트리 교정'을 위해, 즉 차량의 움직임을 더 잘 추정하기 위해 수행한다. 알고리즘이 일관적인 지도를 생성하려면 이 과정이 매우 중요하다. 전역(혹은 장기) 데이터 연계는 루프 클로징, 즉 차량이 관측했던 장소를 다시 방문했는지 여부를 탐지하기 위해 수행한다. 백엔드 과정은 모든 관측과의 일관성을 최대화하는 최적의 구성을 찾는 과정을 수행한다. 공식적으로 이런 일은 최대 사후 확률(MAPMaximum A Posteriori) 추정 문제의 해결이라고 하며, 다음과 같이 정의한다.

$$X^* = \arg\max_{X} p(X|Z) \tag{3.8}$$

여기서 X는 랜덤 변수 X의 관측 Z에 대한 신뢰 $p(X|Z)$를 최대화하는 최적 구성이다. 식 3.8은 베이즈 정리Bayes' theorem를 적용해 다음과 같이 다시 쓸 수 있다.

$$X^* = \arg\max_{X} \frac{p(Z|X)p(X)}{p(Z)} \propto \arg\max_{X} p(Z|X)p(X) \tag{3.9}$$

여기서 $p(Z|X)$는 구성 X에 대한 측정치 Z의 확률을 의미하고, $p(X)$

는 X에 대한 사전 확률을 의미한다. 사전 확률을 알 수 없거나 사전 확률이 균등한 확률 분포를 갖는 경우, 식 3.9의 p(X) 항은 상수가 되고 MAP 추정이 최대 가능도 추정(MLE^{Maximum Likelihood Estimation}) 문제로 축소된다는 점을 유의해야 한다.

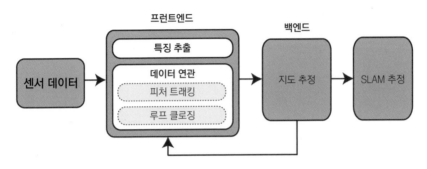

그림 3.8 SLAM의 프런트엔드와 백엔드 과정

이제 최적화 접근 방식에서 주요한 두 가지 아종인 그래프 기반 SLAM과 번들 조정(BA^{Bundle Adjustment})을 살펴볼 것이다.

3.3.2.1 그래프 기반 SLAM

그래프 기반 SLAM은 자세 제약 그래프를 구현하고, 그래프와 최대한 일치하는 구성을 찾는 방식으로 SLAM 문제를 해결한다. 그래프의 각 노드는 차량의 자세를 나타내고, 각 노드는 자세 사이의 공간 제약(이동과 회전)을 나타내는 에지에 의해 다른 노드와 연결된다. 그래프의 생성과 데이터 연계는 센서에 따른 프런트엔드 요소에 의해 이뤄진다. 백엔드 구성 요소는 가우스-뉴턴^{Gauss-Newton}이나 레벤베르크-마르콰르트^{Levenberg-Marquardt} 알고리즘과 같은 비선형 제곱법을 적용해 최대 가능도 추정을 해결한다.

그래프 기반 SLAM의 동작 방식을 보여주는 간단한 예를 살펴보자. 임의의 초기 위치에서 시작해 조향각 0도에서 직진 방향으로 1초 동안 0km/

h에서 대략 10km/h로 가속하라는 명령을 내린다. 이상적이라면, 차량이 출발 위치로부터 약 2.78미터 떨어진 곳에 위치해야 한다. 그러나 휠 마찰과 에너지 손실 등으로 인해 오도메트리 센서는 2미터에 미치지 못하는 값을 읽어들일 뿐이다. 차량에 비주얼 오도메트리를 수행하는 전방 주시 카메라도 설치돼 있다고 가정해보자. 비주얼 오도메트리는 휠 오도메트리 센서보다 더 정확한 편이기 때문에 비주얼 오도메트리로부터 개선된 값을 취한다. 비주얼 오도메트리의 결과에 따르면, 우리의 차량은 실제로 초기 위치로부터 3도 틀어진 상태에서 2.5미터를 이동한 것으로 나타났다. 연속된 두 관측에 대한 오도메트리 교정은 SLAM 프런트엔드의 단기 데이터 연계 부분에서 수행하는 일이다. 우리의 그래프에는 두 개의 노드가 있는데, 한 노드는 초기 자세를 나타내고 다른 노드는 현재 자세를 나타낸다. 노드는 단기 데이터 연계로 인한 이동과 회전을 나타내는 호^{arc}로 연결된다. 장기 데이터 연계 부분에서는 루프 클로징을 탐지하고, 이전의 관측들 중 현재 관측과 일치하는 관측이 있는지 여부를 결정한다. 이를 수행하기 위해 각 노드는 해당 자세에서 감지한 환경에 대한 정보 중 일부를 저장한다. 이상적인 정보는 추출, 비교, 저장 과정을 위해 상당한 CPU와 메모리 리소스를 소모하지 않고도 지도에서 이전 위치를 고유하게 식별할 수 있어야 한다. 데이터 연계에 쓰이는 정보에는 사용 센서 기술에 따라 시각 단어 집합(BoVW$^{Bag\ of\ Visual\ Words}$), 랜드마크 좌표 등이 사용될 수 있다.

그래프의 각 노드는 키프레임이라고도 하며, 연속 운행하는 차량에서 현재 상태에 대한 스냅샷을 나타낸다. 그래프에서 키프레임의 생성 주기는 일반적으로 성능과 정확성 사이의 트레이드오프$^{trade-off}$ 문제이며, 실험을 통해 결정한다. 키프레임이 너무 자주 생성될 경우, 그래프의 프런트엔드와 백엔드 과정에 더 많은 연산과 메모리 리소스가 필요하게 된다. 반면 키프레임 생성 빈도가 낮을 경우, 소모하는 리소스는 줄어들지만 알고리즘이 중요한 루프 클로징 상황을 놓칠 위험이 있다. 구성 또한 운행 시나리오에 따라 달라진다. 동일한 10미터의 거리라고 해도, 고속도로 운행에 비해 도심 시나리오에서 연관 정보가 훨씬 더 많이 수집될 것이다.

백엔드 프로세스는 모든 관측의 가능도를 최대화하는 모든 노드의 구성을 찾는 것을 통해 근본적인 그래프의 최적화를 수행한다. 사전 확률을 알 수 없거나 균일한 사전 확률을 가정할 경우, MAP 문제와 MLE 문제가 동일하다는 것을 상기해야 한다.

$$X^* = \underset{x}{\arg\max}\, p(Z|X) \tag{3.10}$$

각 관측이 독립적이라고 가정할 때, 모든 관측의 전체 가능도는 다음 식 3.11에서 정의하는 바와 같이 개별적인 가능도를 통해 만들어진다.

$$L(Z|X) = \prod_{i=0}^{n} L(Z|x_i) \tag{3.11}$$

여기서 $L(Z|x_i)$는 개별적 구성 x_i가 주어졌을 때 측정치 Z의 가능도를 나타낸다.

일반적으로 위의 식을 로그-가능도 함수로 다시 작성하는 것을 통해 전체 가능도가 식 3.12와 같이 가법 함수additive function가 된다.

$$\log L(Z|X) = \log \prod_{i=0}^{n} L(Z|x_i) = \sum_{i=0}^{n} \log L(Z|x_i) = \sum_{i=0}^{n} l(Z|x_i) \tag{3.12}$$

여기서 $l(Z|x_i)$는 $\log L(Z|X_i)$와 동등하다.

모든 관측에 대해 최대의 가능도를 갖는 최적 구성 X^*를 찾는 것은 모든 노드에 대해 예측 측정치와 실제 측정치 간 오차의 합을 최소화하는 구성을 찾는 것과 동일하다는 것이 밝혀졌다. 예측 측정치와 실제 측정치 사이의 편차는 오차(혹은 가치^{cost}) 함수라고 하며, 다음과 같이 수식화된다.

$$e_{ij}(x_i, x_j) = z_{ij} - \hat{z}_{ij}(x_i, x_j) \tag{3.13}$$

여기서 z_{ij}는 노드 x_i부터 x_j까지 각각의 실제 측정치를 의미하고, $\hat{z}_{ij}$는 두 노드 사이의 예측 측정치를 의미한다. 모든 관측 Z(그림 3.9 참조)에서 제약 쌍 집합으로, Ω_{ij}와 C를 이용해 측정치의 불확실성을 모델링하는 것을 통해 식 3.14에서 정의한 네거티브 로그-가능도$^{negative\ log-likelihood}$ 함수 $\mathbf{F}(x)$를 최소화하는 최적 구성 $\mathbf{X}^*$를 구한다.

$$\mathbf{X}^* = \underset{x}{\arg\min} \, \mathbf{F}(x) \tag{3.14}$$

여기서 다음과 같다.

$$\mathbf{F}(\mathbf{x}) = \sum_{<i,j> \in C} e_{ij}^{\mathsf{T}} \, \Omega_{ij} \, e_{ij} \tag{3.15}$$

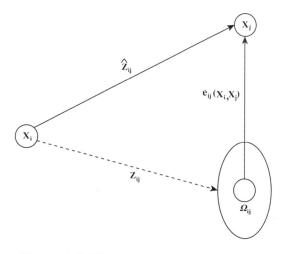

그림 3.9 그래프 기반 SLAM의 가치 함수 모델. 여기서 z_{ij}는 노드 x_i부터 x_j까지의 실제 측정치를 의미하고, $\hat{z}_{ij}$는 두 노드 사이의 예측 측정치를 의미한다. Ω_{ij}는 측정치의 불확실성을 의미하고, $e_{ij}(x_i, x_j)$는 실제 측정치와 예측 측정치 사이의 편차를 오차(가치) 함수로 나타낸 것이다.

식 3.14와 식 3.15는 흔히 최소제곱법이라고 알려진 기법을 목적(가치) 함수 $F(\mathbf{x})$에 대해 형성한 것이다. 이런 문제를 해결하기 위한 다양한 접근 방식은 참조 문헌에 존재한다. 하지만 SLAM은 다른 비선형 최소 자승 문제와 마찬가지로 닫힌 형식의 일반해가 존재하지 않는다[25]. 따라서 SLAM의 해를 구하려면, 일반적으로 초기치에서 시작한 후 무작위 선택, 추측, 혹은 경험을 기반으로 해서 가치 함수가 최소화될 때까지 반복하는 알고리즘이 필요하다. 일반적인 해결 알고리즘에는 경사 하강 (GD$^{\text{Gradient Descent}}$), 가우스-뉴턴(GN$^{\text{Gauss-Newton}}$), 레벤베르크-마르콰르트 (LM$^{\text{Levenberg-Marquardt}}$) 알고리즘이 있다. GD는 국부 최소치에 도달할 때까지 구배의 반대 방향으로 전파하는 것을 반복한다. 가치 함수의 1차 미분, 즉 구배를 사용하기 때문에 GD는 1차 최적화 접근 방식으로도 불린다. GN은 각 반복에서 1차 테일러 확장을 이용해 가치 함수를 '선형화'하거나 근사하고, 선형 시스템을 해석해 다음 스텝을 계산한다. LM은 GD와 GN을 결합한 형태다. 현재 반복에서의 파라미터와 최적값 사이의 차이가 크다면, LM은 더 큰 스텝(혹은 댐핑 계수)을 취하고 GD처럼 동작한다. 반면 현재 파라미터가 최적값에 가깝다면, LM은 작은 스텝을 취하고 GN처럼 동작한다.

위의 기본 비선형 최소자승 해석을 SLAM 문제에 직접 적용하면 파라미터, 즉 구성 X가 유클리드 공간에 존재하는 것으로 가정돼 차선의 결과를 초래할 수 있다[26]. 따라서 현대의 SLAM 백엔드는 회전 파라미터 공간이 유클리드 공간이 아니므로 보통 온-매니폴드$^{\text{on-manifold}}$ 최소자승 최적화를 수행한다. 매니폴드는 유클리드 공간과 국부적으로 닮은 위상 공간이지만, 전역적으로는 유클리드 공간이 아닐 수 있는 위상 공간이다[33]. 온-매니폴드 최적화는 기본적으로 유클리드 대응^{counterpart}과 같은 구조를 가진다. 각 반복에서 새로운 스텝은 국부 유클리드 근사 공간 안에서 계산된다. 누적 증분은 전역 비유클리드 공간에 투영되고 수렴할 때까지 반복된다[26].

오픈소스로 구현한 그래프 기반 SLAM은 인터넷에서 구할 수 있다. 그 중 인기 있는 기법은 [56]에서 제공된다.

3.3.2.2 번들 조정

번들 조정(BA^{Bundle Adjustment})은 모델을 볼 수 있는 3D 구조와 파라미터(자세 및 교정)를 결합 최적화^{jointly optimize}하기 위한 시각 재구성 기법이다[60]. 번들 조정 방법은 원래 항공 매핑을 위해 개발됐는데, 이미지 특징으로부터의 광선 번들을 조정해 단일 지점, 즉 카메라 초점 평면의 중심을 기준으로 수렴하도록 한다. 그림 3.10과 같이, 번들 조정은 각 특징과 참조 랜드마크 같은 곳으로부터의 광선 번들을 카메라 중심을 기준으로 수렴하도록 할 수 있는 최적 조정을 탐색한다.

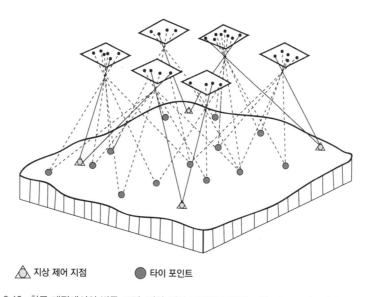

△ 지상 제어 지점   ● 타이 포인트

그림 3.10 항공 매핑에서의 번들 조정. 지상 제어 지점은 알려진 지상 좌표로 지표면에 고정된 (보통 물리적으로 마킹돼 있는) 포인트다. 타이 포인트는 참조 포인트로 사용될 수 있고, 좌표를 알 수 없지만 식별할 수 있는 특징을 의미한다.

그래프 기반 SLAM과 마찬가지로, BA는 일반적으로 가치 함수를 최소화하는 최적의 구성을 찾기 위한 비선형 최소자승 문제로 수식화된다. 흔히 쓰이는 가치 함수는 재투영 오차re-projection error, 즉 각 이미지 평면에 대해 관측한 특징의 위치와 해당 3D 포인트 각각의 예상 2D 투영 사이의 차이인데, 다음 식 3.16과 같이 수식화된다[2].

$$\underset{a_j, b_i}{\arg\min} \sum_{i=1}^{n} \sum_{j=1}^{m} d(P(a_j, b_i), x_{ij})^2 \tag{3.16}$$

그림 3.11에서 벡터 a_j는 카메라 파라미터를 나타내고, b_i는 이미지 j에서 볼 수 있는 모든 3D 포인트를 나타내며, x_{ij}는 이미지 j에 해당하는 3D 특징점 i를 나타낸다. $P(a_j, b_j)$는 이미지 j에 대한 3D 포인트 i의 추정 투영이고, $d(x,y)$는 벡터 x와 y로 나타내는 이미지 포인트 사이의 유클리드 거리를 나타낸다.

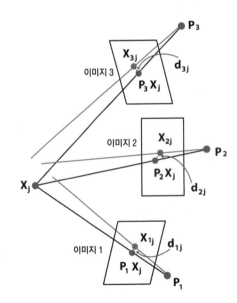

그림 3.11 BA 가치 함수로서의 전체 2D 재투영 오차 ($d_{1j} + d_{2j} + d_{3j}$). 재투영 오차 d_{ij}는 포인트 X_j와 (이미지 i에 대한 포인트 X_j의 추정 투영) P_iX_j 사이의 유클리드 거리로 정의된다.

BA를 일반적인 SLAM 문제에 적용하면, 관측 랜드마크 위치와 차량의 이동에 따른 각 랜드마크의 예측 투영 위치의 차이를 최소화하는 최적 구성을 찾는 것으로 문제를 재구성할 수 있다. 따라서 가치 함수는 랜드마크 관측 오차와 오도메트리 오차, 혹은 랜드마크−자세와 자세−자세 오차의 합이 된다[22]. 자세−랜드마크 제약 조건 집합은 기본적으로 지도인데, 지도는 모든 관측 랜드마크의 위치를 포함하기 때문이다. 만약 자세−랜드마크 제약이나 지도를 무시한다면 BA는 그래프 기반 SLAM 문제로 축소되는 것을 유의할 필요가 있다. 따라서 그래프 기반 SLAM은 지도 내에서 어떤 랜드마크나 특징을 사용하지 않는 시나리오에 적용할 수 있는 BA의 별종이라고 할 수 있다[22].

비선형 최소자승 문제를 수식화한 후, 그래프 기반 SLAM의 마지막 부분에서 설명한 표준 방법을 적용함으로써 BA를 해결할 수도 있다는 점을 유의해야 한다. 일반적으로 BA 문제를 해결하기 위해 쓰이는 알고리즘은 레벤베르크−마르콰트(LM) 알고리즘이다. 하지만 가치 함수에 포함되는 알 수 없는 변수가 많기 때문에 BA 문제에 LM을 직접 적용하는 것은 요구 연산량이 매우 커서 온라인 SLAM을 해결하는 데 적합하지 않다. 따라서 복잡성을 줄일 수 있는 최적화 기법이 제안됐다. 제안된 기법 중 하나인 국부 번들 조정(LBA), 혹은 슬라이딩 타임 윈도우Sliding Time Window 접근 방식은 n개의 최신 이미지에 대해서만 최소자승 최적화를 수행하고 마지막 N 프레임의 2D 재투영만을 고려하는 방식이다[44]. 또 다른 접근 방식은 도그렉Dog Leg 최소화 알고리즘으로, LM과 같은 성능을 내면서 연산 시간이 훨씬 짧다[38]. 현재 BA 최적화 접근 방식의 개요는 [37]에서 설명된다.

3.4 개체 탐지

SDV에 필요한 기본적인 능력 중 하나는 개체 탐지다. SDV가 안전하게 주행하기 위해, 즉 충돌/사고를 예방하기 위해 개체 탐지가 필수적일 뿐만 아니라, 환경을 적절하게 이해해 현재 상황에서 가능한 최선의 선택을 할 수 있도록 하는 것 또한 중요하다. 운전하는 사람으로서, 우리는 때때로 무의식적인 광범위 동시 개체 탐지 작업을 수행한다. 우리는 자동차, 보행자, 자전거와 같이 환경에서 움직이는 개체뿐만 아니라 차로 범위, 교통 표지판, 신호등과 그 외의 많은 위험 구성 요소 같은 정적인 구성 요소들도 인식할 필요가 있다. 오늘날에도 컴퓨터가 이런 능력을 복제하는 것은 매우 어려운 일이다. 그러나 (이 장의 후반부에서 간략하게 다루고 7장에서 자세히 다룰) 딥러닝과 같은 유망한 기술들이 격차를 빠르게 좁히고 있다.

컴퓨터 비전 연구에서 개체 탐지는 일반적으로 다음과 같은 부문제 subproblem로 나뉜다.

- 개체 로컬라이제이션, 즉 탐지한 개체에 대한 바운딩 박스bounding box의 결정
- 개체 분류, 즉 탐지한 개체를 사전에 정의한 클래스로 분류
- 의미 분할semantic segmentation, 즉 이미지를 의미적으로 주요한 부분으로 분할하고 각 부분을 사전에 정의한 의미 영역 중 하나로 분류

그림 3.12와 3.13은 위의 부문제들 사이의 차이점을 나타낸다.

그림 3.12 개체 로컬라이제이션과 분류(Good Free Photos의 'Cars driving on a rainy day'에서 인용함. ©2018 GoodFreePhotos.com / CC-Zero- 1.0)

Moving Car　**Road**　**Vegetation**

그림 3.13 의미 분할(User:RadioKAOS의 'Old Nenana Highway, Ester, Alaska'에서 인용함. ©RadioKAOS, https://commons.wikimedia.org/wiki/File:Old_Nenana_Highway,_Ester,_Alaska,_ showing_cars_lining_the_road_during_Angry,_ Young_and_Poor_Festival.j pg, "Old Nenana Highway, Ester, Alaska, showing cars lining the road during Angry, Young and Poor Festival", Coloration, https://creativecommons.org/licenses/by-sa/3.0/legalcode)

개체 탐지는 1960년대 중반부터 컴퓨터 과학 영역에서 활발히 연구돼 왔으며, 이 문제를 해결하기 위한 많은 기법이 제안됐다. [21]은 인기 있는 접근 방식들에 대한 연대기적 개요를 간략히 제시했다. 일반적으로, 개체 탐지 문제를 해결하는 것은 다음과 같은 단계를 포함한다(그림 3.14 참조).

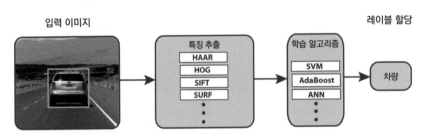

그림 3.14 일반적인 개체 탐지 파이프라인

- **전처리**

  전처리 단계는 이미지를 '정규화'한다. 즉, 미가공raw 이미지에 대한 조정을 수행해 후속 특징 추출 단계에서 예측되는 입력과 매칭시킨다. 이 단계에는 이미지 회전 및 크기 조절, 강도 조절 등이 포함될 수 있다. 실제로 수행할 작업은 애플리케이션에 따라 다르다. 어떤 접근 방식은 심지어 전처리 단계를 완전히 뛰어넘기도 한다.

- **특징 추출**

  특징 추출 단계는 불필요하거나 관련 없는 정보를 이미지에서 제거하고 분류에 연관된 정보(혹은 특징)만 유지시킨다. 특징 추출 단계를 통해 이미지가 특징 지도라 불리는 또 다른 형태로 변환된다.

- **분류**

  마지막 단계는 특징 지도를 사전에 정의한 클래스를 나타내는 참조 특징 지도들과 각각 매칭시키는 것이다.

3.4.1 특징 추출

특징 공학feature engineering, 즉 각 클래스를 모든 클래스와 명확히 구별할 수 있도록 하는 특징 설명자descriptor의 설계는 개체 탐지에서 꽤 어려운 부분이다. 간단한 테이블 분류 체계를 만드는 것을 생각해보자. 컴퓨터에 테이블 이미지를 입력하면 '테이블'을 올바르게 출력하고, 그렇지 않으면 '테이블이 아님'을 출력하려고 한다. 간단한 특징 설명자는 '네 개의 다리를 갖는 테이블'이라고 명시한 함수일 것이다. 이런 특징 설명자를 기반으로 이미지에서 다리와 비슷한 파트에 관련된 정보만을 추출하고, 나머지 모든 정보는 폐기한다. 분류 단계에서는 다리와 비슷한 이미지 파트의 개수가 결정되고, 이 정보를 바탕으로 결론을 낸다. 이렇게 빈약한 특징 설명자를 사용한다면, 마지막 단계에서 수행하는 분류를 아무리 잘 수행하더라도 개체 분류 결과는 분명히 미흡할 것이다. 외다리 바 테이블처럼 네 개의 다리가 없는 테이블은 많다. 마찬가지로, 이 세상에는 개와 같이 네 개의 다리를 가졌지만 테이블이 아닌 것들도 많다.

다행히 대규모 개체 탐지 문제를 해결하기 위해 다수의 일반적 특징 설명자 알고리즘이 정의됐고, 성공적으로 적용되고 있다. 아래에서 설명할 알고리즘은 가장 인기 있는 알고리즘들 중 일부다.

3.4.1.1 HOG

HOGHistogram of Oriented Gradients 설명자[12]는 국부 개체의 생김새와 모양을 나타내기 위해 강도 구배나 에지 방향의 분포(혹은 히스토그램)를 사용한다. 그림 3.15(b)와 같이, 이 알고리즘은 이미지를 작은 셀로 나누고, 셀의 각 픽셀에 대한 구배의 방향 히스토그램을 계산한다. 일반적으로 국부 히스토그램의 대비는 모든 국부 히스토그램이 결합돼 최종 설명자를 형성하기 전에 블록이나 연결된 셀 집합에 걸친 평균 강도 값을 이용해 정규화된다.

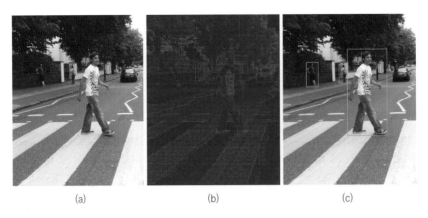

(a)   (b)   (c)

그림 3.15 (a) 원본 이미지. (b) 연관 HOG 특징. (c) 바운딩 박스 내에서 탐지된 개체(Sparragus 의 'Abbey Road Crossing'에서 인용함. ©Sparragus, https://commons.wikimedia.org/wiki/File: Abbey_Road_Crossing.jpg, "Abbey Road Crossing", Coloration, https://creativecommons.org/ licenses/by/2.0/legalcode)

3.4.1.2 SIFT

SIFT[Scale-Invariant Feature Transform][39]는 이미지를 불변 키포인트 집합, 즉 이미지에서 회전, 이동, 스케일, 조명과 기타 관측 조건에 따라 변하지 않는 국부 특징으로 나타낸다. 그림 3.16(b) 및 그림 3.16(d)와 같이, 각 키포인트에서 구배의 크기 및 방향 히스토그램을 사용해 계산한 128개의 벡터를 지문과 같이 사용할 수 있다. 마지막으로, 그림 3.16(e)에서 나타낸 것과 같이 지문과 알려진 지문 집합을 비교하는 것을 통해 개체가 동일한지를 판단할 수 있다.

그림 3.16 원본 이미지 (a)와 (c)로부터 계산한 SIFT 특징 (b)와 (d)를 비교하는 것을 통한 개체 매칭 (e)(High Contrast의 'Glyptothek in München in 2013'과 Georg Schelbert의 'München Glyptothek GS P1070326'에서 인용함. ©High Contrast, https://commons.wikimedia.org/wiki/File:Glyptothek_in_München_in_2013.jpg, "Glyptothek in München in 2013", Coloration, https://creativecommons.org/licenses/by/3.0/de/legalcode). ©Georg Schelbert, https://commons.wikimedia.org/wiki/File:München_Glyptothek_GS_P1070326c.jpg, "München Glyptothek GS P1070326c", Coloration, https://creativecommons.org/licenses/by-sa/3.0/legalcode)

3.4.1.3 MSER

MSER^{Maximally Stable Extremal Regions}[42]은 주변 환경과의 상대적 영역(혹은 연결 픽셀 집합) 변화 특성을 탐지하는 방식으로 동작하는 블롭^{blob} 탐지 기법

이다. 그림 3.17(a)와 그림 3.17(b)처럼, MSER은 이미지를 강도 변화에
도 불구하고 최대한 안정적이거나 사실상 변하지 않는 영역의 집합으로
설명한다. 즉, 넓은 범위의 밝기에서도 볼 수 있는 영역을 찾는다는 것이
다. MSER 영역은 일반적으로 실제 모양에 맞춰진 타원을 사용해 설명된
다. MSER은 SIFT에 비해 빠르고 왜곡과 같은 아핀 변환^{affine transformation}
에도 변하지 않는다[51].

(a)　　　　　　　　　　　(b)

그림 3.17　(a) 원본 이미지. (b) 바운딩 박스에서의 연관 MSER 특징(François Goglins의 'Chevry-sous-le-Bignon'에서 인용함. ©François GOG LINS, https://commons.wikimedia.org/wiki/File:Chevry-sousle-Bignon-FR-45-carrefour_D33_&_D146-e.jpg, Coloration, https://creativecommons.org/licenses/by-sa/4.0/legalcode)

HOG, SIFT, MSER의 오픈소스 구현과 다른 특징 설명자 및 추출 알
고리즘은 VLFeat[61]이나 OpenCV[47] 프로젝트에서 찾을 수 있다.

3.4.2 분류

개체 탐지 작업의 마지막 스텝은 이전 스텝에서 추출한 특징을 '차량', '보행자', '트럭' 등 사전에 정의한 클래스로 분류하는 것이다. 일반적으로 분류 작업은 인공지능 분류 알고리즘을 이용해 수행한다. 널리 쓰이는 분류 알고리즘에는 서포트 벡터 머신, 랜덤 포레스트, 인공 신경망이 있다.

3.4.2.1 서포트 벡터 머신

서포트 벡터 머신(SVM^{Support Vector Machine})[6]은 가장 인기 있고 효과적인 분류 알고리즘으로, 서로 다른 클래스 레이블 집합을 최적으로 분리하는 초평면^{hyperplane}을 탐색한다. 단순한 선형 함수를 사용해 클래스를 분리하는 것은 보통 불가능하다. 그러나 고차원 공간에서는 분리할 수 없는 데이터를 선형 분리할 수 있으며, 최적의 분리 초평면도 구할 수 있다. 따라서 입력 데이터는 그림 3.18과 같이 비선형 매핑(혹은 커널) 함수의 도움으로 고차원 특징 공간으로 변환되고, 분리 초평면에 따라 분류된다.

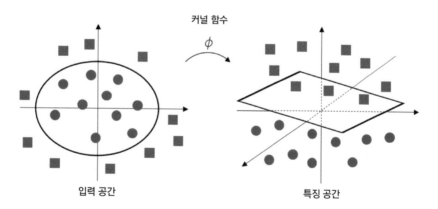

그림 3.18 SVM의 개념. 커널 함수를 사용해 원본 개체(좌)를 고차원 특징 공간(우)으로 매핑하는 것을 통해 두 클래스를 쉽게 분리할 수 있다(Jiwoong Kim, Jooyoung Park, Woojin Chung의 'Self-Diagnosis of Localization Status for Autonomous Mobile Robots'에서 인용함. 2018, Sensors 2018 18(9), p. 3168. ©Jiwoong Kim, Jooyoung Park, and Woojin Chung, https://www.mdpi.com/sensors/sensors18-03168/article_deploy/html/images/sensors-18-03168-g006.png, "Kernel trick for mapping from an input space to a feature space", https://creativecommons.org/licenses/by/4.0/legalcode).

3.4.2.2 랜덤 포레스트

그림 3.19와 같이, 랜덤 포레스트^{Random Forest}[7]는 데이터 무작위 선택과
특징 서브셋^{subset}을 통해 자동 생성되는 다중 결정 트리의 집합이다. 분류
결과는 다수결로 결정되는데, 모든 결정 트리에서 가장 인기 있는 결과를
선택한다는 것이다. 단일 결정 트리와 비교할 때, 랜덤 포레스트는 무작위
노이즈를 모델의 일부로 통합시키기 때문에 (일반화되지 않는 모델의 구축을 의
미하는) 오버피팅^{overfitting}(과대적합)에 더 견고하다. 랜덤 포레스트는 또한 트
리의 평균 효과 덕분에 낮은 분산을 가진다[36].

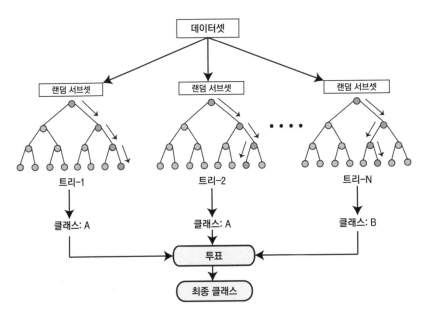

그림 3.19 랜덤 포레스트 알고리즘. 입력값은 사전에 정의된 수만큼 데이터셋(dataset)의 무작위 선
택을 통해 생성한 각 결정 트리에 입력된다. 최종 출력(분류)은 모든 결과에 대한 다수결을 통해 선
택된다.

3.4.2.3 인공 신경망

인공 신경망(ANN^{Artificial Neural Network})은 서로 연결된 노드(혹은 뉴런)의 다층 시스템이다. 일반적으로 비선형 분류에는 다층 퍼셉트론(MLP^{Multilayer Perceptron})으로 알려진 ANN의 일종을 채택한다. MLP는 적어도 세 개의 층(입력, 은닉, 출력)으로 이뤄져 있고, 입력층의 노드로 각 특징을 표현한다. MLP의 훈련에는 그림 3.20과 같이 정확한 분류를 할 수 있을 때까지 각 노드의 가중치를 전방과 후방 방향으로 반복 갱신하는 역전파^{backpropagation} 알고리즘[64]을 사용한다. 전방 방향에서는 입력 데이터에 노드의 가중치를 곱해 구한 결과에 비선형 활성 함수를 적용한 후 출력층에서 최종 결과를 얻을 때까지 다음 층으로 전파한다. 실제 결과와 예측 결과 사이의 오차를 측정하고, 이에 따라 출력층부터 입력층까지(즉, 역전파) 각 노드의 가중치를 조정해 오차를 줄인다.

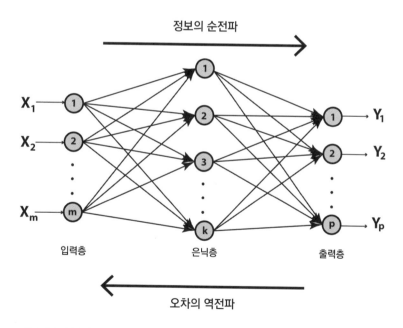

그림 3.20 역전파 개념과 다층 퍼셉트론

분류 알고리즘의 개요는 [31]에 제시돼 있다. (다른 머신러닝 알고리즘뿐만 아니라) 대부분의 인기 있는 분류 알고리즘은 mlpack[11]과 OpenCV[47] 같은 오픈소스 라이브러리에서 자유롭게 사용할 수 있다.

3.5 다중 센서 데이터 융합

다중 센서 데이터 융합은 이 장의 초반부에서 간략히 언급했다. 다중 센서 데이터 융합은 여러 센서의 출력을 결합해 더 견고한 결과를 만들어내는 방법을 말한다.

GPS와 같은 GNSS 기술은 적은 비용으로 간단하게 전역 로컬라이제이션 결과를 얻을 수 있게 해주는 방법이다. 하지만 GNSS 기술은 실내에 위치하거나 초고층 건물 사이의 도시 협곡과 같은 특정한 상황을 맞이하면 정확하지 않거나 심지어 사용하지 못할 수도 있다. 따라서 견고한 로컬라이제이션은 일반적으로 센서 데이터 융합을 사용해 다양한 센서의 출력을 결합한다. 사용할 수 있는 센서와 지도를 이용해 차량은 로컬라이제이션 작업을 견고하게 수행할 수 있을 것이다.

서로 다른 데이터셋을 제공하는 다양한 센서가 존재하기 때문에 정보를 통합하거나 융합할 수 있는 방법이 필요하다. 이런 센서 데이터를 결합하는 것을 통해 한 센서의 취약점을 다른 센서로 보상할 수 있으므로 각 센서 정보의 불확실성을 줄일 수 있다. 이는 결과적으로 좀 더 신뢰할 수 있는 인지 모델과 외부 환경에 대한 더 나은 이해로 이어진다.

3.5.1 분류

센서 융합에 대한 접근 방식은 듀란트-화이트의 센서 관계에 기반 융합 분류를 사용해 설명할 수 있다(그림 3.21 참조)[18].

- **보완**

  보완 융합은 두 개 이상의 센서로부터 얻은 부분적인 정보를 결합 해 관측한 개체에 대한 완전한 정보를 구축하는 것을 말한다. 센 서가 부분적인 정보만을 획득하는 데는 센서 결함, 시스템적 제 한, 개체의 부분적인 가려짐, 혹은 차량 내 센서 배치 등과 같은 몇 가지 이유가 있다.

- **중복**

  센서는 가끔 의도적으로 작동 범위가 서로 겹치도록 구성되는 경 우가 있다. 중복 융합은 중복된 영역의 정보를 활용해 탐지 신뢰 도를 높이거나 센서 고장에 대비한 백업 역할을 수행하도록 한다.

- **협동**

  협동 융합은 새로운, 혹은 더 복잡한 정보를 만들기 위해 다른 유 형의 정보를 획득한다. 협동 융합의 한 예는 각도와 거리 정보를 결합해 개체의 위치를 결정하는 것이다[1].

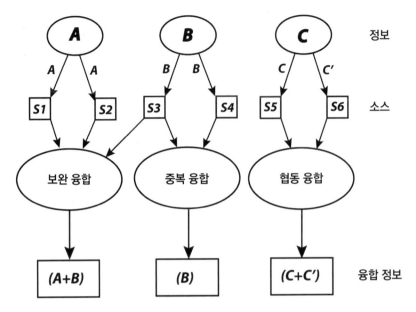

그림 3.21 듀란트-화이트의 융합 분류(Federico Castanedo의 'A Review of Data Fusion Techniques'에서 인용함. The ScientificWorld Journal, vol. 2013, Article ID 704504. ©2013 Federico Castenado)

다중 센서 데이터 융합은 군사적 용도에서 시작됐다. 이 분야에서 대부분의 선구적 업적은 다단계 데이터 융합 모델을 처음 제시한 미 국방부 JDL[Joint Directors of Laboratories]에서 1980년대 후반에 성취한 것이다[65]. 다단계 데이터 융합 모델은 JDL 모델로도 알려져 있으며, 네 가지 융합 레벨로 분류된다.

- 개체 평가(레벨 1)에서는 탐지된 개체의 위치, 정체[identity]와 기타 정보를 개량한다.
- 상황 평가(레벨 2)에서는 개체들 사이의 관계를 설정하고 실제 상황을 사전에 정의한 시나리오에 대입한다.
- 위협 평가(레벨 3)에서는 2단계에서 탐지한 시나리오의 영향을 평가하고 결과를 예측한다.

- 과정 평가(레벨 4)에서는 모든 단계의 데이터 융합 과정을 개선한다.

JDL 모델이 제시된 이래로 JDL 모델을 개선하고, 확장하고, 혹은 변형해 다른 도메인에서도 적용할 수 있도록 한 수많은 방법이 발표돼 왔다. 루서Ruser와 렌Léon은 정보 융합의 일반화된 개념을 사용해 세 가지 추상화 레벨을 제안했다(그림 3.22 참조)[50].

- 신호 레벨에서는 다양한 센서로부터의 신호 혹은 원시 데이터를 결합한다. 다른 문헌에서는 이 레벨을 저단계 데이터 융합이라고 도 한다.
- 특징 레벨에서는 센서 데이터로부터 추출한 특징을 결합한다. 이런 추상화 레벨은 때때로 중간 혹은 특성 레벨 융합이라고도 부른다.
- 심볼 레벨에서는 각 센서로부터 획득한 탐지/분류 결과를 결합한다. 이 레벨을 의미하는 또 다른 일반적인 용어는 고레벨 혹은 결정 레벨 융합이다.

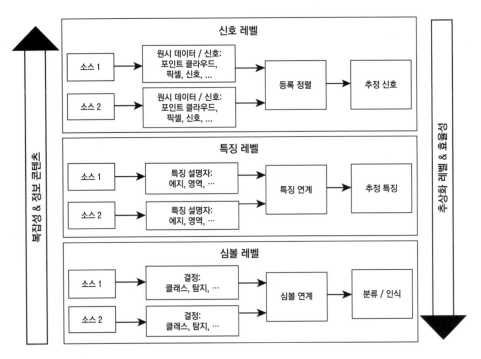

그림 3.22 센서 융합 추상화 레벨(Heinrich Ruser, Fernando Puente Léon의 'Information fusion – An Overview'에서 인용함. 2007, Tm– Technisches Messen, 74(3), p. 93–102)

스타인버그Steinberg와 보우만Bowman[57]은 위협 평가 대신 영향 평가를 쓰는 등 군사적이지 않은 용어를 사용해 모델을 대중적이면서 민간 애플리케이션에 적용할 수 있도록 했으며, 첫 번째 융합 레벨 전에 새로운 하위 개체 평가 레벨을 추가했다(그림 3.23 참조).

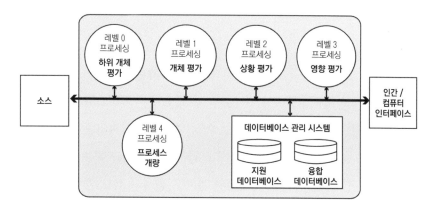

그림 3.23 개선 JDL 데이터 융합 모델(Alan N. Steinberg, Alan N., Christopher L. Bowman, Franklin E. White의 'Revisions to the JDL data fusion model'에서 인용함. 1999, Proc. SPIE Vol. 3719, Sensor Fusion: Architectures, Algorithms, and Applications III, p. 430–441)

또 다른 잘 알려진 융합 분류 시스템은 다사라티Dasarathy에 의해 제시됐다[13]. 융합 분류는 융합의 입력 및 출력 유형에 따라 간단히 정의되며, 이는 반드시 동일한 추상화 레벨에서 분류될 필요가 없다. 인기 있는 센서 융합 분류 기법에 대한 개요는 [9]에 제시돼 있다.

3.5.2 기술

다음 절에서는 센서 데이터 융합 문제를 해결하기 위해 널리 사용되는 몇 가지 기술을 설명한다.

3.5.2.1 확률적 접근

다중 센서 융합에 대한 고전적인 접근 방식은 불확실성을 확률 모델로 표현하는 것이다. '융합된' 데이터는 직접 베이지안 추론Bayes inference 혹은 재귀 베이지안 필터와 같은 보편적인 결합 확률 모델 방법을 사용해 계산된다. 두 방법은 다음 장에서 간략히 살펴볼 것이다.

베이지안 추론

공통의 상태 변수 x에 대한 두 관측 z_1과 z_2를 융합하고 싶다고 가정해보자. 확률적 접근 방식을 사용해, 두 관측의 불확실성을 확률 밀도 함수 $P(z_1)$과 $P(z_2)$로 각각 모델링할 수 있다. 두 관측을 독립적으로 획득했다고 해도, 공통의 상태 변수 x를 공유하는 이상 완전히 독립적일 수는 없다. 따라서 관측은 공통 상태 변수 x에 대해 조건부 독립이라고 하며, $P(z_1|x)$와 $P(z_2|x)$로 나타낸다. 완전히 독립적인 관측은 관측이 서로 완벽하게 무관한 것을 의미하며, 융합 또한 무의미해진다는 점을 유의해야 한다.

베이즈 정리는 다음과 같이 정의된다.

$$P(A|B) = \frac{P(B|A)P(A)}{P(B)} \tag{3.17}$$

식 3.17을 관측 M의 집합, $Z \triangleq z_1, z_2, \cdots, z_M$에 적용하는 것을 통해 주어진 모든 관측 Z에 대한 융합 상태 변수 x를 다음과 같이 계산할 수 있다.

$$P(x|z_1, z_2, \cdots, z_M) = \frac{P(z_1, z_2, \cdots, z_m|x)P(x)}{P(z_1, z_2, \cdots, z_m)} \tag{3.18}$$

따라서 융합 결과는 구성 요소 $P(z_1, z_2, \cdots, z_m|x)$, 사전 확률 신뢰 $P(x)$와 정규화 인수 $P(z_1, z_2, \cdots, z_m)$에 따라 달라진다. 마지막 항은 쉽게 계산할 수 있는 반면, 앞의 두 항, 즉 모든 관측과 사전 확률의 결합 확률 분포는 알려져 있지 않다. 이런 문제를 해결하기 위한 몇 가지 접근 방식이 존재하는데, 주로 기저 확률 분포에 몇 가지 가정을 두는 방식이다. 독립 의견 풀independent opinion pool 접근 방식은 공통 상태 변수 x에 대해 조건부 독립일 뿐만 아니라, 관측 또한 서로 독립이라는 가정을 기반으로 한다[4]. 독립 의견 풀은 다음과 같이 식 3.19에 나타나 있다.

$$P(x|z_1, z_2, \cdots, z_M) \propto \prod_{m=1}^{M} P(x|z_m) \tag{3.19}$$

사전 확률 정보를 동일한 출처^{origin}를 이용해 구한 것으로 보일 경우, 다음 식 3.20과 같은 독립 가능도 풀$^{independent\ likelihood\ pool}$을 사용하는 것이 더 적절하다[4].

$$P(x|z_1, z_2, \cdots, z_M) \propto P(Z) \prod_{m=1}^{M} P(z_m|x) \tag{3.20}$$

마지막으로, 그다지 중요하지는 않지만 센서 사이에 종속성이 있을 경우 선형 의견 풀(식 3.21 참조)을 우선으로 두는 것이 좋다. 앞서 소개한 의견 풀과 달리 선형 의견 접근 방식은 개별 가중 사후 확률$^{weighted\ individual}$ ^{posteriors}의 합으로 나타낸다. 이 방법에서 각 센서의 신뢰도는 가중치 w_m으로 나타낼 수 있다. 노이즈가 있는 센서에는 낮은 가중치가 할당돼 더 믿을 수 있는 센서가 최종 결과를 결정하는 데 큰 역할을 수행할 수 있다.

$$P(x|z_1, z_2, \cdots, z_M) = \sum_{m=1}^{M} w_m P(x|z_m) \tag{3.21}$$

재귀 베이지안 필터링

베이지안 추론의 큰 단점 중 하나는 사후 확률을 계산하기 위해 이제까지의 관측이 모두 필요하다는 것이다. 다른 접근 방식은 다음 식 3.22와 같이 마지막 수식을 재귀 필터로 변경하는 것이다.

$$P(x|Z_t) = P(x|Z_t)P(Z_t) = P(z_t|x)P(Z_{t-1})P(x) \tag{3.22}$$

$Z_t \triangleq z_t, Z_{t-1}$이므로, 베이지안 연쇄 법칙 $P(z_t|Z_{t-1}) = \dfrac{P(Z_t)}{P(Z_{t-1})}$를 적용하

면 다음 식 3.23을 구할 수 있다.

$$P(x|Z_t) = \frac{P(z_t|x)P(x|Z_{t-1})}{P(z_t|Z_{t-1})} \tag{3.23}$$

식 3.23의 재귀성을 살펴보자. 사후 확률은 다음 반복을 위한 새로운 사전 확률이 된다. 이런 방식에서는 이제까지의 모든 관측이 항 $P(x|Z_{t-1})$에 정리돼 있으므로 다룰 필요가 없다. 따라서 베이지안 추론과는 대조적으로 관측 횟수에 따른 복잡성의 증가는 일어나지 않는다.

3.5.2.2 증거 접근 방식

증거 접근 방식은 아서 뎀스터Arthur P. Dempster가 1960년대에 제안하고[14], 약 10년 후 글렌 셰이퍼Glenn Shafer가 더욱 발전시킨[53] 뎀스터-셰이퍼(DSDempster-Shafer) 증거 이론을 기반으로 한다. 확률적 접근 방식의 한계는 이 접근 방식으로는 한 가지 유형의 불확실성, 즉 단순히 가변성이나 무작위성으로도 알려진 우연적 불확실성만을 모델링할 수 있다는 것이다. 확률적 접근 방식을 사용해 가설에 대한 가능도를 추정하려면 확률 모델의 사전 확률과 조건부 확률을 가정하거나 알고 있어야 한다. 이런 지식은 대개 통계 데이터와 물리 법칙을 활용해 이끌어내거나, 혹은 그저 상식적인 범위에서 가정하는 경우도 있다. 그러나 이런 지식은 부정확하거나, 모델링하기 너무 복잡하거나, 불완전할 수 있다. 즉, 가설의 전체적인 가능도에 영향을 미치지만 정체를 알 수 없어 모델에서 설명할 수 없는 랜덤 변수가 존재한다는 것이다. 증거 접근 방식은 불확실성하에서 추론하는 또 다른 방법, 즉 가설을 뒷받침하는 증거의 확률을 기반으로 가설의 가능도를 계산하는 방법을 사용한다. 따라서 시스템적 불확실성이나 전체 시스템에 대해 불완전한(부족한) 지식으로 인한 불확실성이라고도 하는 인식적epistemic 불확실성도 고려할 수 있다. 증거 접근 방식의 또 다른 장점은 무지함에 대해 모델링할 수 있는 능력인데, 덕분에 낮은 신뢰와 불신을 쉽게 구분할 수 있다[35].

DS 이론은 각 명제에 대한 신뢰도를 나타내는 질량 함수의 집합을 사용한다. 기본 신뢰 배치(BBA^Basic Belief Assignment)로도 알려진 질량 함수는 다음 제약을 만족하는 함수 $m(\cdot): 2^\Omega \rightarrow [1,0]$이다.

$$m(\emptyset) = 0 \tag{3.24}$$

$$\sum_{A \in 2^\Omega} m(A) = 1 \tag{3.25}$$

여기서 Ω는 상호 완전하고 배타적인 가설의 집합이며, 분별 프레임(FoD^Frame of Discernment)이라고도 한다. 점유 격자 지도에서 각 셀이 비어있거나 점유된 경우(Ω = {Free, Occupied})를 예로 들어보자. 파워 세트^power set 는 2^Ω = 4로 정의되며, 따라서 각 셀은 $m(\emptyset)$, $m(Free)$, $m(Occupied)$, $m(Free, Occupied)$와 같은 질량 함수로 표현된다. 그러나 첫 번째 제약 $m(\emptyset)$ = 0 덕분에 세 가지 질량 함수만을 고려하는 것이 효과적이다. 마지막 질량 함수는 인식적 불확실성을 나타내는데, 일부 문헌에서는 가끔 $m(Conflict)$나 $m(dontknow)$로 나타낸다.

DS 이론에서 신뢰구간은 다음 식 3.26과 3.27에서 정의하는 예측(혹은 신뢰도)과 신뢰성 함수로 제한된다.

$$Bel(A) = \sum_{\substack{B \subseteq A \\ B \in G^\Omega}} m(B) \tag{3.26}$$

$$Pl(A) = \sum_{\substack{B \cap A \neq \emptyset \\ B \in G^\Omega}} m(B) \tag{3.27}$$

제안 A의 신뢰구간은 $[Bel(A), Pl(A)]$로 주어지고, 여기서 $0 \leqslant Bel(A) \leqslant Pl(A) \leqslant 1$이다. $[1,1]$의 신뢰구간은 모든 증거에 기반했을 때 제안이 참

true임을 의미한다. [0,0]의 신뢰구간은 대조적으로 가능한 모든 증거에 기반했을 때 가설이 거짓임을 의미한다. [0,1]의 신뢰구간은 어떤 증거도 제안을 지지하거나 반대하지 않기 때문에 완전한 무지를 나타낸다.

간단히 말해, 증거 접근 방식을 기반으로 하는 센서 데이터 융합은 융합 공간의 모든 제안, 즉 파워 세트 2의 모든 제안에 대해 질량 함수를 구축하는 것과 새로운 센서 관측에 기반해 점진적으로 질량 함수를 갱신하고 어떤 융합 규칙을 적용해 결합 질량 함수를 계산하는 것을 포함한다. 다양한 출처의 정보를 결합하기 위한 일반적인 융합 규칙은 다음 식 3.28에서 정의하는 뎀스터의 결합 법칙, 혹은 DS 법칙이다[53].

$$m_{1,2}^{DS}(X) = [m_1 \oplus m_2](X) = \frac{m_{1,2}(X)}{1 - K_{1,2}} \tag{3.28}$$

여기서 다음과 같다.

$$m_{1,2}(X) \triangleq \sum_{\substack{X_1, X_2 \in 2^\Omega \\ X_1 \cap X_2 = X}} m_1(X_1)\, m_2(X_2) \tag{3.29}$$

여기서 $K_{1,2}$는 아래의 식 3.30에서 정의하는 충돌 강도degree of conflict다.

$$K_{1,2}(X) \triangleq m_{1,2}(\emptyset) = \sum_{\substack{X_1, X_2 \in 2^\Omega \\ X_1 \cap X_2 = \emptyset}} m_1(X_1)\, m_2(X_2) \tag{3.30}$$

DS 법칙은 두 소스가 크게 상충할 경우, 즉 $K_{1,2}=1$일 때 수학적으로 정의되지 않는다는 점에 유의해야 한다. 또한 DS 법칙은 크게 상충하는 상황과 적게 상충하는 상황에 잘 대응하지 못하는 것으로 알려져 있다[15]. 따라서 이런 한계를 극복하기 위한 몇 가지 대안 법칙이 제안됐다. 대표적인 대안 법칙 중 하나는 확률 상충 재분배 법칙 6번(PCR6)인데, 상충되는 상황에 연루된 비어있지 않은 요소^{nonempty element}들에 대해 상충 정도를 재분배하는 것이다[41].

결합 질량 함수를 계산한 후, 몇 가지 기준에 따라 결정을 내릴 수 있다. 이런 기준은 결합 결과에 대한 최적의 가설을 선택하기 위한 것이다. 예를 들어 신뢰^{belief}/신용^{credibility}이 높거나, 가장 높은 신뢰성을 가지거나, 확률 변환 후의 가능도가 가장 높은 제안을 선택할 수 있다. 즉, 신뢰 함수 모델을 확률 모델로 변환하는 것이다. 대중적인 변환 방법은 1990년대 초에 필립 스메츠^{Philippe Smets}가 다음과 같이 제안한 피그니스틱^{pignistic} 확률 변환이다[54].

$$P\{A\} = \sum_{X \in 2^\Omega} \frac{X \cap A}{X} \frac{m(X)}{1 - m(\emptyset)} = \sum_{X \in 2^\Omega} \frac{X \cap A}{X} m(X) \tag{3.31}$$

두 DS 제약 중 하나에 따른 $m(\emptyset) = 0$은 이 장의 시작 부분에서 언급했다.

3.5.2.3 다른 접근 방법

확률적 접근 방식과 증거 접근 방식 외에도 센서 데이터 융합 문제를 해결하기 위한 다른 접근 방식들이 제안됐다. 그러나 이런 접근 방식은 SDV의 영역에서는 인지도가 낮다. 대안적 접근 방식 중 하나는 가능한^{possibilistic} 접근 방식으로 알려진 퍼지 집합 이론을 기반으로 한다[48].

3.6 요약

이 장에서 살펴봤듯이, 인지는 SDV의 가장 중요한 기능이다. 주변 요소를 관찰하고 그것이 어디에 있는지 알아내는 능력이 없다면, SDV는 어떻게 해야 위험을 피하고 적절한 경로를 찾아 목적지에 도달할 수 있는지를 결코 알 수 없을 것이다.

우리가 본 것과 같이 인지 작업은 로컬라이제이션, 매핑, 개체 탐지, 다중 센서 데이터 융합 등과 같은 몇 가지 주요 하위 작업으로 구성된다. 앞선 두 작업은 보통 서로 밀접하게 연관시키는 것이 효과적이고, SLAM을 통해 동시에 해결하곤 한다. 매핑은 주변의 지형이나 도로 등을 파악하는 것이며, 로컬라이제이션은 지도 내에서 차량이 정확히 어디에 위치하는지를 파악하는 것이다. 다시 말해, 이런 기능은 '나는 어디에 있고, 내가 바라보는 방향은 어디인가?'로 요약할 수 있다.

3.3절에서 SLAM의 두 가지 주요 접근 방식을 소개했다. 필터링 접근 방식은 칼만 필터와 같은 가우시안 베이지안 필터를 사용하거나 파티클 필터와 같은 비가우시안 필터를 사용한다. 필터링 접근 방식에서 현재 위치는 오차(노이즈)를 일으킬 수 있는 요소를 고려해 최근 관측과 위치에 대한 과거 예측을 결합하는 방식을 통해 추정한다. 최적화 접근 방식은 약간 다른 접근 방식을 취한다. 최적화 접근 방식에서는 시작 지점으로부터의 모든 관측을 결합하고 스무딩하는 방식을 통해 관측 집합과 가장 잘 맞는 전체 궤적을 탐색한다. 그래프 기반 SLAM에서는 자세 제약 그래프를 생성하고, 그래프와 최대한 일치하는 구성을 찾는다. 번들 조정에서는 관측 특징과 특징의 예측 투영 사이의 가치 함수를 최소화하는 최적 구성을 탐색한다.

대조적으로, 개체 탐지는 주변에서 (특히) 움직이는 개체(DATMO 혹은 움직이는 개체의 탐지) 같은 위험한 개체를 식별한다. 즉, '어떻게 다른 개체와의 충돌을 피할 수 있을까?'라는 질문에 답하는 것이다. 3.4절에서 설명했듯이 개체 탐지는 개체 로컬라이제이션, 개체 분류, 의미 분할이라는 세 단계로 구성된다. 이를 성취하려면 특징 추출과 분류의 결합이 필요하다. 특징 탐지는 HOG^{Histogram of Oriented Gradient}, SIFT^{Scale-Invarient Feature Transform},

혹은 MSER^Maximally Stable Extremal Regions과 같은 기법을 사용해 수행할 수 있다. 이런 접근 방식들의 목표는 주어진 특징과 다른 특징을 구분할 수 있게 해주는 내재적 특성을 추출하는 것이다. 그러고 나서, 분류는 이런 특징을 알려진 특징과 비교해 보행자, 차량, 오솔길과 같은 범주 중 하나로 분류한다. 주요한 분류 기술에는 서포트 벡터 머신, 랜덤 포레스트, 인공 신경망 등이 있다.

이런 작업들의 핵심은 다양한 센서로부터 획득한 차량 데이터를 해석하는 것이다. 이제까지 살펴본 바와 같이, 이런 센서들의 미가공 데이터를 해석하고 다른 데이터와 결합하는 것을 통해 특별한 용도로 쓰일 수 있도록 해야 한다. 다중 센서 데이터 융합은 여러 센서의 출력을 상호 보완적이고 복합적이며 협력적인 방식으로 결합해 좀 더 견고한 센싱 능력을 제공하도록 설계하는 일련의 기법을 말한다. 데이터 융합 기법이란 데이터 불확실성에 기반해 최선의 결합 결과를 예측하는 베이지안 해석과 같은 확률적 기법이나 주어진 관측에 대해 가장 가능성이 높은 결합 결과 집합을 탐색하는 증거 기법을 말한다.

다음 장에서는 SDV가 어떻게 소프트웨어 스택을 통해 환경에 대한 지식을 습득하고, 차량이 목적지에 도달하도록 운전시키는 데 이런 지식을 활용하는지 알아본다. 또한 어떻게 모든 소프트웨어가 결합 아키텍처에 적응하는지를 확인하고, SDV에 활용되는 몇 가지 잘 알려진 미들웨어를 살펴볼 것이다.

참고 문헌

[1]   Ahmed Abdelgawad and Magdy Bayoumi. Data fusion in wsn. In *Resource-Aware Data Fusion Algorithms for Wireless Sensor Networks*, pages 17–35. Springer, 2012.

[2] Sameer Agarwal, Noah Snavely, Steven M Seitz, and Richard Szeliski. Bundle adjustment in the large. In *European Conference on Computer Vision*, pages 29–42. Springer, 2010.

[3] Thomas Bengtsson, Peter Bickel, Bo Li, et al. Curse–of–dimensionality revisited: Collapse of the particle filter in very large scale systems. In *Probability and Statistics: Essays in Honor of David A. Freedman*, pages 316–334. Institute of Mathematical Statistics, 2008.

[4] James 0 Berger. *Statistical Decision Theory and Bayesian Analysis*. Springer Science & Business Media, 2013.

[5] Paul J Besl and Neil D McKay. Method for registration of 3–d shapes. In *Sensor Fusion IV: Control Paradigms and Data Structures*, volume 1611, pages 586–607. International Society for Optics and Photonics, 1992.

[6] Bernhard E Boser, Isabelle M Guyon, and Vladimir N Vapnik. A training algorithm for optimal margin classifiers. In *Proceedings of the Fifth Annual Workshop on Computational Learning Theory*, pages 144–152. ACM, 1992.

[7] Leo Breiman. Random forests. *Machine Learning*, 45(1):5–32, 2001.

[8] Ramon F Brena, Juan Pablo García–Vázquez, Carlos E GalvánTejada, David Muñoz–Rodriguez, Cesar Vargas–Rosales, and James Fangmeyer. Evolution of indoor positioning technologies: A survey. *Journal of Sensors*, 2017. https://www.hindawi.com/journals/js/2017/2630413/.

[9] Federico Castanedo. A review of data fusion techniques. *The Scientific World Journal*, 2013. https://www.hindawi.com/journals/tswj/2013/704504/.

[10] Andrea Censi. An icp variant using a point–to–line metric. In *Robotics and Automation, 2008. ICRA 2008. IEEE International Conference on*, pages 19–25. IEEE, 2008.

[11] Ryan R Curtin, James R Cline, Neil P Slagle, William B March, Parikshit Ram, Nishant A Mehta, and Alexander G Gray. Mlpack: A scalable c++ machine learning library. *Journal of Machine Learning Research*, 14(Mar):801–805, 2013.

[12] Navneet Dalal and Bill Triggs. Histograms of oriented gradients for human detection. In *Computer Vision and Pattern Recognition, 2005. CVPR 2005. IEEE Computer Society Conference on*, volume 1, pages 886–893. IEEE, 2005.

[13] Belur V Dasarathy. Sensor fusion potential exploitation–innovative archi tectures and illustrative applications. *Proceedings of the IEEE*, 85(1):24–38, 1997.

[14] Arthur P Dempster. Upper and lower probabilities induced by a multivalued mapping. In *Classic Works of the Dempster-Shafer Theory of Belief Functions*, pages 57–72. Springer, 2008.

[15] Jean Dezert, Pei Wang, and Albena Tchamova. On the validity of demps ter—shafer theory. In *Information Fusion (FUSION), 2012 15th International Conference on*, pages 655—660. IEEE, 2012.

[16] Randal Douc and Olivier Cappé. Comparison of resampling schemes for particle filtering. In *Image and Signal Processing and Analysis, 2005. ISPA 2005. Proceedings of the 4th International Symposium on*, pages 64—69. IEEE, 2005.

[17] Arnaud Doucet, Nando De Freitas, Kevin Murphy, and Stuart Russell. Rao—blackwellised particle filtering for dynamic bayesian networks. In *Pro ceedings of the Sixteenth Conference on Uncertainty in Artificial Intelligence*, pages 176—183. Morgan Kaufmann Publishers Inc., 2000.

[18] Hugh F Durrant—Whyte. Sensor models and multisensor integration. In *Autonomous Robot Vehicles*, pages 73—89. Springer, 1990.

[19] Jakob Engel, Thomas Schöps, and Daniel Cremers. Lsd—slam: Largescale direct monocular slam. In *European Conference on Computer Vision*, pages 834— 849. Springer, 2014.

[20] Jakob Engel, Jörg Stückler, and Daniel Cremers. Large—scale direct slam with stereo cameras. In *Intelligent Robots and Systems (IROS), 2015 IEEE/RSJ International Conference on*, pages 1935— 1942. IEEE, 2015.

[21] Li Fei—Fei. Object recognition. https://vision.stanford.edu/documents/Fei—Fei_ICVSS07_0bjectRecognition_web.pdf. [accessed 03—0ct—2018].

[22] Juan—Antonio Fernández—Madrigal. *Simultaneous Localization and Mapping for Mobile Robots: Introduction and Methods: Introduction and Methods*. IGI Global, 2012.

[23] Friedrich Fraundorfer and Davide Scaramuzza. Visual odometry: Part ii: Matching, robustness, optimization, and applications. *IEEE Robotics & Automation Magazine*, 19(2):78—90, 2012.

[24] Dorian Gálvez—López and Juan D Tardos. Bags of binary words for fast place recognition in image sequences. *IEEE Transactions on Robotics*, 28(5):1188—1197, 2012.

[25] Giorgio Grisetti. Notes on least—squares and slam draft. 2014. http://www.dis.uniromal.it/— grisetti/teaching/lectures—lsslam—master 2015_16/web/reading_material/grisetti12stest.pdf [accessed 03—0ct—2018].

[26] Giorgio Grisetti, Rainer Kummerle, Cyrill Stachniss, and Wolfram Burga rd. A tutorial on graph—based slam. *IEEE Intelligent Transportation Systems Magazine*, 2(4):31—43, 2010.

[27] Fredrik Gustafsson. Particle filter theory and practice with positioning applications. *IEEE Aerospace and Electronic Systems Magazine*, 25(7):53—82, 2010.

[28] Dirk Hahnel, Wolfram Burgard, Dieter Fox, and Sebastian Thrun. An efficient fastslam algorithm for generating maps of large−scale cyclic environments from raw laser range measurements. In *Intelligent Robots and Systems, 2003.(IROS 2003). Proceedings. 2003 IEEE/RSJ/International Conference on*, volume 1, pages 206−211. IEEE, 2003.

[29] John H Halton. Sequential monte carlo techniques for solving non−linear systems. *Monte Carlo Methods and Applications MCMA*, 12(2):113−141, 2006.

[30] Kurt Konolige and Willow Garage. Sparse sparse bundle adjustment. In *BMVC*, volume 10, pages 102−1. Citeseer, 2010.

[31] Sotiris B Kotsiantis, I Zaharakis, and P Pintelas. Supervised machine learning: A review of classification techniques. *Emerging artificial intelligence applications in computer engineering*, 160:3−24, 2007.

[32] Rainer Kümmerle, Giorgio Grisetti, Hauke Strasdat, Kurt Konolige, and Wolfram Burgard. g 2 o: A general framework for graph optimization. In *Robotics and Automation (ICRA), 2011 IEEE International Conference on*, pages 3607−3613. IEEE, 2011.

[33] JM Lee. Introduction to Smooth Manifolds. Graduate Texts in Mathematics, series volume 218, Springer, 2003.

[34] Jun S Liu. Metropolized independent sampling with comparisons to rejection sampling and importance sampling. *Statistics and Computing*, 6(2):113−119, 1996.

[35] Liping Liu. A theory of gaussian belief functions. *International Journal of Approximate Reasoning*, 14(2−3):95−126, 1996.

[36] Gilles Louppe. Understanding random forests: From theory to practice. *arXiv preprint arXiv:1407.7502*, 2014.

[37] Manolis Lourakis. Bundle adjustment gone public. *PRCV Colloquium Prague*, 2011. http://users.ics.forth.gr/~lourakis/sba/PRCV_colloq.pdf

[38] MLA Lourakis and Antonis A Argyros. Is Levenberg−Marquardt the most efficient optimization algorithm for implementing bundle adjustment? In *Computer Vision, 2005. ICCV 2005. Tenth IEEE International Conference on*, volume 2, pages 1526−1531. IEEE, 2005.

[39] David G Lowe. Distinctive image features from scale−invariant keypoints. *International Journal of Computer Vision*, 60(2):91−110, 2004.

[40] Feng Lu and Evangelos Milios. Robot pose estimation in unknown environments by matching 2d range scans. *Journal of Intelligent and Robotic Systems*, 18(3):249−275, 1997.

[41] Arnaud Martin and Christophe Osswald. A new generalization of the proportional conflict redistribution rule stable in terms of decision. *Advances*

and Applications of DSmT for Information Fusion: Collected Works Volume 2, 2:69–88, 2006.

[42] Jiri Matas, Ondrej Chum, Martin Urban, and Tomás Pajdla. Robust wide–baseline stereo from maximally stable extremal regions. *Image and Vision Computing*, 22(10):761–767, 2004.

[43] Michael Montemerlo, Sebastian Thrun, Daphne Koller, Ben Wegbreit, et al. Fastslam: A factored solution to the simultaneous localization and mapping problem. *Aaai/iaai*, 593598, 2002.

[44] Etienne Mouragnon, Maxime Lhuillier, Michel Dhome, Fabien Dekeyser, and Patrick Sayd. Real time localization and 3d reconstruction. In *Computer Vision and Pattern Recognition, 2006 IEEE Computer Society Conference on*, volume 1, pages 363–370. IEEE, 2006.

[45] Raul Mur–Artal and Juan D Tardós. Orb–slam2: An open–source slam system for monocular, stereo, and rgb–d cameras. *IEEE Transactions on Robotics*, 33(5):1255–1262, 2017.

[46] Edwin B Olson. Real–time correlative scan matching. *Ann Arbor*, 1001: 48109, 2009.

[47] OpenCV. Open source computer vision library. https://opencv.org/. [accessed 03–Oct–2018].

[48] Giuseppe Oriolo, Giovanni Ulivi, and Marilena Vendittelli. Realtime map building and navigation for autonomous robots in unknown environments. *IEEE Transactions on Systems, Man, and Cybernetics, Part B (Cybernetics)*, 28(3):316–333, 1998.

[49] Ethan Rublee, Vincent Rabaud, Kurt Konolige, and Gary Bradski. Orb: An efficient alternative to sift or surf. In *Computer Vision (ICCV), 2011 IEEE International Conference on*, pages 2564–2571. IEEE, 2011.

[50] Heinrich Ruser and Fernando Puente Léon. Informationsfusion–eineüber sicht (information fusion–an overview). *tm-Technisches Messen*, 74(3):93–102, 2007.

[51] Ehab Salahat and Murad Qasaimeh. Recent advances in features extraction and description algorithms: A comprehensive survey. *In Industrial Technology (ICIT), 2017 IEEE International Conference on*, pages 1059–1063. IEEE, 2017.

[52] Matthias Schreier. Environment representations for automated onroad vehicles. *at-Automatisierungstechnik*, 66(2):107–118, 2018.

[53] Glenn Shafer. *A mathematical Theory of Evidence*, volume 42. Princeton University Press, 1976.

[54] Philippe Smets. Constructing the pignistic probability function in a context of uncertainty. In *UAI*, volume 89, pages 29–40, 1989.

[55] Randall Smith, Matthew Self, and Peter Cheeseman. Estimating uncertain spatial relationships in robotics. In *Autonomous robot vehicles*, pages 167–193. Springer, 1990.

[56] Cyrill Stachniss, John J. Leonard, and Sebastian Thrun. *Simultaneous Localization and Mapping*, pages 1153–1176. Springer International Publishing, Cham, 2016.

[57] Alan N Steinberg and Christopher L Bowman. Revisions to the jdl data fusion model. In *Handbook of Multisensor Data Fusion*, pages 65–88. CRC Press, 2008.

[58] Sebastian Thrun. Probabilistic robotics. *Communications of the ACM*, 45(3):52–57, 2002.

[59] Gian Diego Tipaldi and Kai O Arras. Flirt–interest regions for 2d range data. In *Robotics and Automation (ICRA), 2010 IEEE International Conference on*, pages 3616–3622. IEEE, 2010.

[60] Bill Triggs, Philip F. McLauchlan, Richard I. Hartley, and Andrew W. Fitzgibbon. Bundle adjustment – A modern synthesis. In *Proceedings of the International Workshop on Vision Algorithms: Theory and Practice*, ICCV '99, pages 298–372, London, UK, 2000. Springer–Verlag.

[61] Andrea Vedaldi and Brian Fulkerson. Vlfeat: An open and portable library of computer vision algorithms. In *Proceedings of the 18th ACM International Conference on Multimedia*, pages 1469–1472. ACM, 2010.

[62] Damien Vivet, Paul Checchin, and Roland Chapuis. Localization and mapping using only a rotating fmcw radar sensor. *Sensors*, 13(4):4527–4552, 2013.

[63] Erik Ward and John Folkesson. Vehicle localization with low cost radar sensors. In *Intelligent Vehicles Symposium (IV), 2016 IEEE*. Institute of Electrical and Electronics Engineers (IEEE), 2016.

[64] Paul Werbos. Beyond regression: new tools for prediction and analysis in the behavioral sciences. *Ph. D. dissertation, Harvard University*, 1974.

[65] Franklin E White et al. A model for data fusion. In *Proc. 1st National Symposium on Sensor Fusion*, volume 2, pages 149–158, 1988.

[66] H Durrant Whyte. Simultaneous localisation and mapping (slam): Part i the essential algorithms. *Robotics and Automation Magazine*, 2006.

[67] Nan Yang, Rui Wang, and Daniel Cremers. Feature–based or direct: An evaluation of monocular visual odometry. *arXiv preprint arXiv:1705.04300*, 2017.

[68] Faheem Zafari, Athanasios Gkelias, and Kin Leung. A survey of indoor localization systems and technologies. *ar Xiv preprint arXiv:1709.01015*, 2017.

아키텍처

이전 장에서는 SDV가 로컬라이제이션, 매핑, 개체 탐지의 조합을 통해 어떻게 주변 환경을 인지하는지 살펴봤다. 이번 장에서는 SDV가 목적지까지 안전하게 운전하기 위해 환경에 대한 지식을 목적지, 교통 법규, 차량 성능 정보 등의 각종 데이터와 어떻게 결합하는지를 알아본다.

SDV 소프트웨어는 두 가지 관점으로 나눠볼 수 있다. 먼저 기능적 아키텍처의 관점에서는 소프트웨어가 수행해야 할 실제 기능들을 고려하는데, 이는 3장에서 살펴봤던 인지, 로컬라이제이션, 매핑, 개체 탐지와 같은 것들이다. 이번 장에서는 SDV가 동작하는 데 필요한 다른 기능인 계획과 차량 제어를 알아볼 것이다. 다음으로, 시스템 아키텍처의 관점에서는 자율주행에서 요구되는 수준을 갖춘 시스템을 만드는 데 필요한 개별 기능들을 어떻게 결합할지 고려한다. 시스템 아키텍처로 들어가기에 앞서, 먼저 기능적 아키텍처를 설명한 후 이 장의 마지막에서 SDV 미들웨어의 실제 사례를 알아볼 것이다.

4.1 기능적 아키텍처

기능적 아키텍처는 인지(이미 설명), 계획, 차량 제어라는 세 가지 주요 부분으로 구성된다. 이번 절에서는 이러한 세 가지 주요 기능을 통해 SDV가 어떻게 현재 위치를 파악하고 목적지까지 안전하게 운전할 수 있는지 살펴본다.

4.1.1 인지

인지는 '지금 어디에 있는가?', '주변에서 무슨 일이 일어나고 있는가?'라는 질문에 모두 답하는 것이다. 인지의 주요 기능은 로컬라이제이션, 매핑, 개체 탐지인데, 이러한 기능들은 이전 장에서 자세히 설명했으므로 여기서는 간단히만 요약할 것이다.

3.1절에서 살펴봤듯이, 로컬라이제이션은 차량이 자신의 환경 지도 내에 위치하도록 하는데, 이는 지도 내에서 자신의 방향을 아는 것을 의미한다. 이때 로컬라이제이션은 GNSS, IMU, 라이다, 카메라, 오도메트리와 같은 센서들에 크게 의존한다. 일반적인 방식으로는 환경을 지도와 일치시키는 스캔 매칭과 지도 내의 알고 있는 위치에서 방향, 속도, 시간에 대한 지식을 통해 새로운 위치를 추적하는 추측 항법이 있다.

매핑(3.2절 참조)은 주변 환경의 정확한 그림을 구성하는 과정이다. 여기서 그림은 글로벌 맵 기반일 수도 있고, 순전히 로컬 맵 기반일 수도 있다.

중요한 것은 SDV가 안전하게 동작할 수 있도록 지도가 굉장히 정확해야 한다는 점이다. 대중적인 지도의 종류로는 점유 격자 지도, 특징 지도, 관계 지도가 있으며, 이 세 가지 유형 모두 장단점을 가지므로 SDV의 환경과 제약 조건에 맞게 특정 지도를 선택할 수 있다.

가끔 차량이 정확한 지도와 정확한 위치 정보를 갖지 못하는 경우가 있다. 매핑과 로컬라이제이션은 매우 상호 의존적인데, 이러한 경우에 두 가지를 동시에 사용한다(3.3절 참조). SLAM 알고리즘은 지도 내에 차량을 위치시키는 것과 동시에 환경 지도를 구축하는데, 예를 들어 알고리즘이 이미 방문했던 위치로 되돌아왔다는 것을 인식하고 나면 루프 클로징을 수행할 수 있다. SLAM의 주요 형태로는 칼만 필터나 파티클 필터를 사용하는 필터링 방식과 그래프 기반 기법이나 번들 조정을 사용하는 최적화 방식이 있다.

마지막으로, 인지 기능은 개체 탐지(3.4절 참조)를 수행하는 것이다. 이 기능은 보행자와 다른 차량 같은 움직이는 위험 요소를 탐지하기 때문에 모든 SDV가 안전하게 운전하는 데 있어 대단히 중요하다. 개체 탐지는 시맨틱 표현(또는 지도)을 생성하기 위해 이미지를 처리하고, 해당 이미지 내 특징을 추출하고, 추출한 특징들을 개체로 분류하는 과정으로 이뤄진다. 우리가 살펴봤던 주요 특징 추출 기법은 HOG, SIFT, MSER이며, 서포트 벡터 머신, 랜덤 포레스트, 인공 신경망과 기타 머신러닝 알고리즘 등을 사용해 분류를 수행할 수 있다.

4.1.2 계획

계획이란 '목적지까지 어떻게 가야 하는가?'라는 질문에 대한 답을 의미한다.

계획 수행에 대해서는 경로 계획, 행동 계획, 동작 계획이라는 세 가지 계층 구조를 하향식으로 아래에서 자세히 설명한다.

4.1.2.1 경로 계획

이 단계에서 SDV는 지도에서 제공된 도로 네트워크 정보를 기반으로 현재 위치에서 목적지까지 이동하기에 가장 좋은 경로를 결정하기 위한 계산을 수행한다. 경로 계산 시에는 실시간 교통 정보, 예상 에너지 소비량(특히 전기차의 경우), 유료 도로 이용 여부와 같은 사용자 선호도 등의 외부 요인을 고려해야 한다. 이러한 수준의 계획은 내장형 내비게이션 시스템, 애프터마켓 내비게이션 시스템(TomTom, Navigon 등), 모바일 앱(Google Maps, Here 등)에서도 수행된다.

경로 계획에서는 흔히 최단 경로 문제shortest path problem라 부르는 일반적인 그래프 이론 문제를 해결하기 위해 특별한 알고리즘을 사용한다. 이 문제는 그래프 안에서 두 노드 사이의 최단 경로를 찾는 것이라 정의할 수 있다. 가장 잘 알려진 최단 경로 알고리즘은 그림 4.1에 보이는 데이크스트라 알고리즘Dijkstra's algorithm[6]이다. 이 알고리즘은 모든 노드의 거리 값을 무한대로 초기화해 시작한다. 다음으로, 시작 노드에서 직접 도달할 수 있는 모든 노드에 대해 새로운 거리 값이나 비용을 계산하고, 거리가 더 짧다면 해당 값을 업데이트한다. 이 과정을 전체 그래프에 대해 모든 노드를 순회할 때까지 반복한다. 이제 목적지까지의 최단 경로는 현재 노드 비용과 특정 노드에 도달하기 위한 에지 비용을 합산해 결정할 수 있다. 프로세스 속도를 높이기 위해 고안된 수축 계층Contraction Hierarchies[9]과 같은 더 빠른 알고리즘에서는 몇 가지 사전 계산 단계를 거치기도 한다.

최근에 구현된 여러 가지 경로 계획 알고리즘은 오픈소스 프로젝트로서 무료로 사용할 수 있다(예: RoutingKit[4], GrassHopper[10]).

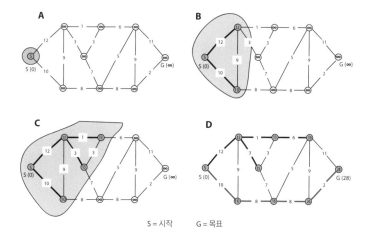

그림 4.1 데이크스트라 알고리즘. (A) 모든 비용을 무한대로 초기화한다. (B) 직접 연결된 이웃 노드에 대한 비용을 업데이트한다. (C) 두 번째 반복. 비용을 업데이트한다. (D) 그래프 내에서 시작 노드로부터 특정 노드까지의 최단 경로를 결정할 수 있다. 이 예에서 가장 바깥쪽에 있는 두 노드 사이의 최단 경로는 28이며, 해당 결과 경로는 빨간색으로 강조 표시했다.

4.1.2.2 행동 계획

앞에서 설명한 경로 계획 단계의 결과는 SDV가 현재 위치에서 따라가야 하는 일련의 도로 네트워크 세그먼트 또는 웨이포인트다. 다음 단계는 행동 계획인데, 이는 실제 지역 주행 상황(현재 도로 형상, 인지된 장애물, 다른 교통 참가자(차량, 보행자 등), 실제 교통 법규(속도 제한, 추월 금지 구역), 차량 제어 한계 등)하에서 다음 웨이포인트에 도달하기 위한 가장 좋은 방법을 결정한다. 행동 계획 단계의 결과는 차로 변경, 차로 유지, 합류, 추월 등과 같은 상위 수준 결정이다.

행동 계획에서 가장 힘든 문제 중 하나는 환경 내에서 동적인 개체의 행동을 예측하는 것이다. 이는 SDV가 일반 차량들과 도로를 공유하는 혼합 교통 환경에서 특히 중요하다. 여기에는 다른 교통 참가자들의 행동 불확실성하에서 의사 결정 문제를 해결하기 위해 고안된 몇 가지 방식들이 있다. 예측 및 비용 함수 기반(PCB) 방식[17](그림 4.2 참조)은 수행 가능한 여러 가지 종방향 및 횡방향 제어 명령 후보들을 생성하고, 예측 엔진을 통해 명령을 순방향 시뮬레이션해 궤적을 생성하고, 각 시뮬레이션 단계에서 주변 차량들의 반응을 예측한다. 그다음에는 진행 정도, 편안함, 안전, 연료 소모와 관련된 총비용을 평가해 최고의 결정을 내린다. 그림 4.3에서 클라우스만 연구진Claussmann et al.[2]은 지식 기반 추론 엔진 방식, 휴리스틱 알고리즘, 근사 추론, 인간 모방 의사 결정 방식으로 분류된 최신 AI 기반 접근법의 개요와 비교를 나타낸다.

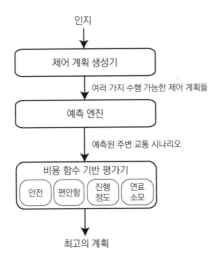

그림 4.2 PCB 알고리즘의 블록 다이어그램(Junqing Wei, Jarrod M. Snider, Tianyu Gu, John M. Dolan, Bakhtiar Litkouhi의 'A behavioral planning framework for autonomous driving'에서 인용함. 2014, 2014 IEEE Intelligent Vehicles Symposium Proceedings, p. 458-464)

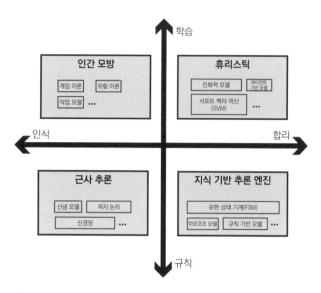

그림 4.3 AI 기반 최신 행동 계획 방식의 분류(Laurène Claussmann, Marc Revilloud, Sébastien Glaser, Dominique Gruyer의 'A study on al-based approaches for high-level decision making in highway autonomous driving'에서 인용함. 2017, 2017 IEEE International Conference on Systems, Man, and Cybernetics, p. 3671-3676 ©2017 IEEE)

4.1.2.3 동작 계획

앞에서 설명한 행동 계획 단계에서의 상위 수준 결정은 동작 계획 단계에서 실제 수행된다. 최종 계획 단계인 동작 계획의 결과는 일반적으로 스티어링 휠 각도, 브레이크 및 스로틀 제어 정도와 같은 형태로서, 시간의 흐름에 따른 차량 제어기에 대한 일련의 운전 명령이다. 로봇공학 서적에서는 일반적으로 동작 계획 문제를 경로 계획path planning과 궤적 계획trajectory planning이라는 두 가지 하위 문제로 나눈다. 경로 계획은 시작 지점에서 목적지까지 충돌이 없는 기하학적 최단 경로를 찾는 작업이다. 궤적 계획은 원하는 경로를 따라 부드럽게 주행하기 위해 동작 순서를 시간에 대한 함수로 결정하는 작업이다. 그러므로 경로는 각 지점에서의 차량 속도, 가속도, 때로는 저크jerk(가속도 변화)까지를 특징으로 하는 일련의 궤적으로 간

주할 수도 있다.

경로 계획 단계에서 최고의 기하학적 경로를 찾으려면 지도 정보로부터 생성된 차량의 환경을 센서나 다른 장비들로부터 인지한 정보와 이산적 표현의 형태로 결합해야 한다. 적합한 표현법으로는 점유 격자 occupancy grid, 드라이빙 코리더 driving corridor 등이 있다. 이전 장에서 설명했듯이, 점유 격자에서는 차량의 환경을 2D 격자 셀로 나누는데, 격자의 각 셀은 장애물이 점유하고 있을 확률을 가진다. 드라이빙 코리더는 탐지된 모든 장애물뿐만 아니라 허용된 차로, 도로 경계와 같은 기타 물리적 경계도 고려해, 차량이 충돌 없이 이동할 수 있는 여유 공간을 나타낸다. 각 표현법에는 장단점이 있다. 점유 격자 방식은 일반적으로 계산 집약적이지는 않지만, 격자 내 셀의 총개수와 격자 해상도에 비례해 메모리 소모량이 증가하므로 더 많은 메모리를 필요로 하는 경향이 있다. 반면에 드라이빙 코리더는 항상 차량이 충돌 없이 이동 가능한 연속적인 공간을 제공하지만, 구성 시에 일반적으로 더 많은 계산량을 요구한다. 서로 다른 이산적 표현의 장단점은 [12]에 자세히 설명돼 있다.

동작 계획은 로봇공학에서 가장 잘 연구된 분야로, 어려운 계획 문제들을 해결하기 위해 1960년대 후반부터 많은 알고리즘이 개발돼 왔다. 그러나 이러한 모든 알고리즘이 SDV에 바로 적용되지는 않는다. SDV의 주행 환경은 움직이는 장애물들로 인해 매우 동적이며, 고속에서 차량 역학의 복잡성 또한 수반하기 때문이다.

SDV에 사용되는 대중적인 두 가지 경로 계획 알고리즘은 PRM Probabilistic Roadmap[13]과 RRT Rapidly-exploring Random Tree[15]이며, 두 알고리즘 모두 이른바 샘플링 기반 계획 sampling-based planning 방식이라 한다. 샘플링 기반 방식은 경로 탐색과 빠른 충돌 방지를 위해 랜덤 노드 조사를 사용해 신규 후보 노드들을 검증한다. 조합 계획 combinatorial planning 방식과는 반대로, 샘플링 기반 방식은 시작 노드와 목표 노드 사이의 이동 가능한 모든 충돌 없는 경로를 완전하게 구성하지 않아도 된다. 따라서 샘플링 기반 방식은 최선이 아닌 차선책을 제공할 수는 있지만, 탐색 공간이 매우 차원적인 경우에는 대단히 실용적이다. 그림 4.4에서 나타내는 PRM 알고리즘은 시작 지점 및 종료 지점, 제약 조건에 대한 지식에서부터 출발한다. 이 알고리즘은 공간 내에 정의된 개수의 노드를 무작위로 배포하고, 각 노드를 가장 가까운 이웃 노드에 연결한다. 충돌 방지 기능에 따라, 모든 노드와 그 노드들을 연결하는 모든 에지 간에는 충돌이 없어야 한다. 모든 노드가 연결된 후, 시작 노드와 목표 노드 사이의 결과 경로는 데이크스트라와 같은 최단 경로 알고리즘을 사용해 쉽게 결정할 수 있다. 그림 4.5에서 볼 수 있듯이, RRT 알고리즘은 임의의 노드를 선택하고 현재 트리에 연결을 시도하며 동작한다. 충돌 방지 기능은 신규 노드에 충돌이 없는지 여부를 검증하는데, 이는 목표 노드에 도달할 때까지 계속된다. 결과 경로는 트리 내의 시작 노드와 목표 노드를 연결하는 일련의 에지다.

궤적 계획은 주로 스플라인spline, 베지어 곡선Bezier curve, 클로소이드clothoid와 같은 최적의 기하학적 곡선을 찾는 문제를 다룬다. 이는 그림 4.6에 나타나 있듯이, 현재의 차량 역학을 고려해 원하는 경로상에서의 부드러운 동작을 보장한다. 궤적 계획의 결과는 기하학적 곡선을 정의하는 데 최적화된 수학적 표현이다. 이를 위해 제안된 몇 가지 방식이 있는데, 가장 대중적인 것은 유전 알고리즘과 SQPSequential Quadratic Programming이다. [16]에서는 이러한 두 가지 방식을 설명하고, 그 성능을 비교한다.

OMPLOpen Motion Planning Library[14]은 RRT, PRM과 그 외 여러 가지 최신 샘플링 기반 알고리즘이 구현된 오픈소스 라이브러리다. 하지만 순수하게 계획 알고리즘의 모음 형태로 설계됐기 때문에 충돌 방지 기능, 시각화와 같은 추가적인 기능들은 여전히 SDV 미들웨어에서 구현되거나 제공돼야 한다.

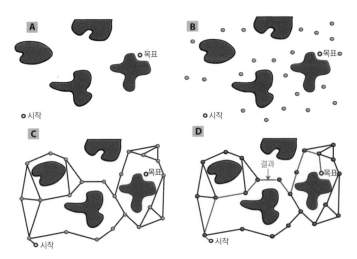

그림 4.4 PRM 알고리즘. (A) 시작 위치와 목표 위치를 보여주는 배위 공간의 예. (B) 알고리즘은 정의된 개수만큼의 충돌 없는 노드들을 배위 공간 곳곳에 무작위로 배포하는 것으로 시작한다. (C) 모든 노드는 가장 가까운 이웃 노드에 충돌 없는 에지로 연결된다. (D) 결과 경로는 예를 들면 데이크스트라 최단 경로 알고리즘을 그래프에 적용해 결정할 수 있다.

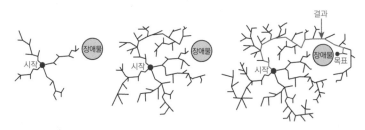

그림 4.5 RRT 알고리즘. (왼쪽) 몇 개의 신규 노드를 무작위로 생성해 시작 노드에 연결한다. (가운데) 몇 개의 다른 노드를 무작위로 생성하고, 모든 충돌 없는 노드를 연결 가능한 가장 가까운 노드에 연결한다. (오른쪽) 시작 노드와 목표 노드가 상호 연결되거나 최대 반복 횟수 제한에 도달하면 알고리즘을 종료한다(Steven M. LaValle의 'Rapidly-Exploring Random Trees: A New Tool for Path Planning', 1998).

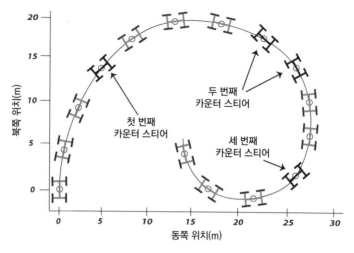

그림 4.6 차량 궤적 계획의 예

4.1.3 차량 제어

차량 제어의 주목적은 차량의 안전한 동작을 보장함과 동시에 계획 단계에서 내린 결정을 수행하는 것이다. 차량 제어는 일반적으로 계산된 궤적을 액추에이터에 대한 일련의 제어 명령문으로 변환하고, 차량의 안정성을 보장하고, 예기치 않은 이벤트의 영향을 최소화하는 것을 의미한다. 후자는 센서 및 하드웨어 장애, 측정 부정확성, 구현 오류의 가능성이 절대 없지는 않으므로 매우 중요하다.

좀 더 높은 안전 요구 사항(일반적으로 ASIL C 또는 D)을 위해 차량 제어 모듈은 보통 다른 SDV 애플리케이션들과 별도로 구현하고 처리한다. 다른 SDV 모듈들과 안전 시스템으로서의 역할이 중복되므로, '간섭으로부터의 자유freedom from interference'를 보장하려면 독립성이 필수적이며, 차량 제어 모듈은 사고를 피하거나 이미 피할 수 없는 사고의 영향을 최소화하기 위해 상위 수준 애플리케이션에서 내린 결정을 무효화할 수 있는 최종 안전 인스턴스의 역할을 한다.

안전 요구 사항 외에도 차량 제어 모듈은 SDV가 가져야 할 일반적인 종방향 및 횡방향 차량 제어 기능을 담당한다. 여기서는 SDV에 필요한 좀 더 간단한 제어 기능들을 소개한다.

4.1.3.1 차로 유지

차로 유지 기능의 목적은 차량이 현재 자신의 차로 경계 내에 있도록 보장하는 것이며, 대부분의 경우 차량을 차로의 중앙에 가깝게 유지하는 것을 의미한다. 이 기능의 분명한 핵심 요소는 그림 4.7에서 볼 수 있듯이 일반적으로 카메라에 의해 수행되는 차로 경계 표식 탐지다. 많은 고급 차량이 이미 ADAS 기능의 일부로 이와 유사한 기능을 갖고 있는데, 예를 들면 방향 지시등을 명확히 켜지 않은 채 차량이 의도치 않게 현재 자신의 차로 경계를 벗어나기 시작할 때 운전자에게 경고하는 것이다. 이 기능과의 큰 차이점은 SDV의 차로 유지는 단지 운전자에 대한 경고에 그치는 것이 아니라 차량의 능동적 횡방향 제어를 수반한다는 것이다.

그림 4.7 차로 유지 기능의 전제 조건인 차로(경계 표식) 탐지(Grasso83의 'Strada Provinciale BS 510 Sebina Orientale'에서 인용함. ©Grasso83, https://commons.wikimedia.org/wiki/File:Strada_Provinciale_BS_510_Sebina_Orientale.jpg, "Strada Provinciale BS 510 Sebina Orientale", Coloration, https://creativecommons.org/licenses/bysa/3.0/legalcode)

4.1.3.2 어댑티브 크루즈 컨트롤

그림 4.8에서 볼 수 있듯이, 어댑티브 크루즈 컨트롤^{Adaptive Cruise Control}(ACC)은 전방 차량과의 안전 거리를 유지하기 위해 차량의 속도를 자동으로 조정한다. 또한 ACC는 잘 알려진 ADAS 기능이며, 종방향 자동 차량 제어의 한 예다. ACC는 다른 차량과의 거리 및 속도 측정을 기반으로 동작하며, 일반적으로 전면 레이더 센서나 전면 카메라, 또는 둘 간의 조합을 통해 수행한다. ACC 기능에 대한 성능 요구 사항 및 시험 절차는 ISO 15622 [11]에 표준화돼 있다.

그림 4.8 전방 차량과의 레이더 거리 및 속도 측정 기반 ACC

4.1.3.3 차로 변경

자동 차로 변경 기능은 차량이 한 차로에서 다른 차로로 안전하게 이동하도록 한다. 그림 4.9에서 볼 수 있듯이, 차로 변경은 종방향 및 횡방향 제어를 수반할 뿐만 아니라 많은 센서로부터의 정보와 이웃 차로 내의 개체 탐지 같은 다른 기능들의 신뢰성에도 의존하기 때문에 이전의 두 기능보다 더 복잡하다.

그림 4.9 자동 차로 변경(Pxhere에서 인용함. CC-Zero-1.0)

4.2 시스템 아키텍처

이전 절에서는 일반적인 SDV가 숙달해야 할 기본 기능들을 소개했다. 그러나 소프트웨어의 관점에서는 이러한 각 기능을 구현, 유지 보수, 개선이라는 개별적 특징으로 나눈다. SDV와 같은 복잡한 시스템을 구축하는 것은 엄청난 노력을 요하지만, SDV 제조사는 일반적으로 모든 것을 맨 처음부터 스스로 전부 구축할 수 있는 리소스를 갖고 있지 않다. 따라서 SDV 애플리케이션은 다른 서드 파티 소프트웨어 구성 요소들과의 의존성을 가져야 한다. 이번 절에서는 완전한 SDV 소프트웨어 스택을 구성하기 위한 소프트웨어 구성 요소를 설명한 뒤, SDV 시스템 아키텍처에서 서로 다른 소프트웨어 구성 요소들 간의 관계성을 설명한다.

복잡한 소프트웨어 제품을 구축할 때는 좋은 시스템 아키텍처가 필수적이다. 좋은 시스템 아키텍처는 장기적으로 전반적인 개발과 유지 보수의 노력을 최소화할 뿐만 아니라, 향후에 시스템을 더욱 쉽게 개선하거나 업데이트할 수 있도록 만든다. 또한 일반적으로 널리 사용되는 설계 패턴과 잘 검증된 설계 원칙을 혁신적인 방식으로 결합해 로컬 시스템의 이점을 활용함으로써 애플리케이션 특화 문제를 완화한다.

보통 복잡한 소프트웨어 시스템의 아키텍처를 단순화하는 방법으로 수직적 추상화를 사용한다. 여기서는 하나의 시스템을 몇 개의 하위 시스템이나 하위 계층으로 나눈다. 각 계층의 구현 세부 사항은 대부분 다른 계층에서는 숨겨져 있으며, 사전 정의된 인터페이스를 통해서만 볼 수 있다. 각 계층은 바로 상위 또는 바로 하위 계층과만 상호 작용하므로, 이를 다중 계층 시스템 아키텍처라 한다. 다중 계층 시스템 방식은 각 구성 요소가 시스템 내의 다른 구성 요소들과 자유롭게 상호 작용할 수 있는 모놀리식 시스템 아키텍처에 비해 추가적인 복잡성을 갖긴 하지만, 더 나은 유지 보수 용이성, 구현 유연성, 재사용성을 가지므로 장기적으로는 비용 절감이 가능하다는 이점이 있다.

약간의 차이가 있을 수는 있지만, 전형적인 SDV 시스템 아키텍처는 하드웨어, 미들웨어, 애플리케이션이라는 세 가지 계층으로 일반화할 수 있다.

4.2.1 하드웨어 계층

하드웨어 계층은 SDV 내의 센서, 액추에이터, 기타 하드웨어에 접근해 제어하는 역할을 한다. 사용하는 인터페이스에 따라, 일부 장치 전용 상용 펌웨어나 필요한 표준을 지원하는 일반 드라이버 소프트웨어를 통해 하위 수준 하드웨어 접근을 제공한다. 하드웨어 전용 API^{Application Programming} ^{Interface}를 사용해 더욱 정밀한 하위 수준 제어나 더욱 최적화된 성능을 요하는 경우를 제외하면, 표준화된 하드웨어 인터페이스를 사용해 하드웨어 독립성을 보장하고, 벤더 종속을 피하고, 더 좋은 코드의 재사용을 장려하는 것이 바람직하다. 하드웨어 계층의 거의 모든 소프트웨어는 보통 하드웨어 제조사에서 제공하거나 사용 가능하도록 한다. 그러나 하드웨어의 복잡성에 따라, 하드웨어 사용 시 안전과 보안을 유지하기 위해 정기적인 펌웨어 업데이트가 필요할 수도 있다.

4.2.2 미들웨어 계층

미들웨어 계층은 일반적으로 운영체제(OS)와 런타임 환경으로 구성된다. 이는 하위의 하드웨어 계층과 상위의 SDV 애플리케이션 계층 사이의 인터페이스다. 미들웨어 계층을 사용하면 애플리케이션 계층에 대해 잘 검증된 라이브러리를 바로 활용 가능하므로, 개발 노력 절감, 유지 보수 용이성, 플랫폼 독립성 개선 등과 같은 많은 이점이 따른다. 또한 대중적인 미들웨어들은 일반적으로 개발 노력을 더욱 줄일 수 있도록 애플리케이션 개발 및 시험을 위한 유용한 툴을 함께 제공한다. 미들웨어 계층용 소프트웨어는 일반적으로 오픈소스 프로젝트나 소프트웨어 벤더에서 제공한다. SDV 개발을 위해 널리 사용되는 몇 가지 미들웨어는 다음 절에서 소개할 것이다.

4.2.3 애플리케이션 계층

이전의 '기능적 아키텍처' 절에서 설명했던 모든 기능은 애플리케이션 계층에서 소프트웨어 구성 요소의 형태로 구현한다. 일반적으로 표준 또는 기성 소프트웨어 제품으로 제공되는 나머지 두 계층과 달리, 애플리케이션 계층은 하나의 SDV 시스템에 대한 고도의 맞춤형 소프트웨어 구성 요소로 이뤄져 있으므로 다른 SDV 시스템들과 구분된다. 대부분의 경우, 애플리케이션 계층의 소프트웨어는 미들웨어가 제공하는 API를 통해 다른 소프트웨어 구성 요소 및 나머지 시스템들과 상호 작용한다. 소프트웨어 구성 요소와 미들웨어 간의 상호 작용은 지원하는 통신 메커니즘에 따라 메시지 전달, 공유 메모리, 함수 호출 등을 기반으로 이뤄진다. 이와 같은 추상 인터페이스를 사용함으로써, 애플리케이션 계층을 미들웨어 독립적으로 구현할 수 있다.

4.3 SDV 미들웨어의 예

이전 절에서 언급했듯이, 올바른 미들웨어를 선택하는 것은 매우 중요하다. 이번 절에서는 SDV 개발에 흔히 사용되는 세 가지 미들웨어 스택을 살펴본다.

4.3.1 로봇 운영체제

로봇 운영체제(ROS^{Robot Operating System})는 윈도우^{Windows}, 리눅스^{Linux}, 맥 OS^{MacOS} 등과 같은 종래 개념의 운영체제가 아니므로, '로봇 운영체제'라는 명칭은 다소 부적절하다. 정확히 말하면, 운영체제 위에서 실행되는 미들웨어다. ROS는 2006년 실리콘밸리에 기반을 둔 로봇공학 연구소인 윌로우 개러지^{Willow Garage}에서 주도했으며, 현재는 로봇공학 및 자율주행 분야에서 연구계와 산업계 모두 널리 사용하는 대중적인 오픈소스 미들웨어가 됐다.

미들웨어로서, ROS는 로봇 애플리케이션의 개발을 용이하게 하는 툴 및 라이브러리 모음을 제공한다. 장치들 간의 원활한 분산 통신을 지원하는 통신 인프라를 제공할 뿐만 아니라 비동기식(토픽 사용), 동기식(서비스 사용), 데이터 스토리지(파라미터 서버 사용)와 같은 각기 다른 통신 방식도 지원한다[3]. 유연한 클라이언트 라이브러리 아키텍처 덕분에 ROS 애플리케이션은 C/C++, 파이썬Python, C#, 루비Ruby, 고Go, 자바Java 등의 수많은 프로그래밍 언어를 사용해 구현할 수 있다. 그러나 C/C++, 파이썬 외의 언어에 대한 지원은 이 책을 저술하는 시점 기준으로 여전히 시험 단계라 생각된다.

그림 4.10에서 볼 수 있듯이, ROS 프레임워크는 ROS 마스터 노드와 다수의 사용자 노드로 구성되며, 사용자 노드는 ROS 메시지를 사용해 입력 데이터를 수신하고 출력 데이터를 송신한다. ROS 마스터 노드는 모든 노드에 대한 중앙 등록 지점이며, 런타임에서 파라미터에 접근하기 위한 별도의 서비스인 파라미터 서버를 제공한다. 초기화 과정에서 노드는 마스터 노드에 자신을 등록하고, 관심 있거나 제공 가능한 토픽 또는 서비스에 대해 마스터 노드에 알린다. ROS 전문 용어로 하면, 구독하려는 토픽과 런타임에서 발행할 서비스 또는 토픽을 알리는 것이다. 새로운 메시지가 사용 가능해지면, 그 메시지는 즉시 P2PPeer-to-Peer RPCRemote Procedure Call에 의해 발행자로부터 등록된 모든 구독자에게 직접 전송된다. 이러한 직접적인 P2P 통신 아키텍처는 모든 메시지가 최종적으로 구독자에게 배포되기 전에 ROS 마스터 노드를 통해 중앙으로 전송되는 중앙 집중식 통신과 달리, 효율적이며 확장 가능하다. 노드는 요청/응답 방식을 통해 다른 노드로부터 호출 가능한 서비스를 등록할 수도 있다.

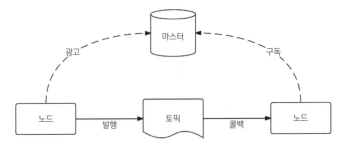

그림 4.10 ROS 프레임워크의 개요(©Noel.martignoni, https://commons.wikimedia.org/wiki/File: ROS-master-node-topic.png, https://creativecommons.org/licenses/by-sa/4.0/legalcode)

대형 시스템에서 코드의 재사용과 공동 개발을 촉진하기 위해 ROS 소프트웨어는 패키지화돼 있으며, 때로는 스택으로 구성되기도 한다. ROS 패키지는 특정 작업을 해결하기 위한 아토믹 빌드 유닛atomic build unit 또는 모듈이며, 간단히 말해 ROS 노드, 일부 라이브러리, CMake 빌드 파일, 패키지명/버전/종속성 등을 기술한 XML 패키지 메타데이터를 포함하는 디렉터리다. ROS 스택은 내비게이션과 같은 특정 기능을 일괄적으로 제공하는 ROS 패키지 모음이다.

다른 로봇공학 시스템들과 마찬가지로, SDV는 일반적으로 GNSS 센서로부터의 월드 좌표계, 차량의 무게 중심 관련 좌표계, 로컬라이제이션을 위해 고정된 좌표계 등과 같은 다양한 좌표계상에서 동작한다. 좌표계를 추적해 한 시스템에서 다른 시스템으로의 변환을 계산하는 것은 오랜 시간이 걸리는 단순 반복 작업이며 오류가 발생하기 쉽다. ROS 변환 시스템(tf)은 변환 결과 발행에 대해 표준화된 프로토콜을 사용하는 좌표계 추적 시스템으로, 이러한 작업을 단순화하도록 설계됐다. ROS 노드는 tf를 사용해 '자연native' 좌표계를 발행하거나 시스템 내의 모든 좌표계를 알고 있을 필요 없이 선호하는 좌표계를 검색할 수 있다. 내부적으로, tf 시스템은 트리형 데이터 구조를 사용해 좌표계들 간의 계층적 관계를 유지한다. 원본 좌표계와 목표 좌표계 간의 필요한 변환은 공통 부모 노드를 발견할 때까지 트리의 에지를 따라 오르내리는 식으로 스패닝 트리의 순변환을 계산함으로써 수행한다[7].

오픈소스라는 본질적 특성과 로봇공학계 내에서의 활발한 개발 덕분에 ROS는 SDV를 포함한 로봇 애플리케이션의 연구와 개발에서 매우 대중적이며 널리 사용하는 미들웨어가 됐다. 이러한 대중적인 프레임워크를 사용하면 얻게 되는 주요 이점 중 하나는 공개적으로 사용 가능하면서 다양하고 유용한 오픈소스 ROS 패키지 또는 라이브러리를 활용할 수 있다는 것이다. 이는 맞춤형 솔루션 생성이나 신속한 프로토타이핑의 기초로 사용하거나 로봇공학 알고리즘의 학습을 위한 좋은 리소스로 간단히 사용 가능함을 의미한다.

4.3.2 ADTF

ADTF^{Automotive Data and Time-Triggered Framework}는 2008년에 차량 제조사 및 공급사를 위한 독점 소프트웨어로 제공됐는데, 그 이전에 ADAS^{Advanced Driver Assistance System}의 개발 및 시험을 위한 내부 프레임워크로 AEV^{Audi Electronic Venture}에서 최초로 개발됐다. 이렇듯 확실한 자동차 산업의 배경 덕분에 ADTF는 차량 전용 장치 및 인터페이스를 탄탄하고 광범위하게 지원한다. 예를 들면 LIN, CAN, MOST, FlexRay 버스를 지원해, 특히 독일 자동차 산업계에서 널리 사용된다. ROS와 마찬가지로, ADTF도 리눅스, 윈도우 등의 다른 운영체제 위에서 실행되는 미들웨어다.

그림 4.11에서 볼 수 있듯이, ADTF는 구성 요소, 런처 환경, 시스템 서비스, 런타임이라는 네 가지 소프트웨어 계층을 갖는 다중 계층 프레임워크다. 구성 요소 계층은 사용자 필터뿐만 아니라, 예를 들면 ADTF나 서드 파티 공급자에서 제공하는 입출력 하드웨어와의 인터페이스 같은 추가적인 필터나 서비스로 이뤄진 툴박스로 구성된다. 필터는 에디터, 프로

파일러, 디버거 등으로 구성되며, 헤드리스(비GUI) 콘솔 환경, 최소 GUI 런타임 환경, GUI 개발 환경 중 하나의 런처 환경에서 로드하고 실행한다. 시스템 서비스 계층은 런처 실행에 필요한 기능뿐만 아니라 메모리 풀, 클럭과 같은 다른 기본 서비스들도 제공한다. 마지막으로, 런타임 계층은 구성 요소 등록, 시스템 서비스 스케줄링, 시스템 런타임 수준 변경을 담당한다[5].

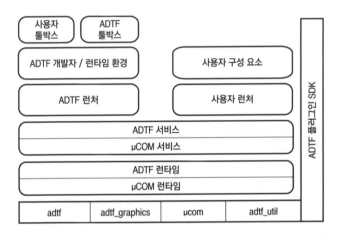

그림 4.11 ADTF 아키텍처의 개요(Digitalwerk의 'ADTF Architecture Overview'에서 인용함. 2019, ADTF v2.14.3 Documentation. ©2019 Digitalwerk GmbH)

ADTF 애플리케이션의 구현은 일반적으로 ADTF SDK^Software Development Kit를 사용해 필터와 서비스를 파이썬이나 C/C++로 작성한다. ADTF에서 애플리케이션 계층의 기존 기능들은 일반적으로 필터로 쉽게 래핑되며, 해당 기능들의 입출력은 핀을 통해 활성화한다. 데이터 시각화나 GUI^Graphical User Interface의 생성은 통합 Qt 그래픽 프레임워크를 통해 지원된다. 플랫폼 독립적인 ADTF와 Qt SDK를 사용함으로써, 동일한 애플리케이션 코드를 ADTF의 리눅스와 윈도우 버전 모두에서 실행 가능하도록 보장한다. ROS와 마찬가지로, ADTF는 오프라인 프로세싱에 유용하도록 데이터 기록 및 재생을 위한 내장 툴과 기능도 지원한다. 필터들 간 교환하는 데이터는 int, bool과 같은 원시 자료형에서 계층적 자료 구조(중첩 구조)와 동적 배열을 사용한 표현 같은 복잡한 사용자 자료형에 이르기까지 다양하다. 수신자가 입력 데이터 스트림을 올바르게 해석하려면, ADTF DDL^{Data Definition Language}로 작성된 전송 미디어 유형에 대한 설명을 컴파일 시점에 수신자 측에 제공하거나 런타임에서 데이터 스트림의 일부로 동적 교환해야 한다.

ADTF의 새로운 버전인 ADTF 3는 분산 시스템 전체에 걸친 ADTF 인스턴스들 간의 원활한 통신을 가능하게 한다. 이전 버전들과는 다르게, 각각의 ADTF 인스턴스를 ADTF 런타임/개발 환경 프로세스 내에서 단일 스레드가 아닌 별도 프로세스로 구동하며, 다수의 인스턴스 간 통신은 호스트 시스템의 IPC^{Inter Process Communication}를 사용하거나 TCP^{Transmission Communication Protocol}, UDP^{User Datagram Protocol}, SCTP^{Stream Control Transmission Protocol}와 같은 일반적인 네트워크 통신 프로토콜을 사용해 구현한다. 또 다른 주목할 만한 개선 사항은 최신 C++에 대한 지원인데, 이는 개발자가 좀 더 명확하고 간결한 방식으로 ADTF 코드를 작성할 수 있게 해준다. 다른 필터들과의 제네릭 RPC 통신에 대한 내부 지원은 ADTF 개발자가 기존의 필터링이나 데이터 플로우 기반 애플리케이션 개발과 더불어 더욱 직관적인 방식으로 분산 제어 플로우 기반 애플리케이션을 개발할 수 있도록 한다.

4.3.3 AUTOSAR

ROS, ADTF와 달리, AUTOSAR^{Automotive Open System Architecture}는 실제로 미들웨어 소프트웨어 자체가 아니라 표준들의 집합이다. 이러한 표준들은 차량의 전자 제어 장치(ECU 등)에 대해 표준화된 아키텍처를 만들기 위한 자동차 산업 생태계 내 기업들의 글로벌 개발 파트너십인 AUTOSAR 컨소시엄에서 공표한다. 그러므로 AUTOSAR 미들웨어는 단순하게 AUTOSAR 표준을 준수하는 미들웨어를 의미하는데, 이는 각 표준의 일부 또는 전부를 구현하는 데 특화된 다양한 기업의 소프트웨어 제품군이라 할 수 있다.

AUTOSAR 이전에, 모든 차량 제조사는 독점 시스템을 자체 개발하거나 공급사의 독점 시스템을 사용해야 했다. 이러한 표준의 부재는 일반적으로 코드 재사용성 부족, 시스템 상호 운용성 부족, 제한된 시험 가능성(소프트웨어 품질 저하로 이어짐), 높은 개발 및 유지 보수 비용이라는 결과를 가져왔다. AUTOSAR는 자동차 산업 생태계 내의 플레이어들에게 경제적 이득을 제공할 뿐만 아니라, ISO 26262를 따르는 방법론과 규격을 지원해 차량을 위한 안전 중요 애플리케이션의 개발이 가능하도록 한다.

그림 4.12에서 볼 수 있듯이, AUTOSAR 아키텍처에서는 차량의 ECU에서 실행되는 소프트웨어를 애플리케이션, 런타임 환경(RTE), 기본 소프트웨어라는 세 가지 추상화 계층으로 나눈다. 애플리케이션 계층은 사용자나 애플리케이션에 특화된 소프트웨어 구성 요소(SWC)들로 이뤄져 있다. SWC들 간의 통신이나 SWC와 통신 버스 또는 기타 서비스 간의 통신은 RTE를 통해 수행한다. RTE는 실제로 이러한 구성 요소들 간의 통신 '배관plumbing'을 구현하는 기계 생성 코드다. 즉, 교환된 데이터를 저장하기 위한 내부 변수, 그리고 SWC가 해당 변수나 AUTOSAR 서비스에 접근하기 위한 메소드를 생성한다. 기본 소프트웨어 계층은 하드웨어 추상화와 표준화된 서비스를 제공하며, 이는 SWC와 RTE가 각각의 역할을 수행할 수 있도록 하는 진단, 코딩 등을 의미한다. RTE 생성기, AUTOSAR 저작/모델링 IDE 등의 툴과 마찬가지로, 기본 소프트웨어 계층 스택은 일반적으로 AUTOSAR 기술 공급사에서 제공한다.

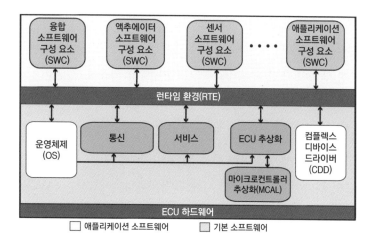

AUTOSAR에서 구성 요소들 간의 통신은 S/R^{Sender/Receiver} 통신과 C/S^{Client/Server} 통신이라는 두 가지 일반적인 패러다임으로 나뉜다. 일반적인 애플리케이션은 SWC 내의 입력값을 처리해 계산 결과를 주기적으로 통신 버스에 반환하는 센서 데이터 스트림과 같은 통신 버스로부터의 입력값을 읽는다. 이러한 종류의 순환 데이터 플로우 기반 프로세싱은 대부분 송신/수신 포트의 데이터 큐잉 여부, 접근 차단/비차단 여부 등의 몇 가지 추가 파라미터를 갖고 S/R 인터페이스를 사용해 구현한다. 제어 플로우 기반 통신 시 또는 특정 차량 파라미터(코딩)를 읽거나 암호화 서비스에 대한 값 반환 함수를 호출하는 것과 같이 서비스에 비주기적으로 접근할 때는 일반적으로 C/S 통신을 사용해 처리한다.

사용하는 통신 유형과 관계없이, 통신 참여자들 간에는 교환하는 데이터의 유형과 형식을 합의해 설계 시 규격화해야 한다. SWC 내에서 접근할 수 있는 모든 사용 가능한 함수의 메소드명, 예상 파라미터 및 유형 등의 메소드 서명뿐만 아니라 필요한 SWC 외부 함수의 메소드 시그니처도

규격에서 가장 중요한 부분이다. 이러한 규격은 대개 AUTOSAR XML이나 ARXML로부터 C 헤더 파일로 내보내는데, SWC와 상호 작용하는 모든 구성 요소에 대한 '구속 계약binding contract'을 제공하기 때문에 계약 단계 헤더contract phase header로 통용된다. ARXML은 AUTOSAR를 위한 일반적인 데이터 교환 형식이다. 이는 사람이 읽을 수 있는 형식(XML)이며, AUTOSAR와 함께 동작하는 모든 툴에서 사용한다.

SWC의 런타임 동작은 설계 시에도 정의한다. 여기서는 SWC를 어떻게 스케줄링할지 명세하는데, 주기적으로 스케줄링돼야 할 경우에는 순환 파라미터를 정의하고, 이벤트 기반 구동을 위해서는 이벤트 유형을 정의한다. 생성된 RTE는 모든 SWC를 스케줄링할 수 있는 스케줄러도 포함한다. AUTOSAR의 구성에서 ECU 내의 모든 소프트웨어 구성 요소는 서로 '구속tied'되는데, 이는 모든 송신자/서버 포트가 대응 관계에 있는 수신자/클라이언트에 결속됨을 의미한다. SWC는 결국 생성된 RTE 및 연결 단계에 있는 다른 구성 요소들과 서로 통합된다. 연결이 성공한 후에는 결과 바이너리가 ECU에 플래싱돼 차량에서 실행할 준비가 된다.

AUTOSAR는 안전한 경성 실시간 차량 애플리케이션을 개발하기 위해 표준화된 방식을 이용 가능하도록 개념적으로 설계됐기 때문에 설계 시에 모든 것(또는 거의 모든 것)이 정적으로 구성돼야 한다. 정적 시스템 방식은 애플리케이션이 완전히 결정론적임을 분명히 보장하지만, SDV와 같이 특정 애플리케이션에 대해서만 너무 한정적일 수가 있다. 따라서 AUTOSAR 컨소시엄은 ROMRead-Only Memory 대신 RAMRandom Access Memory으로부터의 실행, 동적 스케줄링, 가상 주소 공간에 대한 지원과 같이 동적 구성이 가능한 시스템을 개발할 수 있도록 일부 완화된 제약 조건을 가진 AUTOSAR 적응형 플랫폼 표준AUTOSAR adaptive platform standard을 도입했다[8].

저술 시점 기준으로, AUTOSAR는 다음과 같은 표준들을 공표했다 [1].

- **클래식 플랫폼 표준**Classical Platform Standard : '기존traditional'의 경성 실시간 및 안전 중요 시스템 구성
- **적응형 플랫폼 표준**Adaptive Platform Standard : 동적으로 연결된 서비스와 클라이언트가 요구되는 시스템 구성
- **재단 표준**Foundation Standard : 클래식 플랫폼과 적응형 플랫폼의 공통 부분 제공
- **인수 시험 표준**Acceptance Tests Standard : 버스와 애플리케이션 수준에서 AUTOSAR 스택 구현 검증
- **애플리케이션 인터페이스 표준**Application Interfaces Standard : 공통부 애플리케이션 인터페이스의 구문 및 시맨틱 정의

4.4 요약

이번 장에서 살펴봤던 것처럼, SDV가 목적지까지 안전하게 운전하는 데 초점을 맞추려면 수많은 개별 기능의 조화가 요구된다. 이번 장에서는 차량이 목적지에 도달하기 위해 로컬 환경에 대한 지식을 다른 요소들과 어떻게 결합하는지 보여줬다. 첫 번째 절에서는 SDV가 안전하고 효과적으로 동작하는 데 필요한 추가 기능을 알아봤는데, 이 기능은 계획과 차량 제어로 나뉜다.

계획 작업은 '목적지에 안전하게 도달하려면 어떻게 해야 하는가?'라는 질문에 답하는 것이다. 이 작업은 경로 계획, 행동 계획, 동작 계획이라는 세 가지 단계로 구분한다. 경로 계획은 현재 위치와 목적지 사이의 지도를 통해 최적 경로를 찾는 것을 목표로 한다. 여기서 '최적'이라는 말은

경로 계획 작업이 탑승자(예: 통행료 회피 선호), 차량(예: 전기차의 배터리 수명 절약), 환경(예: 고속도로를 따라 잘못된 길로 운전하지 않음)이라는 모든 제약 조건을 고려해야 한다는 것을 의미한다. 경로 계획의 결과는 일련의 이산적인 웨이포인트다. 행동 계획은 현재의 주변 환경과 도로 상태를 고려해 다음 웨이포인트에 도달하기 위한 최적의 방법을 찾는 것이다. 마지막으로, 동작 계획은 이전 단계의 출력값을 실현하기 위한 최적의 경로를 결정해, 차량 제어기가 차량을 운전하는 데 사용할 상위 수준 명령의 목록을 제공하는 것이다.

차량 제어 기능은 실제로 차량을 가감속하고 조향하는 여러 가지 액추에이터와 제어기에 명령을 전달하는 것이다. 제어 기능은 계획 기능에서의 조향각, 스로틀, 브레이크 명령 목록이 하드웨어로 전달할 명령문으로 안전하게 변환되도록 한다. 앞에서 설명했듯이 차량 제어기는 안전 중요 시스템이며, 예기치 않은 이벤트(예: 외부 요인, 센서 고장) 발생에 대한 '최후의 방어선'이다. 앞에서 봤듯이 주요 차량 제어 작업으로는 차로 유지, 어댑티브 크루즈, 차로 변경이 있으며, 이러한 세 가지 작업은 모두 대부분의 최신 차량에 장착된 ADAS의 일부로 존재한다. 그러나 앞에서 설명했듯이, SDV에서는 사람의 개입 없이 모든 기능을 수행해야만 한다. 이는 SDV가 안전한 차로 변경을 위해 다수의 센서 모니터링뿐만 아니라 한 번에 여러 가지 제어 작업을 수행해야만 하기 때문에 특히 힘들다.

이번 장의 두 번째 절에서는 다중 계층 시스템 아키텍처 추상화를 소개했다. 다중 계층 시스템 아키텍처는 SDV를 위해 필요한 기능을 수행하는 실제 소프트웨어 시스템을 구체화한다. 앞에서 봤듯이, 여기서는 시스템을 구동하는 하드웨어 계층, 하드웨어로부터 애플리케이션 계층으로 데이터를 전달하고 명령을 다시 하드웨어에 전달하는 미들웨어 계층, 마지막으로 위에서 설명한 세부 기능을 구현하는 애플리케이션 계층이라는 세 가지 계층으로 나눈다. 다시 상기해보면, 일반적으로 하드웨어 계층과 미들웨어 계층은 하드웨어 벤더에서 제공하는 독점 소프트웨어, 또는 오픈 소스와 서드 파티 라이브러리를 활용한다. 이는 훨씬 더 높은 수준의 상호 운용성을 허용하고, 코드의 개발과 유지 보수를 단순화한다. 그에 반해, 애플리케이션 계층은 각 SDV에 대해 최적화된 맞춤형 코드나 상용 코드로 구성하는 경향이 있다.

이번 장의 마지막 절에서는 SDV 애플리케이션을 위해 사용하는 몇 가지 표준 미들웨어를 좀 더 자세히 살펴봤다. 미들웨어는 모든 SDV 소프트웨어 시스템에서 대단히 중요한 부분이다. 앞에서 설명했듯이, SDV에는 ROS를 대중적으로 사용하는데, 이는 널리 연구되며 애플리케이션과 툴에 대한 방대한 라이브러리를 갖고 있기 때문이다. ADTF는 차량 애플리케이션을 위해 아우디에서 특별히 만든 상용 미들웨어이며, 차량 내의 상용 하드웨어 및 제어 버스에 대한 강력한 지원을 제공한다. ROS, ADTF와 달리, AUTOSAR는 모든 차량 전자 제어 장치에 대한 요구 사항을 정의한 표준들의 집합이다. AUTOSAR 표준을 따름으로써, SDV 제조사는 안전하고 유지 보수성이 우수하고 상호 운용이 가능한 미들웨어를 만들 수 있다.

이제 SDV를 위해 필요한 하드웨어와 소프트웨어에 관한 아이디어를 얻었으므로, 다음 단계는 이를 완전한 시스템으로 결합하는 것이다. 이는 SDV를 만들 때 개발자가 수행하는 작업의 대부분이며, 코딩에 대한 세부적인 지식을 요구한다. 대부분의 기술이 그렇듯이, 하드웨어와 소프트웨어 모두에 대해 선택의 폭이 넓지만, 다음 장에서는 그중 몇 가지 대중적인 프레임워크를 설명한다.

참고 문헌

[1] AUTOSAR. Autosar standards. https://www.autosar.org/standards/. [accessed 07-Nov-2018].

[2] Laurène Claussmann, Marc Revilloud, Sébastien Glaser, and Dominique Gruyer. A study on al-based approaches for high-level decision making in highway autonomous driving. In *Systems, Man, and Cybernetics (SMC), 2017 IEEE International Conference on*, pages 3671-3676. IEEE, 2017.

[3] K Conley. Ros/introduction-ros wiki. *ROS Wiki*, 2011. http://wiki.ros.org/ROS/Introduction. [accessed 07-Nov-2018].

[4] Julian Dibbelt, Ben Strasser, and Dorothea Wagner. Customizable contraction hierarchies. *Journal of Experimental Algorithmics (JEA)*, 21:1-5, 2016.

[5] Digitalwerk. Automotive data and time-triggered framework sdk documentation overview version 2.14.2. https://support.digitalwerk.net/adtf/v2/adtf_sdk_html_docs/index.html. [accessed 07-Nov-2018].

[6] Edsger W Dijkstra. A note on two problems in connexion with graphs. *Numerische mathematik*, 1(1):269-271, 1959.

[7] Tully Foote. tf: The transform library. In *Technologies for Practical Robot Applications (TePRA), 2013 IEEE International Conference on*, pages 1-6. IEEE, 2013.

[8] Simon Fürst. Autosar adaptive platform for connected and autonomous vehicles. In *Proc. conf, 8th Vector Congress, Alte Stuttgarter Reithalle*, 2016.

[9] Robert Geisberger, Peter Sanders, Dominik Schultes, and Christian Vetter. Exact routing in large road networks using contraction hierarchies. *Transportation Science*, 46(3):388-404, 2012.

[10] GraphHopper. Graphhopper routing engine. https://github.com/graphhopper/graphhopper. [accessed 07-Nov-2018].

[11] ISO. Iso 15622: Intelligent transport systems – adaptive cruise control systems – performance requirements and test procedures. https://www.iso.org/standard/71515.html. [accessed 07-Nov-2018].

[12] Christos Katrakazas, Mohammed Quddus, Wen-Hua Chen, and Lipika Deka. Real-time motion planning methods for autonomous on-road driving: State-of-the-art and future research directions. *Transportation Research Part C: Emerging Technologies*, 60:416-442, 2015.

[13] Lydia Kavraki, Petr Svestka, and Mark H Overmars. *Probabilistic roadmaps for path planning in high-dimensional configuration spaces*, volume 1994. Unknown Publisher, 1994.

[14] Kavraki-Lab. The open motion planning library. http://ompl.kavrakilab.

org. [accessed 07−Nov−2018].

[15]   Steven M. Lavalle. Rapidly−exploring random trees: A new tool for path planning. Technical report, 1998.

[16]   Alaa Sheta and Hamza Turabieh. A comparison between genetic algorithms and sequential quadratic programming in solving constrained optimization problems. *ICGST International Journal on Artificial Intelligence and Machine Learning (AIML)*, 6(1):67−74, 2006.

[17]   Junqing Wei, Jarrod M Snider, Tianyu Gu, John M Dolan, and Bakhtiar Litkouhi. A behavioral planning framework for autonomous driving. In *2014 IEEE Intelligent Vehicles Symposium Proceedings*, pages 458−464. IEEE, 2014.

5

모든 구성 요소 결합하기

이전 장에서는 자율주행차량에 사용되는 하드웨어 및 소프트웨어 구성 요소를 소개했다. 다음 단계는 자율주행차량을 제작하기 위해 이러한 구성 요소들을 어떻게 결합할지 설명하는 것이다. 이번 장에서 다룰 세 가지 주요 내용은 SDV 개발 준비 단계, 센서 드라이버 설치와 차량 데이터 읽기 같은 몇 가지 과정 예시, SDV 시험 관련 논의다.

이번 장에서는 최신 차량의 컴퓨터 제어가 가능하도록 설계된 바이 와이어 제어 키트인 OSCC도 설명한다. OSCC는 사용자가 통신 네트워크를 통해 차량 내부 제어 시스템에 연결 가능하도록 한다. 이는 또한, 개발자가 아두이노^Arduino 기반 OSCC 모듈과 함께 자체 하드웨어 및 소프트웨어를 사용해 차량 ECU에 제어 명령을 전송하고, 차량의 CAN 네트워크로부터 제어 메시지를 읽을 수 있도록 한다. OSCC 키트는 빠듯한 예산을 갖고 작업해 블랙박스 형태의 독점 시스템에 많은 비용을 지출하기 싫어하는 개인 개발자들에게 엄청난 잠재력을 제공한다.

이 책의 1장에 있는 면책 조항을 상기하길 바란다. 최신 차량들은 극도로 복잡하며, 잘못 다룰 경우 당신을 사망 또는 심각한 상해에 이르게 할 수 있는 구성 요소들로 이뤄져 있다. 적어도, 차량을 개조하면 보증이 무효화되며, 보험 역시 무효화될 수도 있다. 게다가 대부분의 관할 구역에서는 특별 허가를 받아야만 공공 도로에서의 SDV 개발을 수행 가능하며, 일부 관할 구역에서는 SDV가 불법이다. OSCC는 오로지 통제된 전용 환경 내에서 프로토타이핑을 용이하게 하고자 설계됐다는 점을 인식하는 것이 특히 중요하다. OSCC 모듈은 공공 도로에서 사용하기 위해 요구되는 안전 또는 품질 표준을 충족하지 않는다.

5.1 준비

SDV 개발을 시작하기 전에 완료해야 할 몇 가지 준비 단계로는 부품 수급용 차량 선택, 모든 센서의 설치 및 보정 등이 있다.

5.1.1 차량 선택

적합한 차량을 선택하는 것은 SDV 개발의 핵심이다. 2장에서 언급했듯이, 최신 차량에는 흔히 독점 제품의 액추에이터와 접근이 어려운 ECU가 사용된다. 이는 구형 차량이 더 나은 부품 수급 차량이 된다는 것을 의미한다. 그러나 구형 차량에는 필요한 바이 와이어 제어 시스템이 많이 부족하다. 바로 여기에 OSCC가 도입된다. OSCC는 쉽게 이용할 수 있는 특정 부품 수급용 차량에서 동작하도록 개발돼 왔으며, 이를 통해 더욱 쉬운 개발이 가능하다. OSCC는 5.2.1절에서 자세히 설명할 것이다.

5.1.2 차량 네트워크

차량을 선택했으면, 차량의 하드웨어와 소프트웨어를 원활하게 통합해야 한다. 하드웨어 연결을 견고히 구축해야만 센서, 컴퓨팅 플랫폼, 액추에이터가 서로 통신할 수 있는 안정적인 네트워크를 생성할 수 있다. 궁극적으로는 모든 상황에서 예상한 대로 정확히 동작하는 차량 구성 요소가 필요하다. 모든 통신 결함은 오류를 발생시키며, 시스템의 효과적이고 안전한 작동을 방해한다. 모든 최신 차량은 한 가지 이상의 통합 네트워크 체계를 갖고 있는데, 서로 다른 유형의 센서들 간에는 요구 사항이 각기 다르므로 대부분의 SDV에는 두 가지 이상의 서로 다른 네트워크가 조합돼야 한다.

2장에서는 서로 다른 네트워크 유형 간의 상대적 성능을 설명했다. 여기서는 이러한 네트워크 유형을 어떻게 결정하는지 살펴볼 것이다. 주요 고려 사항 중 하나는 이용할 수 있는 대역폭 또는 네트워크 용량이다. 라이다와 같은 일부 센서는 컴퓨팅 플랫폼에 피드백해야 할 엄청난 양의 데이터를 생성하며, 오도메트리와 같은 센서는 이에 비해 데이터 전송률이 훨씬 낮다. 또 다른 고려 사항은 데이터 처리의 실시간성 여부다. 충돌을 감지해 회피하려는 안전 중요 시스템은 실시간 제약 조건을 갖는 반면, 경로 계획 알고리즘을 반영하는 시스템은 약간의 지연에도 대처할 수 있다 (그렇지만 여기서도 지연을 최소화하고자 함). 마지막으로 비용과 실현 가능성 측면 또한 고려해야 한다.

차량 플랫폼에 따라서는 통신 네트워크를 차량 중앙 게이트웨이vehicle's central gateway 모듈에 연결해야 할 수도 있다. 이 게이트웨이는 라우터로서의 역할을 하므로, 모든 차량 통신을 위한 중앙 허브를 제공한다. 차량의 각 구성 요소로부터의 정보는 게이트웨이로 이동돼, 차량 내의 모든 네트워크 버스 간에 데이터를 교환한다. 이러한 솔루션은 컴퓨팅 플랫폼이 차량의 온도와 배터리 상태 같은 비운전 구성 요소 데이터에도 접근 가능하도록 한다.

5.1.3 센서 선택 및 교정

차량에 적합한 센서를 선택하려면 다음 세 가지의 균형을 고려해야 한다.

- **기능**

  SDV에 대한 특정 사용 사례에 따라 필요한 센서가 좌우된다. 예를 들면, 실내 창고 내의 자동 지게차는 고속도로와 시내에서 작동하도록 설계된 승용차와는 매우 다른 센서들이 필요하다.

- **비용**

  라이다와 같은 일부 센서는 탁월한 성능을 제공하지만 엄청나게 비쌀 수도 있다. 때로는 레이더, 카메라와 같은 적당한 가격의 시스템을 사용하고 센서의 결합을 통해 필요한 데이터를 합성하는 것이 더욱 저렴하다.

- **실현 가능성**

  좀 더 현실적인 측면 역시 고려해야 한다. 이는 차량 내에서 이용할 수 있는 전력, 센서를 장착할 위치(그리고 방법), 센서를 차량 내 네트워크에 연결하는 방법 등이다.

SDV 센서들이 수집하고 전달하는 정보는 가능한 한 정확해야 한다. 이를 달성하는 한 가지 방법은 센서들을 보정하는 것이다. 카메라를 예로 들면, 보정이 이미지 해석을 더욱 정확하게 만들어 거리와 속도의 정밀한 계산이 가능해진다. 보정 과정은 차량 및 주변 환경과 관련된 센서의 정밀한 위치를 결정하고 기본 파라미터와 다른지 여부를 확인하는 것이다. 센서의 위치, 방향, 스케일과 같은 몇 가지 파라미터는 차량마다 다르다.

그림 5.1에서 볼 수 있듯이, 일반적으로 카메라는 사전 정의된 거리에 특정 보정 대상을 배치해 보정한다. 이 거리는 제조사에서 명시한다. 보정 장치는 이미지를 알려진 값과 비교하고, 오프셋을 계산하고, 필요한 경우 초기 파라미터를 조정해 값을 정렬한다.

그림 5.1 센서 보정 수행 방법의 예(STR Service Centre, ©STR Service Center Ltd.의 허가를 받아 인용함)

그러나 초기 설정 시에만 보정이 필요한 것은 아니며, 변화하는 조건들을 반영하기 위해 가끔씩 차량 내의 센서를 조정해야 한다. 이는 일반적으로 소프트웨어 내의 자체 교정 알고리즘을 사용해 수행한다. 콜라도 연구진Collado et al.[4]에 따르면, 도로 표식을 추출하고 '영상 시스템의 높이, 피치, 롤 파라미터'를 찾는 알고리즘을 통해 스테레오 카메라를 보정한다.

5.2 개발

적합한 부품 수급용 차량을 선택하고, 센서들을 선택한 후 설치하고, 컴퓨팅 플랫폼을 설치하고, 그림 5.2에서와 같이 모든 하드웨어를 차량 내에 설치해 네트워크로 올바르게 연결했다면, 개발을 시작할 준비가 된 것이다. 이번 절에서는 미들웨어를 설치하고, 센서에 접근하고, 실제 소프트웨어 개발을 시작하는 데 필요한 단계의 현실적인 예를 보여준다.

그림 5.2 SDV 프로토타입 차량 내부의 개발 및 측정 시스템 예(©Steve Jurvetson, https://commons.wikimedia.org/wiki/File:Robocar_3.0.jpg, "Robocar 3.0", https://creativecommons.org/licenses/by/2.0/legalcode)

컴퓨팅 플랫폼에서 모든 자율주행차량을 통합하려면 적절한 미들웨어를 실행해야 한다. 다양한 선택지가 있지만, 여기서는 이전 장에서 살펴봤던 오픈소스 미들웨어인 ROS^{Robot Operating System}에 대한 예제를 기반으로 설명한다. 소프트웨어 프레임워크의 모음인 ROS는 신속한 프로토타이핑을 위해 설계됐으므로 이상적인 선택지다. 그러나 실시간 동작성이 부족한 탓에 양산하는 데는 적합하지 않으며, ROS 2.0[7], RGMP-ROS[11]와 같은 차세대 ROS 아키텍처를 생성해 이러한 이슈를 해결하고자 노력 중이다.

5.2.1 OSCC

OSCC^{Open Source Car Control}는 SDV 개발을 좀 더 많은 사람에게 개방하는 것을 목적으로 하는 완전한 오픈소스 차량 제어 프로젝트다. SDV 개발 과정을 단순화하고자 OSCC는 쉽게 이용 가능한 단일 차량 모델인 기아 쏘울^{Kia Soul}에 초점을 맞춘다. 엔지니어들은 OSCC로부터 이 차량의 2014년 식 이후 모델에 대한 바이 와이어 시스템을 조작하고 수정하는 데 필요한 하드웨어와 소프트웨어를 제공받아 자체 SDV 애플리케이션을 구축할 수 있다. 이는 차량 조작 방법을 알아내기 위한 최초 작업의 수고를 덜어줌으로써, SDV 개발자들에게 큰 이점을 제공한다. 또한 훨씬 저렴한 작업 비용이 드는데, OSCC 프로젝트에 필요한 구성 요소들을 10,000달러 미만의 비용으로 구입할 수 있다(차량 플랫폼 포함). 이에 반해, 맞춤형 바이 와이어 차량 플랫폼을 위한 구성 요소와 차량을 구입하려면 100,000달러 이상의 비용이 들 수도 있다. 게다가 일부 바이 와이어 차량 플랫폼 내의 정보는 '블랙박스' 형태인데, 이는 독점 기술의 보호가 필요한 정보에는 특정 수준 이상으로 접근할 수 있다는 것을 의미한다. OSCC에는 필요한 블랙박스 데이터가 이미 분석돼 이용 가능하도록 공개돼 있으므로, 이 분야에 관심이 있는 누구라도 바이 와이어 시스템 조작을 통한 실험이 가능하다.

OSCC 프로젝트는 다음과 같은 세 가지 주요 요소로 구성된다.

- 아두이노 마이크로컨트롤러 플랫폼 기반의 하드웨어 제어기
- OSCC 제어기 소프트웨어
- 하드웨어 설계, CAN 버스 제어 코드 같은 세부 정보를 제공하는

5.2.1.1 OSCC 제어기

OSCC 프로젝트는 가능한 한 기아 쏘울의 본래 하드웨어를 재사용하고 자 한다. 그러나 완전한 SDV로 개조하는 데 필요한 몇 가지 추가 모듈 이 있다.

OSCC 프로젝트는 아두이노의 오픈소스 마이크로컨트롤러 보드 제품 군을 광범위하게 사용한다. 아두이노 보드는 일반적으로 마이크로컨트롤 러(보통 아트메가^{Atmega} 칩), 몇 가지 메모리, 안정적인 전원 공급 회로, 표준 헤더 모음을 통해 접근할 수 있는 다수의 디지털 및 아날로그 핀아웃으로 구성된다. 여기서 헤더는 네트워킹, 서보 제어기, 센서 입력과 같은 특수 기능을 제공하는 도터 보드^{daughter board}인 다양한 종류의 '실드'를 연결 가 능하게 한다.

CAN 버스 게이트웨이

기아 쏘울은 조향각, 브레이크 압력, 휠 속도, 방향 지시등과 같은 데이 터를 제공할 수 있는 몇 가지 CAN 버스를 이미 갖고 있다. 그러나 본래 시스템과의 간섭을 피하기 위해 OSCC 시스템은 CAN 버스 게이트웨이 를 사용해 차량의 OBD-II CAN 버스에 연결한다. 그러고 나면, 게이 트웨이는 OBD-II CAN 버스로부터의 메시지들을 새로운 OSCC 제어 CAN 버스와 공유할 수 있게 된다. 게이트웨이는 시드스튜디오^{Seeedstudio} 의 CAN-BUS Shield v 1.2를 기반으로 한다.

OSCC 제어기 보드

바이 와이어 시스템, CAN 게이트웨이, 비상 정지 기능을 갖춘 배전 보드 와 연결하려면 몇 가지 제어기 보드가 필요하다. 이러한 모든 모듈은 아두이노 실드이며, 필요한 모든 배선도는 OSCC 위키에서 제공한다. 맞춤 제작 업체에서는 각 실드를 50달러 정도에 생산할 수 있어야 한다.

5.2.1.2 X 바이 와이어 시스템

기아 쏘울은 액추에이터로 완전히 제어할 수 있는 스티어 바이 와이어, 스로틀 바이 와이어와 함께 배송된다. 그러나 제동은 여전히 전적으로 기계식이다. 이에 대해, OSCC 프로젝트 팀은 2004~2009년식 도요타 프리우스Toyota Prius의 브레이크 바이 와이어 시스템을 장착하는 것을 권장한다. OSCC 위키에서는 브레이크 바이 와이어 시스템을 OSCC 제어기에 연결하기 위한 핀아웃과 함께 프리우스에 설치하는 방법을 보여주는 다이어그램을 통해 상세 장착 방법을 제공한다.

5.2.1.3 OSCC 소프트웨어

OSCC 소프트웨어는 모든 아두이노 보드에 필요한 펌웨어로 구성된다. 펌웨어는 하드웨어 구성 요소들을 제어하는 임베디드 소프트웨어다. 또한 ROS와 같은 표준 SDV 미들웨어를 통해 동작하도록 설계된 제어 소프트웨어에 대한 일부 요소도 함께 포함한다. 소프트웨어와 펌웨어는 폴리싱크PolySync의 코어Core 플랫폼을 기반으로 하며, 빌드와 설치에 대한 전체적인 지침은 OSCC 위키에서 제공한다. 다음은 기아 쏘울 휘발유 차량의 펌웨어를 빌드하는 방법의 예다.

```
# navigate to the correct directory
cd firmware
mkdir build
cd build

# use flags to tell cmake to build for a petrol vehicle and
    to override operator control
cmake .. -DKIA_SOUL=ON -DSTEERING_OVERRIDE=OFF
```

```
# now build the firmware with make
make

# alternatively, use make <module-name> to build a specific module
make brake
make can-gateway
make steering
make throttle

# now you can upload each module. The system expects a single
    module connected to /dev/ttyACM0
make brake-upload

# if you want to upload all the modules at once specify their addresses
cmake .. -DKIA_SOUL=ON -DSERIAL_PORT_BRAKE=/dev/ttyACM0
    -DSERIAL_PORT_CAN_GATEWAY=/dev/ttyACM1
    -DSERIAL_PORT_STEERING=/dev/ttyACM2
    -DSERIAL_PORT_THROTTLE=/dev/ttyACM3

# now you can flash all the modules at once
make all -upload
```

OSCC API

OSCC는 모듈을 제어하고 조향 시스템 등으로부터 센서 값을 읽기 위한 API를 갖고 있다. 다음은 API에 접근하기 위한 코드의 일부다.

```
// open the OSCC endpoint
oscc_result_t oscc_open( uint channel ) ;

// enable all modules
oscc_result_t oscc_enable( void ) ;

// publish control commands to the relevant CAN buses
oscc_result_t publish_brake_position( double
    normalized_position );
oscc_result_t publish_steering_torque( double
    normalized_torque );
```

```
oscc_result_t publish_throttle_position( double
    normalized_position );

// subscribe to the relevant callbacks to receive sensor data
oscc_result_t subscribe_to_brake_reports(
    void(*callback)(oscc_brake_report_s *report) );
oscc_result_t subscribe_to_steering_reports(
    void(*callback)(oscc_steering_report_s * report) );
oscc_result_t subscribe_to_throttle_reports(
    void(*callback)(oscc_throttle_report_s * report) );
oscc_result_t subscribe_to_fault_reports(
    void(*callback)(oscc_fault_report_s * report) );
oscc_result_t subscribe_to_obd_messages(
    void(*callback)(struct can_frame * frame ) ) ;

// close the OSCC endpoint
oscc_result_t oscc_close( uint channel );
```

5.2.2 미들웨어 및 장치 드라이버 설치

차량의 모든 구성 요소를 함께 연결하고 나면, 의도한 대로 올바르게 작동하도록 설치하고 설정해야 한다. 각 장치에는 올바른 장치 드라이버가 함께 제공돼야 한다. 이러한 장치들은 차량의 미들웨어 및 나머지 요소들과 성공적으로 통신 가능하도록 설치해야만 한다.

5.2.2.1 ROS

4.3.1절에서 설명했듯이, ROS는 리눅스 등의 다른 운영체제상에서 실행되는 미들웨어다. 미들웨어로서, ROS는 로봇 애플리케이션의 개발을 용이하게 하는 툴과 라이브러리의 모음을 제공한다. 장치들 간의 원활한 분산 통신을 지원하는 통신 인프라를 제공할 뿐만 아니라, 비동기식(토픽 사용), 동기식(서비스 사용), 데이터 스토리지(파라미터 서버 사용)와 같은 다양한 통신 방식도 지원한다.

ROS는 오픈소스 프로그램이므로, 누구나 자유롭게 접근할 수 있다. 가장 쉬운 방법은 ROS[1]를 다운로드한 후 단순히 설치 지침을 따르는 것이다. ROS는 오랜 개발 이력이 담긴 안정적인 버전에서부터 상대적으로 덜 견고한 최신 버전에 이르기까지 몇 가지 버전이 있다. 다음 예에서는 인디고^{indigo} 버전을 사용했다.

5.2.2.2 센서 드라이버

위에서 언급했듯이, 각 하드웨어 구성 요소에는 차량 내에서 장치를 사용하기 전에 설치해야만 하는 펌웨어나 드라이버가 함께 포함돼 있다. 이번 예에서는 벨로다인^{Velodyne} VLP 16 라이다 센서의 설치 과정을 진행할 것이다. 센서를 미들웨어에 연결하기 위한 주요 설치 단계와 명령문 입력에 초점을 맞춰 전체 과정을 살펴보자.

벨로다인 라이다를 사용하기 전에 드라이버를 설치해야 한다.

```
$ sudo apt-get install ros-indigo-velodyne
```

또는 [9]에 설명된 것처럼 소스로부터 직접 드라이버를 빌드할 수도 있다. 먼저 ROS 인디고 환경을 초기화해야 한다.

```
$ source /opt/ros/indigo/setup.bash
```

다음 단계는 ROS 워크스페이스 내에서 드라이버의 소스 코드를 복제(다운로드)하는 것이다.

---

1 http://www.ros.org/ROS/installation

```
$ mkdir -p ~/catkin_ws/src
$ cd ~/catkin_ws/src
$ git clone https://github.corn/ros-drivers/velodyne.git
```

이제 드라이버의 의존성 패키지들을 설치할 수 있다.

```
$ cd ..
$ rosdep install -from-paths src -ignore-src -rosdistro
    indigo -y
```

마침내 ROS 워크스페이스 내에서 드라이버를 빌드하고 초기화할 수 있다.

```
$ catkin_make
$ source devel/setup.bash
```

5.2.2.3 CAN 드라이버

차량 구성 요소들은 서로 다른 수많은 네트워크를 통해 통신할 수 있다. 이번 예에서는 리눅스 커널 버전 2.6.25에서부터 포함된 SocketCAN 드라이버를 사용해 차량 플랫폼과 중앙 게이트웨이가 CAN 메시지들을 교환함으로써 통신하는 과정을 진행할 것이다. 드라이버를 사용하기 위해 먼저 다음과 같은 명령문을 사용해 로드하는 것으로 시작한다.

```
$ sudo modprobe can
```

lsmod 명령문은 SocketCAN 모듈이 성공적으로 로드됐는지 여부를 알려준다.

```
$ sudo lsmod | grep can
can 45056 0
```

이는 SocketCAN 드라이버가 성공적으로 로드됐다는 것을 나타낸다. 숫자 45056은 단순히 드라이버가 점유하는 메모리의 양을 바이트 단위로 표현한 것이며, 그 뒤의 숫자는 현재 사용 중인 모듈의 인스턴스 수를 나타낸다. 0은 사용 중인 인스턴스가 없음을 의미한다. 다음 단계는 CAN 비트 레이트를 설정하는 것이다. CAN 네트워크상에서 동작하는 장치들은 모두 동일한 비트 레이트를 가져야만 한다. 다음 예에서는 첫 번째 CAN 인터페이스(can0로 레이블링)의 비트 레이트를 1,250,000bps로 설정하는 방법을 보여준다. 컴퓨팅 시스템에서 사용할 수 있는 인터페이스는 두 가지 이상일 수도 있다. 이러한 경우 can1, can2와 같이 초기화한다.

```
$ sudo ip link set can0 type can bitrate 1250000
```

마침내 드라이버를 시작할 수 있다.

```
$ sudo ifconfig can0 up
```

일부 컴퓨팅 플랫폼은 CAN 인터페이스 출력을 갖고 있지 않은데, 이 경우 USB to CAN 하드웨어 어댑터를 설치해야 한다. 이번 예는 ROS를 미들웨어로 사용해 socketcan_bridge라는 매우 유용한 ROS 패키지를 설치하는 옵션을 보여준다. 이 패키지는 CAN 메시지를 ROS 토픽으로, 또는 그 반대로도 변환할 수 있게 한다. 여기서는 ROS 인디고에서 socketcan_bridge를 패키지로 설치하는 방법을 보여준다.

```
$ sudo apt-get install ros-indigo-socketcan-bridge
```

5.2.3 소프트웨어 구현

다음으로는 SDV 기능을 지원하기 위해 요구되는 소프트웨어를 어떻게 구현하는지 간략히 설명한다.

일반적으로 말해, 소프트웨어를 구현하는 데 사용할 수 있는 두 가지 주요 접근법으로는 핸드 코딩^{hand coding} 개발과 모델 기반 개발이 있다. 두 가지 접근법의 이점을 동시에 누리고자 실제로는 대부분 같이 사용되곤 한다.

특히 딥러닝 영역에서 인공지능(AI)이 꾸준히 발전한 덕분에, 과학자들은 컴퓨터가 스스로 생성한 '규칙'을 적용해 현재 입력 데이터를 기반으로 결정을 내릴 수 있는 지금까지와는 다른 접근법의 실험이 가능해졌다. 이러한 경우, 소프트웨어의 기능은 전적으로 컴퓨터에 의해 생성돼 일반적으로 인간에게는 명확하지 않은 의사 결정 과정을 기반으로 한다. 이 주제는 6장에서 좀 더 자세히 설명할 것이다.

5.2.3.1 핸드 코딩 개발

이름에서 알 수 있듯이, 이 접근법은 C/C++와 같은 프로그래밍 언어를 사용해 소프트웨어의 소스 코드를 수동으로 작성하는 것을 의미한다. ADTF, ROS와 같은 일부 미들웨어도 소프트웨어를 파이썬으로 작성 가능하게 한다.

이러한 접근법은 소프트웨어 개발자들이 일반적인 코딩 모범 사례를 고려하는 것과 동시에 소프트웨어상에서 필요한 기능을 구현하는 과정에서 최상의 자유도와 유연성을 갖도록 한다. 그러나 안전 중요 소프트웨어를 구축할 때는 개발자들이 산업계 공통 모범 사례와 공식적인 소프트웨어 개발 지침 역시 준수해야만 한다. 자동차 산업계에서 확립된 지침의 두 가지 예는 MISRA-C와 MISRA-C++다. 이름에서 알 수 있듯이, MISRA^{Motor Industry Software Reliability Association}[8]에서 C와 C++에 대해
각각 정의했다.

퍼포스 소프트웨어^{Perforce Software}의 Helix QAC나 LDRA의 TestBed와
같은 정적 코드 분석 툴은 소스 코드를 실제 실행 없이 분석해(그래서 '정적'
이라 함) MISRA-C, MISRA-C++, 규정 준수 이슈 등의 모든 코딩 표
준을 리포팅한다.

당연한 이야기이지만, 소스 코드는 어떠한 텍스트 에디터로도 작성할
수 있다. 그러나 이클립스^{Eclipse}와 같은 IDE^{Integrated Development Editor}(그림 5.3
참조)를 사용하면 코드 완성, 리팩터링 툴, 통합 디버깅과 같은 기능을 통
해 생산성을 향상시킬 수 있다. 또한 PyDev, CDT^{C/C++ Development Tooling}와
같은 추가 플러그인을 설치해 파이썬, C/C++에서 각각 개발 작업을 용
이하게 할 수도 있다.

그림 5.3 C/C++ 개발 도구 플러그인을 가진 이클립스 IDE

5.2.3.2 모델 기반 개발

모델 기반 개발은 소프트웨어 기능을 명시하고 설계하기 위해 시각적 모
델링의 원리를 사용한다. 기능 블록의 구성을 통해 복잡한 기능을 더욱 단

순하게 구현 가능하며, 코드 생성 툴을 통해 모델을 소스 코드(일반적으로 C)로 자동 변환할 수 있다. 이는 생성한 모델이 구현 복잡성이나 플랫폼 비호환성 이슈를 해결하지 않고도 다중 컴퓨팅 플랫폼에서 동일한 기능을 구현하는 데 사용될 수 있다는 것을 의미한다.

MATLAB, ASCET(그림 5.4 참조)과 같은 대중적인 모델 기반 개발 툴은 시뮬레이션에 대한 광범위한 지원뿐만 아니라 자동 모델 시험 및 검증 기능을 제공하므로, 개발 주기를 더욱 단축시킨다[1]. 모델 기반 개발은 일반적으로 반복 통합을 사용해 이전 버전의 기능 위에 새로운 기능들을 생성하는 과정이며, 이는 '진화형' 소프트웨어 애플리케이션 개발을 위한 좋은 방법이다[3].

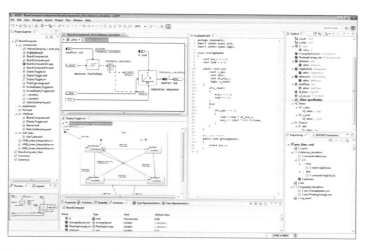

그림 5.4 ASCET을 사용한 모델 기반 소프트웨어 개발(ETAS GmbH, ©2016 ETAS GmbH의 허가를 받아 인용함)

그러나 모델 기반 개발에는 몇 가지 단점도 있다. 알려진 바에 따르면, 코딩 효율성 저하, 생성된 코드의 가독성 저하, 표준 부족으로 인한 벤더 종속 위험(다시 말하면, 툴 공급자 전환의 어려움) 등이 여기에 속한다[2]. 게다가 재귀적 데이터 구조를 가진 일부 기능들은 코드에서보다 모델로 표현하기가 훨씬 더 어렵고 복잡하다[12].

5.2.4 지도 구축과 로컬라이제이션

정확한 지도에 접근하는 것은 자율주행차량이 자신을 로컬라이제이션하는 데 필수적이다. 이론적으로는 매우 정확한 지도와 견고한 로컬라이제이션 기술이 있다면 매우 정밀한 로컬라이제이션을 달성할 수 있지만, 일부 상황에서는 지도가 불충분한 해상도나 커버리지를 가질 수 있으며, 심지어는 완전히 사용 불가능할 수도 있다. SDV의 사전 시험을 일반적으로 개인 시설에서 수행한다는 점이 이러한 문제를 더욱 악화시킨다. 공공 도로에서 이러한 시험을 수행하려면, 일반적으로 캘리포니아주 차량 관리국 the State of California Department of Motor Vehicles과 같은 지역 교통 당국으로부터 발급받은 특수 면허가 필요하다[5].

충분히 정확한 지도를 사용할 수 없다면, 지도를 스스로 구축해야 한다. 이는 일반적으로 센서 데이터를 기록하고 해당 실시간 데이터 스트림에 대해 SLAM 알고리즘을 실행하며 경로를 따라 이동하는 것을 의미한다. 여기서 실시간 데이터 스트림은 그림 5.5(a)와 5.5(b)에서 볼 수 있듯이, 카메라로부터의 비디오 스트림이나 라이다로부터의 포인트 클라우드다. 지도를 입수해 유지 보수하는 데는 엄청난 노력이 필요하므로, 이는 꽤 벅찬 작업일 수도 있다. 면적이 클수록 더 많은 노력이 요구된다. 따라서 HERE[6], TomTom[10]과 같은 지도 전문 업체로부터의 지도 서비스나 상품 이용을 고려해볼 만하다.

지도가 구축되고 나면, 로컬라이제이션 알고리즘이 센서로부터의 데이터를 처리해 지도상에서 차량의 가장 가능성 있는 위치와 자세를 결정한다. 차량이 이동하며 다른 입력 데이터(센서 융합)로부터 좀 더 많은 정보를 수집함에 따라 시스템은 자동으로 로컬라이제이션 알고리즘의 결과에 따른 필요한 보정을 수행한다.

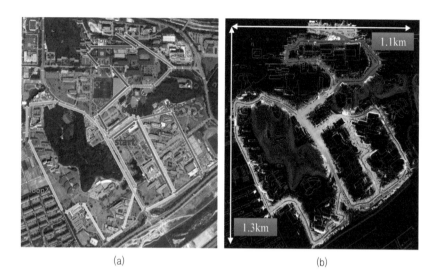

(a)　　　　　　　　　　　　(b)

그림 5.5 (a) 3D 지도 구축을 위한 다중 루프를 가진 경로의 예. (b) 포인트 클라우드를 통해 생성된 3D 지도(Hyunchul Roh, Jinyong Jeong, Younggun Cho, Ayoung Kim의 'Accurate Mobile Urban Mapping via Digital Map-Based SLAM'에서 인용함. 2016, Sensors 2016, 16(8):1315. ©Hyunchul Roh, Jinyong Jeong, Younggun Cho, Ayoung Kim, https://www.mdpi.com/sensors/sensors-16-01315/article_deploy/html/images/sensors-16-01315-g012.png, "3D mapping result and data logging path", Ordering, https://creativecommons.org/licenses/by/4.0flegalcode)

5.2.5 차량 데이터 읽기

센서에서 제공하는 데이터는 원시적이므로 해석이 필요하다. 예를 들면, 차량 방향 지시등으로부터의 데이터를 캡처해 해석하는 것 등이다. OSCC 프로젝트에 따르면, 기아 쏘울에서의 방향 지시등은 CAN ID 0x18의 5번 바이트를 확인해 결정한다.

```
// Turn Signals CAN Protocol
CAN ID = 0x18
Left turn: Byte 5 = 0xC0
Right turn: Byte 5 = 0xA0
```

먼저 ROS가 socketcan_bridge로부터의 CAN 메시지를 구독하고, 메시지 핸들러를 콜백 함수로 등록해 CAN 메시지를 처리하도록 해야 한다. 콜백 함수는 새로운 CAN 메시지가 도착할 때마다 호출된다.

```
ros::Subscriber sub = node.subscribe("sent_messages",
    RECEIVE_BUFFER_SIZE, callback);
```

콜백 함수 내에서 5번 바이트의 값을 확인하고, 그 값에 따라 좌우 신호를 설정할 수 있다.

```
# include <ros/ros.h>
# include <can_msgs/Frame.h>

void callback(const can_msgs::Frame& msg)
{

    if (msg.id == 0x18)
    {
        // reset turn signals
        left_signal = FALSE;
        right_signal = FALSE;

        // set turn signal according to byte 5 value
        switch (msg.data[5])
        {
            case 0xC0 : left_signal = TRUE;
                        break;
            case 0xA0 : right_signal = TRUE;
                        break;
            default   :
                        break;
        }
    }
}
```

5.2.6 차량 명령 전송

OSCC 위키에 따르면, 기아 쏘울의 스로틀 명령은 CAN ID 0x62의 처음 두 바이트에서 주어진다.

```
// Throttle CAN Command
CAN ID = 0x062
Data length : 8 bytes
Transmit Rate : 20 ms
```

따라서 10진수 값 32767(예: 바이너리 값 01111111 11111111)을 전송하면 페달 스로틀이 50%로 설정되며, 이는 페달을 반쯤 밟는 것과 동일하다. CAN 프레임 메시지를 보내기 전에는 노드를 등록해 ROS 토픽을 발행하고 있음을 알려야 한다.

```
ros::Publisher pub = node.advertise("sent_messages",
    SEND_BUFFER_SIZE);
```

최종적으로, ROS 메시지를 채우고, 이를 발행하고, socketcan_bridge 노드가 ROS 메시지를 CAN 프레임으로 변환해 전송할 수 있다.

```
#include <ros/ros.h>
#include <can_msgs/Frame.h>

// fill in CAN frame message
can_msgs::Frame msg;
msg.id = 0x062;      // CAN ID of the throttle command
msg.dlc = 8;         // Data length: 8 bytes
// assuming little -endian byte order
msg.data[0] = 0xFF; // binary: "11111111" or decimal: 255
msg.data[1] = 0x7F; // binary: "01111111" or decimal: 127

// send the message
pub.publish(msg);
```

표 5.1 CAN 프로토콜의 스로틀 명령표(출처: OSCC)

비트 오프셋	길이(비트)	데이터
0	16	페달[a]
16	8	예약됨
24	1	사용 가능
25	1	클리어
26	1	무시
27	29	예약됨
56	8	카운트

[a] 페달 명령(0 = 0%, 65535 = 100%)

5.2.7 기록과 시각화

동작 중인 차량을 기록하는 것은 차량 시험의 매우 중요한 부분인데, 이는 수정해야 할 알고리즘을 분석해 디버깅 가능하도록 하기 때문이다. 차량 기능의 시각화는 시운전(온라인)이나 저장된 데이터 재생(오프라인)을 통해 수행할 수 있다.

5.2.7.1 데이터 기록 및 재생

ROS 미들웨어 내에 ROS 메시지 데이터를 저장하려면 'bag' 파일 포맷을 사용한다. '.bag' 확장자를 가진 파일은 ROS에서 중요한 역할을 하며, 이러한 종류의 데이터를 저장, 처리, 분석, 시각화하기 위한 다양한 툴이 존재한다. bag은 ROS에서 데이터 로깅을 위한 주요 메커니즘이며, 오프라인에서 다양하게 사용할 수 있다.

bag 파일을 기록하기 위한 명령문은 다음과 같다.

```
$ rosbag record -a -o sample.bag
```

bag 파일을 재생하기 위한 명령문은 다음과 같다.

```
$ rosbag play sample.bag
```

5.2.7.2 RViz 툴을 사용한 시각화

RViz$^{ROS\ visualization}$는 ROS에서 센서 데이터 및 상태 정보를 표출하는 데
사용할 수 있는 3D 시각화기$^{3D\ visualizer}$다. 그림 5.6은 RViz를 사용해 스테
레오 카메라의 좌우 카메라로부터의 라이다 3D 포인트 클라우드와 이미
지 데이터를 시각화하는 예를 보여준다.

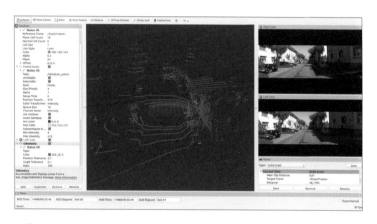

그림 5.6 RViz 시각화의 예

5.3 시험

시험은 제품의 품질, 신뢰성, 유지 보수성을 정의 가능하도록 하므로, 개
발 과정에서 필수적인 부분이다. 핵심 SDV 기술은 소프트웨어의 형태로
구현되므로, 전체 개발 과정에서 소프트웨어 시험은 일반적으로 기능 구

현보다 훨씬 더 많은 비중을 차지한다. 이번 절에서는 SDV와 같은 소프트웨어 기반 제품을 개발할 때 매우 중요한 소프트웨어 시험 절차의 간략한 개요를 설명한다.

일반적인 소프트웨어 시험에는 단위 시험, 통합 시험, 시스템 시험, 인수 시험이라는 네 가지 단계가 있다. 각 단계를 개별적으로 살펴본다.

5.3.1 단위 시험

단위 시험unit testing의 목표는 소프트웨어의 모든 구성 요소에 대한 자체적인 올바른 동작을 보장하는 것이다. 각 구성 요소/모듈을 나머지 코드들로부터 분리시키고 나서, 개별적으로 시험해 요구한 대로 동작하는지 검사한다. 단위 시험은 일반적으로 소프트웨어 구현의 내부 구조 및 동작을 검증하는 방법인 화이트박스white-box 시험으로 수행한다. 화이트박스 시험에서 시험 항목을 설계하려면, 소프트웨어가 어떻게 동작하는지나 어떻게 구현되는지에 대한 몇 가지 지식이 필요하다[2]. 단위 시험에서는 구성 요소를 분리해 시험해야 하는데, 이는 모든 의존성(시험할 구성 요소가 의존하는 다른 구성 요소들)을 모의 구현이나 시뮬레이션, 또는 가짜 구성 요소로 대체해야 한다는 것을 의미한다.

만약 '기능적 아키텍처' 절에서 언급한 로컬라이제이션 모듈을 단일 단위 또는 단일 구성 요소로 취급한다면, 해당 구성 요소에 대한 단위 시험은 다음과 같은 항목으로 구성된다.

- 예상되는 최소 및 최대 경계 내의 값과 같이 정상적인 입력값을 갖는 시험 항목
- 최소 및 최대 경계를 벗어난 입력값을 갖는 시험 항목
- 시맨틱상 의미가 없거나(모순) 체크섬 에러가 있는 값과 같이 잘못된 입력값을 갖는 시험 항목

5.3.2 통합 시험

통합 시험integration testing의 목표는 모든 구성 요소가 통합되거나 서로 연결됐을 때의 동작을 시험하는 것이다. 단위 시험과 달리, 통합 시험에 사용되는 모든 구성 요소는 실제 소프트웨어 구성 요소들이다[2]. 여기서는 SDV 시스템이 의존성을 가진 수많은 구성 요소로 인해 매우 복잡하므로, 예기치 않은 동작이 발생할 때 오류를 더욱 쉽게 분석할 수 있도록 하나의 시스템을 다수의 하위 시스템으로 분할한다는 점에 유의해야 한다. 하위 시스템상에서 통합 시험을 수행한다는 것은, 하위 시스템에서 시험 중인 모든 구성 요소는 실제 구성 요소이며 나머지는 시뮬레이션할 수도 있음을 의미한다.

위에서 설명한 로컬라이제이션 모듈을 예로 들면, 하나의 하위 시스템이 GNSS 기반 위치 구성 요소, IMU 및 오도메트리 기반 위치 구성 요소, 카메라 기반 위치 구성 요소, 라이다 기반 위치 구성 요소로 이뤄진 센서 융합이다. 사용 중인 미들웨어와 기술에 따라, 구성 요소들 간의 상호작용은 메시지 전달, 공유 메모리 변수, 함수 호출, 기타 데이터 교환 메커니즘을 통해 구현할 수 있다. 각 구성 요소의 동작은 입력값과 출력값의 유효한 범위, 예상 입력 데이터 및 출력 데이터 구조, 주기 시간(구성 요소가 주기적으로 실행되는 경우) 등을 명시하는 인터페이스에서 정의한다. 통합 시험은 다음과 같은 항목으로 구성된다.

- 유효한 인터페이스 값을 갖는 시험 항목
- 유효한 값의 범위를 벗어났거나 체크섬 에러가 있는 값과 같이, 잘못된 인터페이스 값을 갖는 시험 항목
- 예상 시간 내에 입력값이 제공되지 않는 것(시간 초과)과 같이, 타이밍 오류를 갖는 시험 항목

단위 시험과 통합 시험은 오직 소프트웨어상에만 초점을 맞추므로, 경

우에 따라서는 SIL^{Software-in-the-Loop} 시험이라고도 한다. 일반적으로 말하면, SIL 시험에서는 시험 환경과 모든 시험 항목이 순전히 소프트웨어이므로 특별한 하드웨어가 필요하지 않다. 이는 윈도우, 리눅스, 맥OS와 같은 표준 데스크톱 운영체제(OS)를 사용해 개인용 컴퓨터(PC)상에서 대부분의 SIL 시험을 실행할 수 있음을 의미한다. 전체 개발 팀이 쉽게 접근하고 정기적으로 자동 실행할 수 있도록 전용 서버상에서 SIL 시험을 수행하는 것이 좋은 지침이기는 하지만, 소프트웨어 개발에 사용된 것과 동일한 PC에서 시험을 수행할 수도 있다.

5.3.3 시스템 시험

다음 단계는 차량 게이트웨이, 차량 플랫폼과 같은 차량 내의 다른 모든 시스템과 관련된 전체 SDV 소프트웨어 시스템의 기능을 시험하는 시스템 시험^{system testing}이다. 시스템 시험의 목적은 도로상에서 시험하기 전에 차량 전반의 올바른 동작을 검증하는 것이다. 이번 단계에서는 구현 세부 사항에 대한 지식이 없다고 가정한다. 여기서 시스템은 실제 버스 메시지 또는 신호(CAN, 이더넷 등)를 사용해 차량 버스상의 다른 시스템들과 통신하는 블랙박스라 간주한다. 시스템 시험은 다음과 같은 항목으로 구성된다.

- 보행자나 기타 차량을 표현하는 시뮬레이션된 센서 값을 통한 장애물 회피 시험과 같이, 시뮬레이션된 주행 상황을 갖는 시험 항목
- 차단됐거나 일시적으로 사용 불가능한 센서, 변조된 버스 메시지, 신호 시간 초과 등과 같이 시뮬레이션된 구성 요소 결함이나 통신 결함을 갖는 시험 항목
- 최대 프로세서/메모리 버스 부하를 발생시키거나 장시간 실행하는 것과 같은 스트레스 시험

이 단계는 차량 내의 하드웨어와 관련된 물리적 컴퓨팅 플랫폼 하드웨어 상에서 SDV 소프트웨어를 시험하는 것이므로, 일반적으로 HIL^{Hardware-in-the-Loop} 시험 환경을 사용한다. SIL과 달리, HIL 시험에서는 하나 이상의 PC나 서버(시험 실행 제어용)뿐만 아니라 SDV 소프트웨어를 실행하는 실제 컴퓨팅 플랫폼 하드웨어 또는 컴퓨팅 플랫폼을 에뮬레이션하는 다른 형태의 하드웨어와 같은 별도의 하드웨어도 필요하다. 폐쇄 루프 HIL^{Closed-Loop-HIL} 시험 환경에서는 시험 대상 시스템^{System Under Test}의 일부 또는 전체 출력 데이터를 입력으로 사용하는 반면, 개방 루프 HIL^{Open-Loop-HIL} 시험 환경에서는 출력 데이터를 입력 데이터로 피드백하지 않는다.

때로는 모든 차량 하드웨어를 통해 HIL 시험 환경을 재빠르게 구성하는 것이 비현실적이거나 그야말로 너무 많은 비용이 들 수 있다. 이에 대한 대안으로서, 그림 5.7에서 볼 수 있듯이 HIL 시험 환경을 차량 하드웨어의 작은 일부분이나 단순히 컴퓨팅 플랫폼 하드웨어 자체만으로 구성하고 나머지 하드웨어들은 RBS^{Rest Bus Simulation} 소프트웨어를 사용해 시뮬레이션할 수도 있다. 시험 항목의 복잡성과 시험 리소스의 사용 가능성에 따라서는 시험 수행 또한 자동화할 수 있다.

그림 5.7 ECU 클러스터를 사용하는 HIL 시험 환경(ETAS GmbH. ©2009 ETAS GmbH의 허가를 받아 인용함)

5.3.4 인수 시험

소프트웨어 시험 과정의 마지막 단계는 차량 자체에서 직접 수행한다. 여기서의 주요 목표는 SDV 제품 전체를 시험해 제품 전반에 대한 사용자 또는 고객의 기대치 충족을 보장하는 것이다. 인수 시험acceptance testing은 불완전하거나 잘못된 사양, 다른 시험 단계에서 탐지되지 않은 잘못된 구현으로 인한 기술적 이슈나 개선점을 확인하기 위한 유용한 방법이다. 인수 시험 항목은 임의 경로나 임의 상황에서의 시험 주행과 같은 임의 시험뿐만 아니라 보통 사전 정의된('참조') 경로상의 사전 정의된 시나리오를 기반으로 하는 시험 주행으로 이뤄지는데, 이는 결과를 이전의 데이터와 비교 가능하도록 한다. 실제 교통 상황 내에서 장기간 주행하는 동안의 장기적 시스템 안정성과 행동 정확성 또한 이 시험 단계에서의 중요한 목표다. 그림 5.8에서 볼 수 있듯이, 인수 시험은 일반적으로 인간의 (주관적) 피드백을 바탕으로 하기 때문에 대개 수동으로 수행한다. 인수 시험 단계는 다음과 같은 시험 항목으로 구성된다.

- 눈이나 비와 같은 다양한 기상 조건에서의 시험 주행
- 북미, 서유럽, 동남아시아 등 다양한 지형 및 지역에서의 시험 주행
- 중동 사막에서의 여름 시험, 스칸디나비아에서의 겨울 시험과 같은 극한 기후/온도 조건에서의 시험 주행

그림 5.8 차량 내에서 수행되는 인수 시험(Continental AG. ⓒ2017 Continental AG의 허가를 받아 인용함)

5.4 요약

이번 장에서는 SDV 프로토타입을 구성하기 시작할 때 고려해야 할 몇 가지 이슈를 살펴봤다. 첫 번째 단계는 적합한 차량을 선택하는 것이다. 차량에 따라 이미 제공된 바이 와이어 제어를 사용할 수도 있고, 바이 와이어 제어를 위해 차량을 개조해야 할 수도 있다. 다음 단계는 내장 센서에 접근하기 위해 차량 네트워크로의 접근을 보장하는 것이다. 여기서는 데이터가 무엇을 의미하는지 이해하기 위해 버스 메시지를 분석해야 할 수도 있다.

제어 가능한 차량과 접근 가능한 센서를 갖고 나면, 다음 단계는 추가할 외부수용 센서를 선택하는 것이다. 여기서의 주요 고려 사항은 운영 환경, 운영 조건, 예산이다. 센서를 설치하고 나면, 센서를 보정해 올바르게 동작하는지 시험해야 한다. 개발 과정의 다음 단계는 컴퓨팅 플랫폼을 선택하고 필요한 미들웨어와 제어 소프트웨어를 설치하는 것이다. ROS 미들웨어에 대해 이를 수행하는 방법의 예는 5.2.2절에서 보여줬다.

다음으로, 특정 차량을 SDV 프로토타입으로 변환하는 데 필요한 하드웨어, 펌웨어, 소프트웨어를 제공하는 OSCC를 자세히 살펴봤다. 이 접근법은 직접 프로토타입을 개발하는 것보다 훨씬 더 저렴할 뿐만 아니라 엄청난 시간을 절약할 수 있게 해준다. 그다음에는 컴퓨팅 플랫폼상에서 필요한 미들웨어와 드라이버를 어떻게 설치하는지 살펴봤다. 개발을 위한 다양한 접근법은 5.2.3절에서 설명했다. 핸드 코딩 개발에서는 소프트웨어 개발자가 맨 처음부터 코드를 작성하는 반면, 모델 기반 개발에서는 MATLAB 시뮬링크Simulink와 같은 툴을 사용해 시스템 모델로부터 코드를 생성한다. 다중 센서 데이터 융합과 차량 제어 같은 모든 알고리즘을 구현하는 것은 어려운 작업이며, 대개 두 가지 접근법을 조합해야 한다.

소프트웨어를 개발하고 나면, 해당 소프트웨어를 시험해야 한다. 5.3절에서는 각 시험 단계를 설명하고 각 단계에 대한 몇 가지 시험 항목 예시를 보여줬다. 소프트웨어의 루프 시험은 개별 단위/기능을 점진적으로 시험한 다음, 시험한 항목들을 더 큰 기능에 통합한다. 그리고 나서 하드웨어의 루프 시험은 통합된 항목들을 가져와 실제 하드웨어상에서 시험하는데(센서와 같은 것들을 잠재적으로 시뮬레이션), 이는 완성된 차량이 예상한 대로 동작해 '고객'이 인수 가능한지 시험하기 전에 최종적으로 이뤄진다.

다음 장에서는 SDV를 제작할 때 고려해야 할 몇 가지 다른 이슈를 살펴본다. 그중 주된 것은 안전(정확히 말해, 안전하지 않은 SDV를 제작하는 것을 원치 않음), 보안(악의적인 서드 파티에 의해 SDV가 하이재킹되지 않는다는 것을 보장함), 매핑 데이터와 교통 데이터 소스 같은 백엔드 시스템의 필요성이다.

참고 문헌

[1]   Jonny Andersson. Entwicklung eines notbremssystems bei scania. *ATZele
        ktronik*, 12(1):36−41, Feb 2017.

[2]   Kai Borgeest. *Software*, pages 213−277. Springer Fachmedien Wiesbaden,
        Wiesbaden, 2008.

[3]   Manfred Broy, Sascha Kirstan, Helmut Krcmar, and Bernhard Schätz.
        What is the benefit of a model−based design of embedded software
        systems in the car industry? In *Software Design and Development: Concepts,
        Methodologies, Tools, and Applications*, pages 310−334. IGI Global, 2014.

[4]   J. M. Collado, C. Hilario, A. de la Escalera, and J.M. Armingol. Selfca
        libration of an on−board stereo−vision system for driver assistance systems.
        In *2006 IEEE Intelligent Vehicles Symposium*, pages 156−162, June 2006.

[5]   Jamar Gibson. State laws and regulations and local initiatives. https://
        www.johndaylegal.com/state−laws−and−regulations.html. [Online; acce
        ssed 08−Jan−2018].

[6]   HERE. Here HD live map. https://here.com/en/products−services/prod
        ucts/here−hd−live−map. [accessed 08−Jan−2018].

[7]   Jackie Kay and Adolfo Rodriguez Tsouroukdissian. Real−time control in
        ros and ros 2 − roscon 2018. https://roscon.ros.org/2015/presentations/
        RealtimeROS2.pdf. [accessed 08−Jan−2018].

[8]   MISRA. Guidelines for the use of the C language in critical systems.
        MIRA Limited. Warwickshire, UK, 2004.

[9]   ROS−Wiki. How do I build ros vlp16 velodyne driver for indigo using
        catkin edit. http://answers.ros.org/question/226594/. [accessed 08−Jan−
        2018].

[10]   Tomtom. Tomtom hd map roaddna I tomtom automotive. https://www.
        tomtom.com/automotive/automotive−solutions/automated−driving/hd−
        map−roaddna/, 2018. [accessed 08−Jan−2018].

[11]   H. Wei, Z. Huang, Q. Yu, M. Liu, Y. Guan, and J. Tan. Rgmp−ros: A
        real−time ros architecture of hybrid rtos and gpos on multi−core processor.
        In *2014 IEEE International Conference on Robotics and Automation (ICRA)*,
        pages 2482−2487, May 2014.

[12]   Mike Whalen. Why we model: Using mbd effectively in critical domains.
        Workshop on Modeling in Software Engineering@ICSE 2013, 2013.

6

그 외 기술들

실제로 SDV 기술을 구축하는 과정은 앞서 논의된 여러 기술적인 이슈로 해결하는 것이 전부가 아니다. 단순한 프로토타입 수준에서 벗어나 상용화 수준의 제품을 생각한다면, 다양하게 고려해야 하는 외부 이슈들이 존재한다. 그중 가장 중요하게 고려해야 할 점은 차량의 안전성을 보장해야 한다는 것인데, 기능 안전functional safety 관점과 사이버 보안cybersecurity 관점 모두에서 필요하다. SDV가 최소한 기존 차량만큼 안전하다는 대중의 인식을 얻으려면, 최근 몇 년 동안 인터넷상에서 사용자들에게 큰 위협을 가해온 외부 공격으로부터 보호하는 것이 반드시 필요하다. 왜냐하면, SDV는 백엔드 시스템과 같은 외부 데이터 저장소와 운전 환경에 대한 즉각적인 정보를 제공하는 V2X^{Vehicle-To-Everything} 네트워크에 의존하기 때문이다. 이번 장에서는 이러한 문제들을 자세히 살펴본다.

6.1 기능 안전

기능 안전은 ISO 26262에 '전기 및 전자(E/E) 시스템의 오작동으로 인해 발생하는 위험이 없음'으로 정의돼 있다[24]. 여기서 말하는 위험이란 사람들에게 신체적 상해를 입히거나 건강을 위협할 가능성이 있는 모든 것이다. 자동화된 기능이 많을수록 시스템 오작동으로 인한 잠재적 안전 위험이 높아진다. 따라서 기능 안전은 전체 SDV 개발 라이프사이클에서 가장 중요한 것 중 하나다.

6.1.1 왜 기능 안전이 중요한가?

기능 안전은 전기 및 전자 시스템을 포함하는 모든 애플리케이션에서 매우 중요한 부분이다. 차량에서는 시스템 오작동으로 인해 차량 안팎의 사람이 다치거나 사망에 이를 수 있으므로 특히 중요하다. 기능 안전 규정 준수를 통해 고객들이 차량 브랜드, 모델, 기술 등에 관계없이 차량을 안전하게 사용할 수 있는 것을 보장해야 한다. 이는 SDV 기술을 위해 매우 중요한데, SDV 기술의 성공은 최소한 기존의 기술만큼 안전성을 보장할 수 있는지에 달려 있기 때문이다.

기능 안전 표준은 사용자들뿐만 아니라 제조업체에게도 중요하다. 표준은 현재 모범 사례를 기반으로 최신 기술의 안전 절차, 요구 사항, 지침에 대해 기준을 갖고 있다. 현재 표준을 충족하지 못한 제조업체는 제품에 대한 클레임이 제기될 수 있다. 예를 들어, 독일에서는 제조물 책임법의 첫 번째 조항에 다음과 같이 명시돼 있다. '제조업체가 제품을 유통할 당시의 과학 기술 상태에 따라 고장을 알 수 없는 경우에만 오직 제조사의 보상 의무가 제외된다.[6]' ISO 26262(기능 안전 및 IATF 16949(자동차 산업을 위한 품질 관리))와 같은 업계 전반의 기능 안전 표준을 준수해야만 제조업체가 제품 책임으로 발생하는 위험을 최소화할 수 있다. 하지만 기능 안전 표준을 준수하는 것만으로 향후 발생할 수 있는 책임 문제에 대해 차량 제조업체들이 자유로워지는 것은 아니다. 미국에서는 소비자 보호법이 주마다 다른데, '최신 기술'에 기준을 맞추는 일부 주에서는 제조물 책임법에 대한 효과적인 방어가 될 수 있지만 다른 주에서는 그렇지 않을 수 있다[47]. 이는 표준이 계속해서 발전하는 기술을 반영하지 못할 수도 있기 때문이다. 따라서 ISO 26262와 같은 기능 안전 표준은 최소한의 안전 요구 사항으로 간주돼야 한다[19].

6.1.2 ISO 26262

ISO 26262의 도로 차량-기능 안전 표준은 기능 안전에 대한 국제전기기술위원회International Electrotechnical Commission의 IEC 61508 일반 산업 표준을 자동차에 맞춘 것이다[19]. ISO 26262에서는 V-모델이라고 일컬어지는 모델에 기반해 제품 개발의 여러 단계에 대한 기능 안전 관리, 엔지니어링 절차, 권장 사항, 지원 절차를 열 개의 부분으로 나눠서 소개하고 있다. V-모델은 V자 형태로 구분돼 있는 자동차 시스템 엔지니어링의 표준 프로세스 모델이며, 좌측에서는 스펙과 디자인, 우측에서는 테스트와 통합, 하단 부분에서는 구현을 나타낸다. V-모델은 개발 활동의 각 단계와 테스트의 해당 단계 사이의 직접적인 관계를 보여준다. 그림 6.1과 6.2는 각각 ISO 26262 표준과 V-모델의 개요를 보여준다.

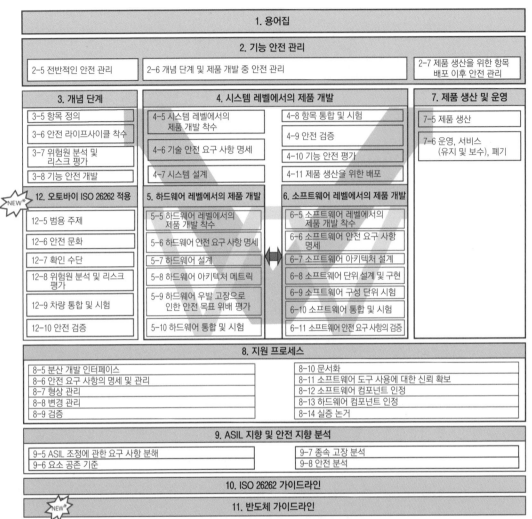

1. 용어집		
2. 기능 안전 관리		
2-5 전반적인 안전 관리	2-6 개념 단계 및 제품 개발 중 안전 관리	2-7 제품 생산을 위한 항목 배포 이후 안전 관리

3. 개념 단계	**4. 시스템 레벨에서의 제품 개발**		**7. 제품 생산 및 운영**
3-5 항목 정의	4-5 시스템 레벨에서의 제품 개발 착수	4-8 항목 통합 및 시험	7-5 제품 생산
3-6 안전 라이프사이클 착수		4-9 안전 검증	7-6 운영, 서비스 (유지 및 보수), 폐기
3-7 위험원 분석 및 리스크 평가	4-6 기술 안전 요구 사항 명세	4-10 기능 안전 평가	
3-8 기능 안전 개발	4-7 시스템 설계	4-11 제품 생산을 위한 배포	

12. 오토바이 ISO 26262 적용	**5. 하드웨어 레벨에서의 제품 개발**	**6. 소프트웨어 레벨에서의 제품 개발**
12-5 범용 주제	5-5 하드웨어 레벨에서의 제품 개발 착수	6-5 소프트웨어 레벨에서의 제품 개발 착수
12-6 안전 문화	5-6 하드웨어 안전 요구 사항 명세	6-6 소프트웨어 안전 요구 사항 명세
12-7 확인 수단	5-7 하드웨어 설계	6-7 소프트웨어 아키텍처 설계
12-8 위험원 분석 및 리스크 평가	5-8 하드웨어 아키텍처 메트릭	6-8 소프트웨어 단위 설계 및 구현
12-9 차량 통합 및 시험	5-9 하드웨어 우발 고장으로 인한 안전 목표 위배 평가	6-9 소프트웨어 구성 단위 시험
12-10 안전 검증	5-10 하드웨어 통합 및 시험	6-10 소프트웨어 통합 및 시험
		6-11 소프트웨어 안전 요구 사항의 검증

8. 지원 프로세스	
8-5 분산 개발 인터페이스	8-10 문서화
8-6 안전 요구 사항의 명세 및 관리	8-11 소프트웨어 도구 사용에 대한 신뢰 확보
8-7 형상 관리	8-12 소프트웨어 컴포넌트 인정
8-8 변경 관리	8-13 하드웨어 컴포넌트 인정
8-9 검증	8-14 실증 논거

9. ASIL 지향 및 안전 지향 분석	
9-5 ASIL 조정에 관한 요구 사항 분해	9-7 종속 고장 분석
9-6 요소 공존 기준	9-8 안전 분석

10. ISO 26262 가이드라인
11. 반도체 가이드라인

*New in 2nd edition (2018)

그림 6.1 ISO 26262의 개요. 2018년도 표준에는 '반도체에 ISO 26262를 적용하기 위한 지침'과 '모터사이클을 위한 ISO 26262 맞춤'이 새롭게 추가됐다(International Standard Organization(ISO)의 'Road vehicles – Functional safety – Part 1: Vocabulary'에서 인용함. 2011, ISO 26262–1:2011, p. vi. ©2011 ISO).

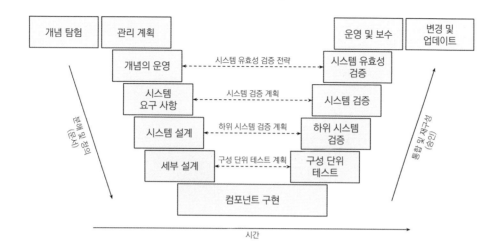

개념 탐험 | 관리 계획 | 운영 및 보수 | 변경 및 업데이트

개념의 운영 ← 시스템 유효성 검증 전략 → 시스템 유효성 검증

시스템 요구 사항 ← 시스템 검증 계획 → 시스템 검증

시스템 설계 ← 하위 시스템 검증 계획 → 하위 시스템 검증

세부 설계 ← 구성 단위 테스트 계획 → 구성 단위 테스트

컴포넌트 구현

분해 및 정의(문서)

통합 및 재구성(승인)

시간

그림 6.2 V-모델(©Behnam Esfahbod, https://commons.wikimedia.org/wiki/File:Vee_Model_for_Systems_Engineering_Process.svg, "Vee Model for Systems Engineering Process", https://creativecommons.org/licenses/by-sa/3.0/legalcode)

6.1.2.1 안전 관리

ISO 26262 표준의 처음 두 부분은 용어들과 안전 관리를 다룬다. 안전 관리는 안전 라이프사이클의 여섯 단계(개념, 개발, 생산, 운영, 서비스, 폐기)에 걸쳐 안전 활동을 수행하는 것이다. 안전 활동은 미준수 또는 미적용에 대한 근거가 존재하고 표준에 따라 평가된 경우 조정될 수 있다. 안전 관리를 위한 권고 사항 및 요구 사항은 안전 관리 전반에 관한 사항, 협의 및 개발 단계에서의 안전 관리, 생산 이후부터의 안전 관리 등 세 가지로 나뉜다. 안전 관리 전반에 관한 요구 사항에는 조직의 안전 문화 평가, 역량 관리(관련자가 충분한 수준의 기술과 자격을 갖도록 보장하려고), IATF 16949 또는 ISO 9001 같은 공통 품질관리 표준의 준수가 포함된다.

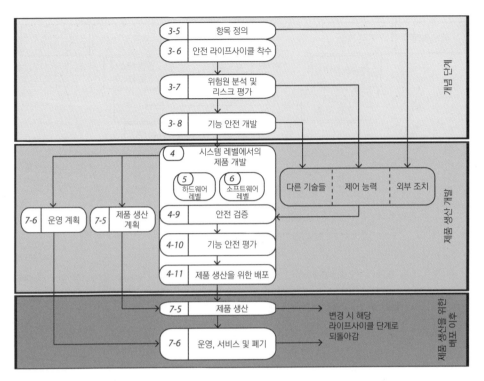

그림 6.3 참조 안전 라이프사이클(International Standard Organization(ISO)의 'Road vehicles – Functional safety – Part 2: Management of functional safety'에서 인용함. 2011, ISO 26262-2, p. 4. ©2011 ISO)

6.1.2.2 엔지니어링 프로세스와 요구 사항

ISO 26262 표준에서는 개념 단계부터 시작해 안전 라이프사이클 전반에 걸쳐 엔지니어링 프로세스와 요구 사항을 다룬다. 개념 단계concept phase에서 첫 번째 절차로 차량 수준에서 고려할 시스템과 같은 항목 정의item definition를 한다. 에어백, 전자 브레이크 등이 대표적인 예시다. 그다음으로 안전 라이프사이클 착수initiation of the safety lifecycle에 대해 명시돼 있는데, 기존 항목을 수정하는 것과 새로운 항목을 발굴하는 것을 서로 구별하려는 의도다. 수정의 경우, 영향 평가는 의도된 수정의 식별, 수정의 영향 평가, 안전 활동을 다루는 것을 포함한다. 이어서 위험 분석과 위험 평가(HARA Hazard Analysis and Risk Assessment)에 대해 명시돼 있다. HARA는 차량에서 위험이 발생할 수 있는 시나리오를 체계적으로 식별하고 분류하는 방법으로, FMEA Failure Mode and Effects Analysis와 FTA Failure Tree Analysis 같은 일반적인 기술의 내용이 포함돼 있다. 결국 목표는 차량 안전 무결성 레벨(ASIL)과 관련 위험을 완화하기 위한 안전 목표를 결정하는 것이다. 개념 단계의 마지막 절차는 안전 목표에서 도출된 기능 안전 요구 사항의 정의로 정리된다.

6.1.2.3 차량 안전 무결성 레벨

차량 안전 무결성 레벨(ASIL Automotive Safety Integrity Level)은 예상치 못한 위험을 피하고자 위해 항목에 적용해야 하는 필수 안전 장치를 평가하는 표준 방법이다. ISO 26262는 ASIL 강도의 레벨을 구분하려고 낮은 강도의 A부터 높은 강도의 D까지 기능을 분류해 정의했다. 예를 들어, D 기능은 A, B, C 기능보다 포괄적인 안전 요구 사항과 장치들을 필요로 한다. 또한 엔터테인먼트와 관련된 시스템 영역의 애플리케이션들과 같은 차량 기능들은 안전과는 무관하므로 ISO 26262에 정의된 안전 장치가 필요하지 않은데, 이러한 기능들은 표준 품질 관리(QM Quality Management) 프로세스만 적용되므로 ASIL QM으로 분류한다.

ASIL 레벨은 ASIL 결정 테이블에 따라 각 위험 사건의 노출 Exposure(E), 제어 가능성 Controllability(C), 심각도 Severity(S)로 결정된다. 노출은 위험한 사건이 발생할 확률을 나타낸다. 제어 가능성은 위험 사건과 관련된 피해를 피할 수 있는 능력과 연관돼 있다. 심각도는 위험 사건으로 인한 결과의 심각성을 수치화한 것이다. 표 6.1은 심각도, 노출, 제어 가능성을 같이 표기해 ASIL 레벨을 정의한 것이다.

표 6.1 ASIL 결정 표(International Standard Organization(ISO)의 'Road vehicles – Functional safety – Part 3: Concept phase'에서 인용함. 2011, ISO 26262-3, p. 10, ©2011 ISO)

심각도(S)	노출(E)	제어 가능성(C)		
		C1	C2	C3
S1	E1	QM	QM	QM
	E2	QM	QM	QM
	E3	QM	QM	A
	E4	QM	A	B
S2	E1	QM	QM	QM
	E2	QM	QM	A
	E3	QM	A	B
	E4	A	B	C
S3	E1	QM	QM	A
	E2	QM	A	B
	E3	A	B	C
	E4	B	C	D

6.1.2.4 제품 개발

개념 단계 다음에는 제품 개발product development 단계에 대한 내용이 명시돼 있다. 시스템 레벨에서 기능 안전 개념은 관련 기능 안전 요구 사항을 달성하는 데 필요한 안전 메커니즘을 정의하는 기술적인 안전 요구 사항의 스펙에 관한 내용으로 구성돼 있다. 예를 들어, 스펙은 시스템 자체 또는 외부 시스템의 오류를 감지하고 제어하기 위한 안전 장치를 정의하고, 예상치 못한 위험으로부터 벗어난 '안전 상태safe state'를 달성하고 유지하기 위한 안전 조치들에 대해 정의돼 있다. 다음으로는 이러한 기술 안전 요구 사항 스펙을 기반으로 하는 시스템 설계 및 기술 안전 개념을 개발하는 것이다. 기술 안전 개념에는 시스템 고장을 방지하고 차량 작동 중 알수 없는 하드웨어 고장을 제어하기 위한 안전 장치가 포함된다. 기술 안전 개념의 일부는 하드웨어/소프트웨어에 대한 기술 안전 요구 사항 할당, 하드웨어-소프트웨어-인터페이스(HSI) 스펙, 시스템 레벨 요구 사항과 관련이 있다.

개발 단계는 하드웨어와 소프트웨어에서 모두 필요한 안전 요구 사항, 아키텍처 설계, 세부 유닛 디자인, 안전 분석(가능한 오류 원인과 그 영향을 식별하기 위한), 통합 및 통합 시험에 대한 내용으로 구성돼 있다. 이후 시스템 레벨의 안전 활동은 통합 단계와 유효성 검사 단계로 마무리되는데, 통합 단계는 시스템 통합 및 검증 계획, 하드웨어와 소프트웨어의 통합, 시스템 통합/시험, 차량 통합/시험으로 시작된다. 유효성 검사 단계에서는 유효성 검사 계획 및 릴리스 문서와 관련된 요구 사항을 제공한다.

6.1.2.5 제품 생산 및 안전 라이프사이클

개발 단계 이후, 생산 단계에서는 제품 출시 후의 단계별 요구 사항과 권장 사항을 명시하고 있다. 이 단계에서는 생산 단계의 세 가지 하위 단계인 계획, 사전 생산, 생산을 개략적으로 설명한다. 생산 단계의 권장 사항과 요구 사항은 차량에 설치되는 안전 관련 요소 유지 보수와 기능 안전 달성 같은 두 가지 목표를 충족하도록 설계된다. 마지막으로 안전 라이프사이클safety lifecycle의 여섯 단계 중 나머지인 운영, 서비스, 해체 단계에서는 안전 라이프사이클 주기 동안 기능 안전을 유지하고자 유지 보수 계획 및 수리 지침, 경고 및 성능 저하 정의, 현장 모니터링 절차, 해체 지침과 기타 사항에 대해 요구 사항과 권장 사항을 명시하고 있다.

6.1.2.6 지원 프로세스

ISO 26262 표준의 마지막 부분에서는 지원 프로세스의 요구 사항을 다루고 있다. 이 지원 프로세스는 ASIL 지향적이고 안전 지향적인 지침이며, 특정 안전 라이프사이클 단계에 국한되지는 않지만 기능 안전 및 추적 능력을 달성하는 데 필수적이다. 지원 프로세스는 안전 요구 사항의 정확한 사양 및 관리, 설정 관리, 변경 관리, 하드웨어/소프트웨어 구성 요소의 인증 등을 포함하고 있다. ASIL 지향적이고 안전 지향적인 분석 부분에서는 ASIL 분리ASIL decomposition도 다루고 있는데, 이는 서로 다른 ASIL 레벨이 할당된 하위 요소들이 공존하는 상황이다. 해당 표준의 마지막 부분에서는 ISO 26262의 일반적인 개요뿐만 아니라 구체적인 예시와 추가적인 설명도 제공한다.

ASIL 분리에 대해 추가적으로 설명하면, 낮은 레벨의 ASIL들을 결합해 주어진 안전 목표를 달성하는 기술이라고 할 수 있다. ASIL 분리 'ASIL C(D)'와 같이 표기하며, 이는 ASIL D 분리 중 ASIL C의 요구 사항을 의미한다. 예를 들어, ASIL D의 요구 사항은 ASIL C(D) 요구 사항과 ASIL A(D)의 요구 사항을 결합해 다룰 수 있다. 이러한 조합들을 공식적으로 조합한 표는 ISO 26262 표준의 끝부분에 수록돼 있다[23]. ASIL 분리는 분리된 두 가지 기능 안전 요구 사항을 충족하는 데 필요한 비용이 기존의 요구 사항을 충족시키기 위해 필요한 비용보다 낮은 경우에 효과적이다.

6.1.3 남아있는 문제
ISO 26262를 준수하는 것은 자율주행차량의 안전 라이프사이클 전체에 걸쳐 상당한 노력과 자원이 소요되며, SDV 기능에 표준을 적용하는 것도 예외는 아니다.

슈판펠너 연구진Spanfelner et al.에 따르면[42], 가장 큰 남아있는 문제들 중 하나는 '모델의 부족'과 같은 일반적인 문제라고 한다. 기능 안전을 달성하는 데 필요한 완벽한 안전 장치를 도출하려면 모든 외부 요인과 영향을 포함하는 완전한 시스템 모델이 필요하다. 그러나 일부 SDV 기능이 이러한 완전한 모델을 갖는 것은 간단한 문제가 아니다. 간단한 예로 보행자의 행동을 예측하는 모델을 생각해봤을 때, 모든 외부 요인을 고려해 이들이 실제로 SDV 기능에 어떠한 영향을 미치는지 정의하는 것은 사실상 불가능하다. 그렇기 때문에 이러한 모델은 현실을 충분히 반영하지 못한 단순화된 모델일 가능성이 높다.

또 다른 문제는 객체 분류와 같은 확률적 모델에 기반한 시스템의 정확도에 대한 기준이 모호하다는 점이다. ISO 26262 표준에서는 오직 하드웨어 동작의 정확도에만 적용할 수 있는 사항들이 언급돼 있다[45].

또한 7장에서 소개할 딥러닝 같은 머신러닝 기반 알고리즘들의 등장은 기능 안전에 남아있는 문제들을 제기하고 있다. 이러한 알고리즘들은 의사 결정 과정 자체를 사람이 볼 수 없고 이해할 수도 없으므로 기능 안전에 대한 새로운 접근 방식이나 패러다임이 필요할 수 있다.

6.2 사이버 보안

'보안security'과 '안전safety'이라는 용어는 종종 비슷한 의미로 통용되지만, 기술적으로는 의미가 다르다. 독일어 'Sicherheit'의 경우처럼, 일부 언어에서는 보안과 안전 모두에 동일한 단어를 사용하기도 한다. SDV와 같은 전기전자 시스템의 맥락에서 안전은 일반적으로 시스템 오작동으로 인한 불의의 위험이 없는 것으로서, 의도하지 않은 사건에 대한 보호를 의미한다. 반면에 보안은 사이버 공격을 통해 취약점의 악용으로부터 시스템을 보호하는 것이다. 이 두 용어의 차이점을 설명하는 데 자주 사용되는 것은 위협의 근원이다. 안전 문제는 대부분 차량 내부에서 발생하는 반면, 보안 문제는 대부분 외부 요인이나 차량 외부의 사건에서 발생한다.

6.2.1 왜 사이버 보안이 중요한가?

사이버 보안의 중요성을 이해하려면 안전과 관련된 부분을 보는 것이 효과적이다. 안전 중요 시스템은 보안 중요security-critical 시스템이지만, 반대로 모든 보안 중요 시스템이 안전 중요 시스템은 아니다. 미국의 SAE는 안전과 보안 간의 밀접한 관계를 'Cybersecurity Guidebook for Cyber-Physical Vehicle Systems(SAE J3061)[37]를 통해 설명하고 있다. 즉, 보안이 보완되지 않는 기능 안전 설계는 안전한 자율주행차량이 될 수 없다.

그림 6.4 안전 중요 시스템과 보안 중요 시스템의 관계(Society of Automotive Engineers(SAE) International의 'Cybersecurity Guidebook for Cyber-Physical Vehicle Systems'에서 인용함. 2016, J3061, p. 17. ©2011 ISO)

자율주행 기능이 없는 기존의 차량은 외부 연결 없이 잘 작동하지만, SDV의 경우 그렇지 않다. 사실상 SDV의 자동화 레벨이 높을수록 자율주행차량은 백엔드 시스템과 같은 기타 외부 정보에 의존하는 정도가 더 크다. 이러한 외부와의 통신은 개인정보를 훔치는 것과 같은 간단한 공격부터 일부 운전 기능을 비활성화하는 것과 같은 위험한 차량 조작에 이르기까지 잠재적인 사이버 공격에 SDV를 노출시킨다[25].

6.2.2 자율주행차량 사이버 보안 표준

컴퓨터 보안 표준은 1950년대 이후로 발전해왔으며, 도청 공격으로부터 컴퓨터 시스템을 보호하고자 미국 정부가 제정한 표준으로부터 시작됐다

[36]. 그러나 자동차 산업을 위한 사이버 보안 표준 및 가이드라인은 2000년대에 접어들어서야 등장하기 시작했다.

초기 자동차 사이버 보안 표준화 프로젝트 중 하나는 SeVeCome[Secure Vehicle Communication]이었다. EU의 펀딩을 받은 이 프로젝트의 주요 목표는 차량과 차량(V2V) 사이의 안전과 차량과 인프라(V2I) 네트워크에 대한 안전이었다. 또한 이 프로젝트는 안전한 V2X 네트워크의 실현을 위해 단기적인 연구 항목들과 장기적인 연구 항목들을 구분해 로드맵을 배포했다[27].

자동차 사이버 보안과 관련해 주목할 만한 또 다른 유럽 프로젝트는 EVITA[E-Safety Vehicle Intrusion Protected Applications] 프로젝트다. SeVeCom 프로젝트와 달리, EVITA 프로젝트는 자동차 내부의 안전한 네트워크 구조를 설계, 검증, 프로토타이핑하는 데 중점을 뒀다[18]. EVITA HSM[Hardware Security Module](하드웨어 보안 모듈) 표준이라고도 하는 EVITA HSM 스펙은 자동차 산업의 주요 HSM 표준 중 하나가 됐다. 이와 관련된 내용은 이후에 더 자세히 다룰 것이다.

앞서 간단히 언급한 SAE J3061[37]은 자동차 산업을 위한 최초의 사이버 보안 엔지니어링 가이드라인이다. 2016년 초에 처음 게시된 SAE J3061은 보안 중요 자동차 애플리케이션 개발을 위한 대표적인 사례를 소개하고 있다. 이 가이드라인은 ISO 26262에 기반을 두고 있으며, 차량 라이프사이클의 모든 단계에 걸쳐서 보안 엔지니어링을 위한 개발 절차를 사용한다. SAE J3061은 새로운 국제 자동차 사이버 보안 표준인 ISO/SAE 21434 Road Vehicles Cybersecurity Engineering의 기반이 되며, 현재 SAE 및 ISO 표준 기구가 공동 개발하고 있다[22].

자동차 컨소시엄과 표준화 기구가 시작한 다른 작업 외에도 전통적인 IT 환경의 잘 알려진 방법론과 자동차 시스템 엔지니어링의 모범 사례를 결합해 새로운 접근법이 제안됐다. 이러한 예 중 하나는 기능 안전을 위해 이미 널리 쓰이는 HARA 방법론과 IT 업계에서 잘 알려진 STRIDE 방법론을 결합한 SAHARA^{Security-Aware Hazard and Risk Analysis} 접근법이다 [29]. STRIDE는 스푸핑^{Spoofing}, 탬퍼링^{Tampering}, 부인^{Repudiation}, 정보 유출^{Information disclosure}, DoS^{Denial of Service}, 권한 부여^{Elevation of privilege} 공격 유형을 분류한 모델이다. 또한 'Microsoft threat model'로도 알려져 있는데, 이는 1990년대 말에 마이크로소프트 직원 로렌 콘펠더^{Loren Kohnfelder}와 프라에릿 개그^{Praerit Gagg}에 의해 모델링됐기 때문이다[26]. HARA는 ISO 26262 규격의 파트 3에 명시된 표준화된 안전 분석 방법이며, 안전 목표의 기능 안전 요구 사항을 도출하기 위한 기초를 제공한다[24].

6.2.3 안전한 SDV 설계

이번 장에서는 다중 레벨 시스템 접근법(차내 네트워크 통신 및 외부 통신 수준의 하드웨어와 소프트웨어)을 이용해 안전한 SDV 시스템을 설계할 때 고려해야 할 사항 중 일부를 소개할 것이다.

6.2.3.1 안전한 하드웨어

이 보안 수준은 외부 조작 또는 무단 액세스로부터 물리적 차량 구성 요소를 보호하는 데 중점을 둔다. 하드웨어 레벨 보안은 일반적으로 HSM(하드웨어 보안 모듈)의 지원을 받아 시행되는데, 이러한 HSM은 암호화 서비스 엔진(일반적으로 하드웨어 가속)과 보안 키 스토리지로 구성된다. 데이터 암호화/암호 해독, 메시지 다이제스트 계산과 같은 암호화 기능은 당연히 리소스 집약적인 계산이므로 전용 장비를 이용하는 것이 좋다. 보안 키 저장소는 잘못된 액세스 또는 변조로부터 보안 키를 보호한다. HSM은 또한 부팅 전에 코드의 디지털 서명을 확인함으로써 변조된 부트 로더가 실행되지 않도록 하는 메커니즘인 보안 부팅을 지원할 수 있다.

자동차 산업에서 널리 사용되는 몇 가지 주요 하드웨어 보안 표준에는 EVITA HSM, SHE, TPM 표준 등이 있다.

앞서 언급한 EVITA HSM 표준은 EVITA 컨소시엄이 2011년에 발표했다. EVITA HSM 표준은 세 가지 HSM 프로파일(또는 버전)을 갖고 있다(Light, Medium, Full). Light EVITA HSM 프로필은 내부 클럭, 기본 하드웨어 가속 암호화 처리와 일반적으로 128비트 키(AES-128)를 따르는 대칭 암호화/복호화 알고리즘뿐만 아니라 내장된 PRNG^{Pseudo-random Number Generation}에서 사용할 수 있는 물리적인 TRNG^{True Random Number Generator} 알고리즘까지 명시하고 있다. 또한 Light 프로파일은 센서 및 액추에이터와 같이 비용과 효율성 제약 조건이 있는 구성 요소에서 안전한 통신이 가능하도록 설계된다[46]. Medium 프로파일은 차량 내 네트워크 통신 보안을 활성화하기 위한 것으로, 안전한 틱(단일화 카운터), 보안 메모리, 보안 부팅 메커니즘, 암호화 해시 기능 지원(예: SHA^{Secure Hash Algorithm})과 같은 몇 가지 추가 요구 사항을 명시하고 있다. 마지막으로, Full 프로파일은 V2X 네트워크 내의 보안 및 실시간 통신과 같이 까다로운 자동차 사이버 보안 애플리케이션에 대한 지원을 포함하고 있다. 이 수준에서의 암호화 기능은 고속 타원 곡선 산수에 기초한 고성능 256비트 비대칭 암호화 엔진에 의해 수행되는데[17], 해시 함수를 WHIRLPOOL이라고 하는 AES 기반 함수로 대체해 처리한다[34]. 표 6.2는 EVITA HSM 프로파일 간의 몇 가지 주요 차이점을 보여준다.

SHE^{Secure Hardware Extension}는 2009년 독일 자동차 제조업체 컨소시엄 HIS^{Hersteller-Initiative Software}에 의해 제안됐다. SHE는 저비용 보안 키 스토리지 및 암호화 서비스 엔진으로 설계됐으며, 일반적으로 기존의 ECU(전자 제어 장치)에 대한 온칩 확장으로 구현된다[39]. 기능과 관련해 SHE

는 얕은 수준의 EVITA HSM 스펙과 상당히 유사하지만, EVITA와 달리 SHE는 표준으로 안전한 부팅을 제공한다는 차이점이 있다.

또 다른 주요 HSM 표준은 TCG^{Trusted Computing Group}가 개발한 TPM^{Trust Platform Module}이다. TPM은 ISO/IEC 11889로 표준화됐으며, 현대의 PC와 노트북에서는 어디서나 TPM 칩을 사용하기 때문에 널리 알려져 있다. 2015년에 처음 출시된 TPM 2.0 Automotive-Thin Profile은 리소스 제약적인 ECU에서 배포하기에 적합한 TPM 2.0 사양의 하위 집합을 명시한다[16]. EVITA HSM 및 SHE 표준과 마찬가지로 TPM Automotive-Thin Profile은 안전한 키 저장 및 관리 기능도 지원한다. 그러나 TPM에서는 안전한 차내 네트워크 통신을 위한 하드웨어 기반 지원보다는 펌웨어 및 소프트웨어 무결성 보호, 소프트웨어 증명 지원, 보안 소프트웨어 업데이트 활성화에 중점을 둔다.

표 6.2 EVITA HSM 프로파일 비교(Ludovic Apvrille, Rachid El Khayari, Olaf Henniger, Yves Roudier, Hendrik Schweppe, Hervé Seudie, Benjamin Weyl, MarkoWolf의 'Secure Automotive On-board Electronics Network Architecture'에서 인용함. 2010. p. 5)

Aspect	Full	Medium	Low
내장 RAM[a]	✓	✓	optional
내장 NVM[b]	✓	✓	optional
대칭 암호화 엔진	✓	✓	✓
비대칭 암호화 엔진	✓	–	–
해시 엔진	✓	–	–
TRNG	✓	✓	optional

[a] Random Access Memory
[b] Non-Volatile Memory

6.2.3.2 안전한 소프트웨어

SDV는 매우 복잡한 시스템이며, 사용성은 소프트웨어의 품질에 따라 크게 좌우된다. 이 책에서 살펴본 바와 같이 SDV의 소프트웨어는 각각 특정 작업을 해결하는 여러 특수 기능의 모음으로 생각할 수 있다. 이러한 각 기능은 다른 소프트웨어를 기반으로 구축되며 각 소프트웨어의 종속성은 다른 소프트웨어 등에 영향을 받는다. SDV의 다양한 소스에서 통합되는 수많은 종속 소프트웨어는 보안 위험을 야기한다. '쇠사슬의 강도는 가장 약한 고리에 달려 있다.'는 영어 속담의 속뜻은 보안에도 적용할 수 있다. 즉, 전체 시스템은 가장 취약한 구성 요소의 보안 강도만큼 안전할 뿐이다. 그러나 시스템의 복잡성이 높기 때문에 모든 소프트웨어 구성 요소를 항상 안전하게 유지하는 것은 쉽지 않다. 모범적인 소프트웨어 개발 사례는 자체 개발된 소프트웨어의 보안 위험을 최소화하는 데 도움이 되는데, 여기에는 방어 지향적 프로그래밍, 상호 코드 검토, 정적 코드 분석, 데이터 흐름 분석, 코드 복잡성 분석 등이 소프트웨어 개발 워크플로우의 필수적인 부분으로 포함되고 있기 때문이다. 그러나 이는 불가능하지는 않지만 독점적인 타사 소프트웨어에 적용하기 어려울 수 있다. 소스 코드가 없거나 소프트웨어에 대한 세부 정보와 해당 의존성 정보를 모르기 때문에 해당 소프트웨어의 구성 요소와 그 의존성에 대한 보안 패치는 구현 세부 사항과 업데이트해야 할 모든 종속성 관계를 알고 있는 해당 소프트웨어 공급업체만이 가능하다.

안전한 SDV를 만들려면 보안을 고려해 시스템을 개발하고 전체 차량 라이프사이클 동안 보안을 유지해야 한다. 또한 설계 단계에서도 매우 신중해야 하며 철저한 보안 관련 결정이 필요하다. 기능 안전과 마찬가지로, 사이버 보안은 설계 초기에 이뤄진 잘못된 결정으로 인해 이후 개발에서 되돌리려면 큰 비용이 들 수 있기 때문에 결코 개발 단계로 미뤄야 할 '추가 기능'으로 생각해서는 안 된다. 경우에 따라서는 프로젝트의 실패, 제품 가용성 또는 전체적인 수용의 위험을 감수할 수도 있다.

이러한 초기 고려 사항의 한 예는 하드웨어 플랫폼과 운영체제의 선택이다. 보안 부팅 및 보안 디버그와 같은 일반적인 소프트웨어 보안 기능에는 이러한 기능을 지원하는 하드웨어가 필요하다. 보안 디버그는 런타임에 ECU에서 소프트웨어를 안전하게 디버깅하는 수단이다. 소프트웨어 파티션은 간섭 위험을 최소화하고자 소프트웨어 부품이나 기능을 몇 개의 분리된 인스턴스로 분할하는 일반적인 기술이다. 임베디드 가상화라고 하는 밀접하게 관련된 보안 방법은 내장된 하이퍼바이저를 사용해 단일 임베디드 시스템에서 여러 개의 분리된 가상 시스템을 효율적으로 실행하게 된다. 그림 6.5는 한 VM 인스턴스의 보안 침해로 다른 VM 인스턴스의 보안이 손상되지 않는 임베디드 가상화 사용 사례를 보여준다. 그러나 임베디드 가상화를 최대한 활용하려면 적절한 하드웨어(예: MPU^Memory Protection Unit를 갖춘 하드웨어)와 안전하고 효율적인 임베디드 하이퍼바이저로 작동하거나 지원하는 적절한 RTOS^Real Time/Embedded Operating System가 필요하다.

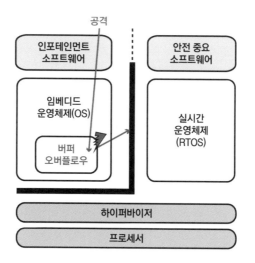

그림 6.5 임베디드 가상화 적용 사례. 한 가상 머신의 보안 문제로 야기되는 다른 가상 머신의 보안 손상이 발생할 수 없다(Gernot Heiser의 'The role of virtualization in embedded systems'에서 인용함. 2008, doi: 10.1145/1435458.1435461, 04, p. 11-16).

마지막으로 SDV 소프트웨어의 또 다른 중요한 보안 영역은 센서 공격 탐지와 이러한 공격의 영향을 최소화하는 것에 관련돼 있다. SDV는 센서로부터 얻은 정보에 크게 의존하므로 이러한 종류의 공격에 대한 효과적인 대책이 필요하다. 센서 공격은 여러 형태로 나타날 수 있다. 스푸핑 공격spoofing attack은 가짜 센서 신호를 생성하는 것을 포함하며, 이는 대상 센서가 실제로는 존재하지 않는 어떤 것의 존재를 믿게 한다. 재밍 공격jamming attack은 센서의 입력 신호를 왜곡해 실제 신호를 더 이상 노이즈와 확실하게 구분할 수 없도록 한다. 블라인딩 공격blinding attack은 카메라에 강렬한 빛을 직접 비춰 시야를 방해하거나 심지어 센서를 영구적으로 손상시키는 방식으로 작동한다. 리플레이 공격replay attack이라고 불리는 또 다른 형태의 공격은 대상 센서에 의해 전송되는 펄스를 캡처해 다른 시간 혹은 다른 위치에서 다시 보낸다. 레이더, 초음파 센서, 카메라에 대한 센서 공격 성공 사례가 [48]에서 보고됐다. 카메라와 라이다에 대한 일부 실현 가능하고 효과적인 공격과 제안된 대응 방법은 [33]에 나와 있다. GNSS 수신기는 오랫동안 공격에 취약한 것으로 알려져 왔는데, GNSS 위협 시나리오의 개요와 알려진 방어 메커니즘의 평가는 [40]에 제시돼 있다.

6.2.3.3 차량 내부 네트워크 통신 보안

2015년에 「WIRED」 매거진은 두 명의 보안 전문가인 밀러Miller와 발라섹Valasek이 원격에서 달리는 차량을 탈취해 운전자가 공격에 대응할 수 없는 시연에 관한 보안 기사를 발표했다[15]. 그해 말에 두 전문가는 원격 공격이 어떻게 가능했는지에 대한 기술적 세부 사항을 보여주는 문서를 발표했다. 이 공격은 차량 내 인포테인먼트 시스템의 보안 취약점을 악용해 차량 CAN 버스와 상호 작용하는 마이크로 컨트롤러의 인증되지 않은 펌웨어 업데이트를 트리거하는 것인데, 이 펌웨어를 수정해 실제 차량 제어를 무시할 수 있는 가짜 CAN 메시지를 차량에 주입할 수 있었다[31].

'지프 해킹 공격Jeep hack attack'이라고도 알려진 이 사건은 안전하지 않은 차량이 생명을 위협할 수 있다는 사실을 알려줬고, 차량 네트워크 전체에서 ECU 간의 보안 통신이 얼마나 필수적인지 깨닫게 해줬다. 차량 내 네트워크를 보호하는 것만으로 이러한 공격을 방지할 수는 없다. 인증되지 않은 소프트웨어 업데이트, 안전하지 않은 Wi-Fi 암호 생성 메커니즘, 개방형 진단 포트 등과 같은 다른 취약점도 반드시 해결해야 한다. 이러한 사실들을 기억하면서 AUTOSAR(4.3.3절 참조)에서 권장하는 접근 방식을 사용해 차량 내부 네트워크 통신 보안에 초점을 맞춰보자.

AUTOSAR 보안 모듈

AUTOSAR에는 차량 네트워크 전체의 통신 보안을 담당하는 두 개의 모듈이 있다. 그중 SecOCSecure Onboard Communication 모듈은 차량 내부 통신 네트워크를 통해 ECU 간에 전달되는 보안 메시지를 생성하고 검증하는 모듈이다. AUTOSAR SecOC 사양은 '자원 효율적이고 실용적인 인증 메커니즘'을 고려해 설계됨에 따라 기존 레거시 시스템에서도 최소한의 오버헤드가 발생한다는 이점이 있다[3]. CSM^{Crypto Service Manager} 모듈은 SecOC 모듈을 포함해 런타임에 모든 모듈에 암호화/복호화, MAC^{Message Authentication Code} 생성/검증 등과 같은 기본 암호화 서비스를 제공하는 모듈이다[4]. 사용되는 플랫폼에 따라 일부 암호화 기능은 하드웨어 구현(예: HSM/SHE) 또는 소프트웨어 구현을 AUTOSAR 기본 소프트웨어 스택의 일부로 사용할 수 있다. 이 경우 CSM은 모든 암호화 기능에 추상화 계층을 제공하므로 모든 AUTOSAR 모듈은 구현 세부 사항에 관계없이 동일한 표준화된 API를 사용할 수 있다.

SecOC의 개요

AUTOSAR 스택 내에서 SecOC 모듈은 기본 소프트웨어 계층 내에서 AUTOSAR PduR^{Payload Data Unit Router} 모듈과 동일한 레벨에 있다(그림 6.6 참조). PDU^{Payload Data Unit}는 차량 네트워크를 통해 교환되는 데이터에 대한 일반적인 용어다. PduR 모듈은 정적으로 구성된 라우팅 테이블을 기반으로 다양한 차량 버스(예: CAN, FlexRay, 이더넷 등)를 통해 전송된 PDU를 AUTOSAR 모듈에 배포한다. 모든 PDU가 보안과 관련이 있지는 않다. 보안과 관련된 PDU의 수신 시 PduR은 SecOC 모듈에서 확인할 메시지를 전달하고 확인이 성공한 경우에만 PDU를 상위 AUTOSAR 모듈에 라우팅한다. 그리고 보안 PDU가 차량 버스로 전송되기 전에 SecOC 모듈은 수신한 데이터에 대한 인증 목적으로 일부 보안 데이터를 PDU에 추가한다. 전체 보안 메커니즘은 낮은 수준의 AUTOSAR 통신 스택에서 수행되므로 사용자 애플리케이션에 대해 완전히 무관하다. 즉, 안전한 차량 내 네트워크 통신을 위해 사용자 애플리케이션을 수정할 필요가 없다.

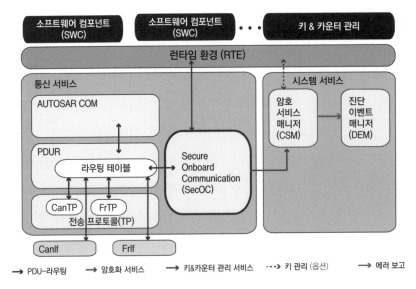

그림 6.6 AUTOSAR 기본 소프트웨어 스택 내의 SecOC 모듈(Automotive Open System Architecture(AUTOSAR)의 'Specification of Secure Onboard Communication AUTOSAR CP Release 4.3.1'에서 인용함. 2017, p. 7)

스푸핑, 탬퍼링, 리플레이 공격을 방지하려고 SecOC 사양에서는 FV Freshness Value라고 부르는 단조 카운터와 함께 MAC Message Authentication Code 를 사용한 인증을 권장한다. 실제로 NIST SP 800−38B 스펙[9]에 명시된 128비트 비밀 키(AES−128)를 사용하는 AES Advanced Encryption Standard 기반의 CMAC Cipher-based MAC가 일반적으로 사용된다. 비밀 키는 모든 차량에 대해 고유하며, 일반적으로 고유한 차량 식별 번호(VIN Vehicle Identification Number)와 일부 임의 숫자의 조합을 사용해 생성된다. 차량 고유의 비밀 키는 특정 차량의 보안이 공격받더라도 다른 차량(동일 모델 포함)으로 공격을 확장하기 어렵게 만든다.

그림 6.7에서 볼 수 있듯이, CMAC 계산의 첫 번째 단계는 보조 키 생성 프로세스를 사용해 대칭 키에서 보조 키를 생성하는 것이다. 메시지는 동일한 크기의 데이터 블록 시퀀스로 분할되고 AES 대칭 암호화가 각 데

이터 블록에 순차적으로 적용되며, 각 데이터 블록은 이전 AES 결과와 XOR 처리된다. MAC 길이 매개변수에 따라 마지막 암호화 결과를 잘라서 MAC를 얻고, MAC와 FV는 실제 데이터 페이로드와 함께 전송된다. 실제로 이 값은 전체 길이로 전송되지 않고 잘라서 전송되는데, 이 잘린 MAC와 FV의 실제 길이는 사용 중인 프로토콜과 관련해 사용 가능한 데이터 길이에 따라 달라진다(예: CAN-FD는 단일 메시지에서 최대 64바이트를 지원함). 이는 보안성과 효율성 간의 전통적인 트레이드오프 관계다.

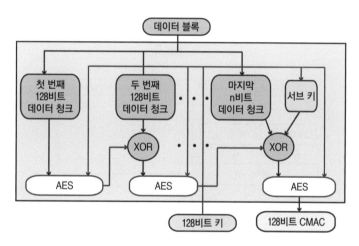

그림 6.7 CMAC 알고리즘(Marcos Simplicio, Bruno Oliveira, Cintia Margi, Paulo Barreto, Tereza Carvalho, Mats Naslund의 'Survey and comparison of message authentication solutions on wireless sensor networks'에서 인용함. 2013, doi: 10.1016/j.adhoc.2012.08.011, 11, p. 1221-1236)

보안성을 더욱 향상시키기 위해 SecOC 스펙에서는 PDU 특정 키를 사용하는 MAC 계산을 권장하고 있다. 각 PDU(프로토콜 데이터 단위 또는 버스 메시지)에는 고유한 데이터 식별자(Data-ID)가 할당된다. Data-ID와 비밀 키를 사용해 특정 보안 PDU에 대한 CMAC 계산을 위해 개별 AES 비밀 키를 계산할 수 있다. 따라서 차량 전용 키가 손상됐더라도 공격자가 Data-ID와 특정 PDU에 대한 비밀 키를 계산하는 규칙에 대한 정확한 정보 없이는 스푸핑 및 탬퍼링 공격을 성공시키기 어렵다.

그림 6.8과 6.9에서 볼 수 있듯이 SecOC 검증 메커니즘은 입력값으로 들어오는 보안 PDU 데이터의 MAC와 FV를 수신자가 직접 계산한 값과 비교해 작동한다. 송신자와 수신자 모두 각 PDU에 대한 MAC를 올바르게 계산할 수 있는 매개변수와 비밀 키를 알고 있기 때문에 수신자는 동일한 MAC 계산을 수행하고 자신이 계산한 것과 수신된 것을 비교할 수 있다. 수신자는 또한 입력으로 들어오는 FV의 유효성을 확인해 리플레이 공격을 방지할 수 있다.

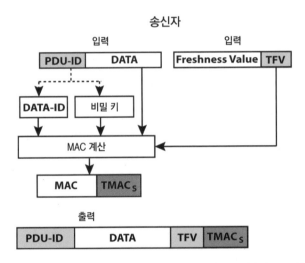

그림 6.8 보안 PDU 생성 메커니즘. 데이터 페이로드의 MAC는 FV(잘린 FV 값/TFV)의 일부와 DATA-ID 및 PDU-ID에 고유한 비밀 키를 사용해 계산된다. 마지막으로 송신자는 원래 PDU-ID 및 데이터 페이로드와 함께 TFV 및 MAC 값의 일부(TMAC)를 수신자에게 보안 PDU로 전송한다(Automotive Open System Architecture(AUTOSAR)의 'Requirements on Secure Onboard Communication AUTOSAR CP Release 4.3.1'에서 인용함. 2017, p. 30).

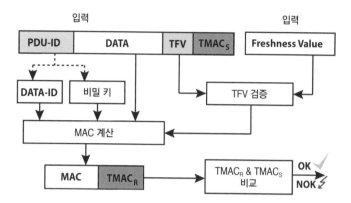

수신자

입력

| PDU-ID | DATA | TFV | TMAC$_S$ |

입력

Freshness Value

DATA-ID

비밀 키

TFV 검증

MAC 계산

MAC TMAC$_R$

TMAC$_R$ & TMAC$_S$ 비교

OK ✓
NOK ⚡

그림 6.9 보안 PDU 검증 메커니즘. 수신자는 보안 PDU의 TFV 값을 실제 FV 값과 비교해 유효성을 검사한다. 수신자는 DATA-ID와 PDU-ID에서 생성된 비밀 키를 기반으로 동일한 MAC 계산을 수행하고 자체 계산 결과를 입력으로 받은 TMAC와 비교한다. TFV 및 TMAC 값이 모두 유효한 경우에만 수신자가 보안 PDU 내의 데이터 페이로드를 신뢰한다. 전체 생성/검증 프로세스에서 데이터 페이로드는 암호화 또는 수정 없이 '일반' 데이터로 전송된다(Automotive Open System Architecture(AUTOSAR)의 'Requirements on Secure Onboard Communication AUTOSAR CP Release 4.3.1'에서 인용함. 2017, p. 30).

위의 보안 메커니즘 외에도 AUTOSAR는 SWC(소프트웨어 구성 요소)가 SecOC 모듈과 직접 상호 작용할 수 있는 방법을 제공한다. 예를 들어, SWC가 특정 확인 상태에 대해 알림을 받거나 일시적으로 또는 영구적으로 SecOC 검증 상태를 재정의할 수 있다[5]. 이를 통해 애플리케이션은 잠재적인 침입을 감지할 수 있고(예: 실패한 검증 수가 증가하는 경우) 의심스러운 특정 PDU를 무시하는 것 같은 예방 조치를 취할 수 있다.

6.2.3.4 차량 외부 통신 보안

지금까지 차량 내 보안과 내장된 시스템의 보안을 살펴봤다. 이러한 보안은 필수적이지만, SDV 기능은 차량 외부의 정보 또는 서비스에 의존하는 경향이 강해지고 있으므로 안전한 외부 통신은 보안 및 프라이버시 관점 모두에서 중요하다. SDV 외부 통신은 제조업체 또는 운영자의 백엔드 서버 또는 V2X 통신이라 부르는 다른 차량, 도로 인프라 등에서 발생한다. 이에 대한 내용은 이 장의 뒷부분에서 다룰 것이다.

SDV와 백엔드 서버 간의 외부 통신은 기존 IT 세계의 일반적인 클라이언트/서버 통신과 유사하므로 IT 세계의 보안과 개인정보 보호에 대한 많은 표준과 이미 널리 쓰이고 있는 방법론 또는 모범 사례를 적용할 수 있다. 그렇기 때문에 보안과 개인정보가 각 SDV 제조업체가 시행하는 보안 메커니즘의 품질과 효율성에 크게 의존한다. 백엔드 서버와의 통신에 사용되는 독점 솔루션과 달리, V2X 통신은 표준 호환 통신 프로토콜을 기반으로 작동하기 때문에 V2X 통신에 대한 보안 표준은 상호 운용성이 보안을 보장하는 데 필요하다.

역사적으로 V2X 통신(일반적으로 지능형 교통 시스템(ITS)이라고도 한다.)은 많은 공공 및 민간 기관에서 동시에 연구돼 왔다. 이로 인해 전 세계 여러 표준화 기구의 표준화 개발뿐만 아니라 여러 경쟁력 있는 제안이 제시됐다. 그 예로는 미국 교통부(USDOT)[44]에서 개발한 SCMS^{Security Credential Management System}와 ETSI^{European Telecommunications Standards Institute}에서 발표한 표준이 있다[10].

이러한 표준 아키텍처와 세부 기술의 차이에도 불구하고, 보안 V2X 통신은 일반적으로 모든 통신 주체의 자격 증명 확인을 활성화하고 여러 V2X 네트워크에서 주체 간의 신뢰 관계를 유지하려는 목적으로 PKI(공개 키 기반 구조)를 사용한다. 신원 증명은 일반적으로 통신 주체의 디지털 인증서를 확인해 수행된다. 디지털 인증서는 인증 기관(CA)이라고 하는 독립 기관에서 발급하는데, 이 CA의 주요 역할은 발급된 디지털 인증서의 소유자가 실제로 자신이 주장하는 사람임을 신뢰할 수 있게 해주는 인증 기관 역할을 한다. CA의 또 다른 역할은 신뢰할 수 없는 모든 인증서 정보를 포함하는 CRL(인증서 해지 목록)을 유지하는 것이다. 공개 키 암호화 및 단방향 해시 기능을 통해 보안 통신을 시작하기 전에 다른 통신 주체의 디지털 인증서를 인증할 수 있다. PKI, 공개 키 암호화, 인증서 관리에 대한 자세한 설명은 이 책의 범위를 벗어나기 때문에 생략한다. 관심있는 독자는 [2] 또는 [7]과 같은 이 주제를 다룬 전문적인 기술 서적을 참조하길 바란다.

ISO/IEC 15408 보안 표준은 검색 및 신원 악용으로부터 보호해야하는 네 가지 개인정보 측면을 정의한다[21]. 그 네 가지는 각각 익명성anonymity, 가명성pseudonymity, 불연계성unlinkability, 관찰 불가능성unobservability이다. 익명성은 시스템과 상호 작용하거나 서비스를 이용하는 사용자의 신원을 확인할 수 없다는 것을 의미한다. 가명성은 사용자가 시스템 상호 작용 또는 서비스 사용에 대해 책임질 수 있음을 의미하지만, 실제 사용자 ID는 공개되지 않은 상태로 유지되는 것이다. 불연계성은 다른 주체가 여러 시스템의 상호 작용이나 여러 서비스의 사용이 동일한 사용자에 의해 발생하는지 여부를 확인할 수 없다는 것을 의미한다. 마지막으로, 관찰 불가능성은 시스템/서비스가 사용되고 있음을 알고 있는 다른 주체 없이 시스템과 상호 작용하거나 서비스를 사용할 수 있는 능력을 의미한다.

V2X 네트워크 통신에서 프라이버시를 보호하고자 ETSI ITS 표준은 자격 증명 인증과 서비스 권한 부여를 위해 분리된 CA(그림 6.10 참조)가 있는 PKI를 권장한다[11]. EAEnrollment Authority는 위에서 설명한 것처럼 공개 키 암호화와 디지털 인증서를 사용해 통신 참여자(사용자)의 신원 확인을 용이하게 한다. 유효한 인증 시 EA는 등록 자격 증명(EC)이라고 부르는 가명 인증서 형태로 임시 신원을 발급한다. 사용자는 이 EC를 전송해 AAAuthorization Authority에 권한을 요청해야 V2X 네트워크 서비스를 사용할 수 있다. EC가 성공적으로 확인되면, AA는 요청된 각 서비스에 대해 권한 인증서 또는 권한 티켓(AT)을 발급한다. EA 및 AA 자격 증명은 권한

계층 구조에서 가장 높은 CA인 RA^{Root Authority}에서 제공한다. 관련된 모든 CA(RA, EA, AA)는 발급된 인증서를 모니터링하고 자체 CRL을 유지하게 된다.

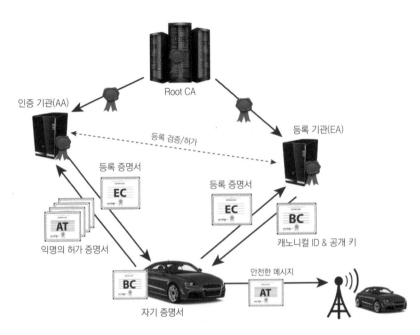

그림 6.10 ETSI V2X PKI 아키텍처(European Telecommunications Standards Institute(ETSI)의 'Intelligent Transport System (ITS); Security; Pre-standardization study on pseudonym change management'에서 인용함. 2018, ETSI TR 103 415 V1.1.1 (2018-04), p. 15. ©2018 ETSI)

6.2.4 남아있는 문제

리눅스 운영체제를 개발한 리누스 토발즈^{Linus Torvalds}는 '진정한 보안 컴퓨팅 플랫폼은 존재하지 않을 것이다.'라고 말한 적이 있으며, 가장 안전한 시스템을 사용하는 상황이란 존재하지 않을 수도 있다고 주장했다[30]. 이러한 주장은 보안 SDV의 설계가 항상 보안과 비용, 성능, 편안함 같은 다른 중요한 측면들 사이에서 합리적인 절충을 찾는 것과 관련이 있다. 사이버 보안 범죄자들은 항상 새로운 취약점을 발견하고 이용하려 하는 반면, 보안 전문가들은 악용될 때 보안 구멍을 막으려고 한다. 또한 연결성이 증가하면 잠재적인 사이버 보안 대상이 더 많아진다. 따라서 사이버 보안은 결코 끝나지 않지만 반드시 해결해야 하는 남아있는 문제다.

이 절의 앞부분에서 언급했듯이 SDV 시스템의 복잡성과 타사 블랙박스 소프트웨어에 대한 의존성은 전체 기술 스택의 종단 간 보안을 적용하는 것을 어렵게 한다. 따라서 전문 보안 시험, 예를 들어 침투 시험(펜 테스트)과 독립적인 보안 감사/검토가 이뤄져야 한다.

하지만 가장 큰 어려움은 전 세계의 많은 기술 회사가 보안과 안전을 간과하는 것이다. 개발자의 보안 모범 사례에 대한 인식/시행이 결여되고 있을 뿐 아니라 경제성, 치열한 경쟁, 투자자의 압력도 눈에 띄거나 입증 가능한 기능이 보이지 않는 보안 및 안전 기능 또는 기본 아키텍처 작업보다 우선시된다는 것을 의미한다. 일부 안전 및 보안 관련 결정은 단순히 변경할 수 있는 것이 아니기 때문이다. 더 나아가서 나중에 추가 기능으로 구현되는 이러한 접근 방식은 보안 수준이 떨어지거나 전반적인 개발 및 유지 보수 비용이 더 높은 제품으로 이어질 수 있다.

6.3 V2X 통신

백엔드 서버와의 통신을 통해 SDV는 (제한된) 인식 기능의 경계를 넘어 더욱 안정적으로 작동할 수 있다. 그러나 이러한 백엔드 서버가 전송하는 글로벌 정보는 대규모 배포 환경에서 개별 SDV를 지원하기에 항상 충분하지 않을 수 있으므로 로컬 관련 정보로 보강해야 한다. 더욱이 백엔드 통신의 독점적 특성은 정보가 대개 동일한 제조사의 차량에만 제공된다는 것을 의미한다. 따라서 서로 다른 제조사 차량 간의 정보 공유가 어려운 문제점이 있는데, 바로 여기서 V2X^{Vehicle to Everything} 통신이 이뤄진다.

V2X는 지능형 교통 시스템에서 차량과 다른 참여자(이동식 또는 정지식) 간의 외부 통신을 지칭하는 일반적인 용어다. ETSI는 V2X 통신을 네 가지 유형으로 구별하는데, 차량 대 차량(V2V), 차량 대 인프라(V2I), 차량 대 네트워크(V2N), 차량 대 보행자(V2P)다[12]. V2V는 서로 근접한 차량 간의 정보 교환에 초점을 맞춘다. V2I는 도로변 장치(RSU)라고도 하는 지능형 도로 인프라와 차량 간의 직접 통신을 나타낸다. V2N은 차량과 인터넷 간의 통신을 의미한다. V2P는 보행자, 자전거 타는 사람 등과 같은 인간 교통 참여자와의 차량 통신을 의미한다.

6.3.1 왜 V2X가 중요한가?

V2X의 궁극적인 목표는 차량과 다른 교통 참여자들이 사고를 피할 수 있도록 도와서 교통 안전을 개선하는 것이다. V2X 통신에서 얻은 정보는 처리돼 인간 운전자에게 경고 형태로 줄 수 있으며, 자동화 차량에서 일부 안전 메커니즘을 작동시킬 수 있다. V2X는 SDV가 가시거리와 내부 정보(예: 공사 또는 사고로 인해 차선 방향이 일시적으로 변경되거나 갑작스런 기상 악화로 인해 인식 기능이 일시적으로 제한되는 경우)를 넘어서는 중요한 상황을 인지할 수 있도록 한다.

V2X의 또 다른 중요한 목표는 특히 트래픽과 에너지 효율의 맥락에서 효율성을 높이는 것이다. 지역적인 V2X 정보의 도움을 받아, 교통 혼잡을 줄이거나 전체 교통 흐름을 개선하려면 속도를 조정하도록 차량에 알릴 수 있다. 또한 이 동적 정보를 사용해 에너지 소비를 최적화하거나 주행과 관련된 환경 비용을 절감할 수 있다.

6.3.2 V2X 표준

V2X를 최대한 활용하려면 가능한 한 다양하고 많은 업체가 적극적으로 참여해야 하므로 표준화는 다양한 제조업체의 기기(또는 스테이션) 간 상호 운용성을 보장하려면 반드시 필요하다. 아이러니하게도, V2X는 IEEE 802.11p 기반 표준과 최근의 3GPP C-V2X^{Cellular Vehicle-to-Everything} 표준이라는 두 개의 독립적인 표준으로 분리됐다. IEEE 802.11p 표준은 차량 네트워크 통신에 Wi-Fi를 사용할 수 있게 하는 IEEE 802.11 Wi-Fi 표준의 개정판이다. 그림 6.11과 같이 DSRC^{Dedicated Short Range Communication}와 유럽 ETSIITS-GS V2X(그림 6.12) 표준 모두 프로토콜 스택의 물리적(PHY) 및 중간 접근 제어(MAC) 계층에 IEEE 802.11p를 사용한다[1]. C-V2X 표준은 2016년 설립된 자동차 · 기술 · 통신 업계 기업 컨소시엄인 5GAA^{5G Automotive Association}가 개발했다. C-V2X 표준은 V2X 통신을 위해 셀룰러 네트워크(LTE-4G 및 5G)를 사용하므로 물리적 계층이 IEEE 802.11p와 완전히 호환되지는 않지만, DSRC와 ITS-G5 표준의 상위 계층 프로토콜과 서비스를 재사용한다.

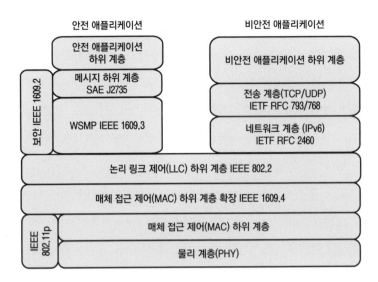

그림 6.11 DSRC 프로토콜 스택(Safdar Bouk, Kim Gwanghyeon, Syed Hassan Ahmed, Dongkyun Kim의 'Hybrid Adaptive Beaconing in Vehicular Ad Hoc Networks: A Survey'에서 인용함. 2015, doi: 10.1155/2015/390360, International Journal of Distributed Sensor Networks, 02, p. 16)

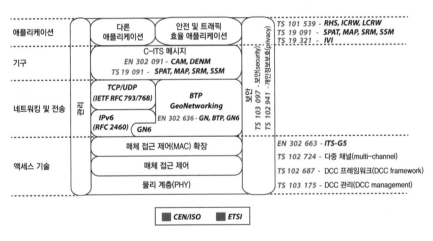

그림 6.12 ITS-G5 프로토콜 스택(Andreas Festag의 'Cooperative intelligent transport systems standards in Europe'에서 인용함. 2014, doi: 10.1109/MCOM.2014.6979970, IEEE Communications Magazine, 52, p. 166-172)

모든 V2X 표준에는 안전 중요 애플리케이션과 비안전 중요 애플리케이션을 위한 서로 다른 프로토콜 스택이 있다. 비안전 중요 애플리케이션은 일반적으로 전송 계층 및 네트워크 계층 프로토콜에 각각 TCP/UDP와 IPv6를 사용한다. 안전 중요 애플리케이션은 전송 및 네트워크 계층의 프로토콜이 표준마다 다르다. DSRC는 IEEE 1609.3 WSMP^{WAVE} Short Message Protocol[20]를 사용하는 반면, ITS-G5는 BTP^{Basic Transport} Protocol[14]와 GeoNetworking 프로토콜[13]을 사용한다. 유럽 표준을 기반으로 V2I 참가자 간의 안전 중요 메시지는 CAM^{Cooperative Awareness Message}과 DENM^{Decentralized Environment Notification Message}으로 교환되며, CAM은 10Hz와 1Hz 사이에서 주기적으로 전송되고 V2X 네트워크의 다른 참가자에게 상태 정보(예: 방향, 속도, 차선 위치 등)를 주기적으로 제공한다. DENM은 이벤트 기반 메시지로서 트래픽 걸림 감지 등 트리거 조건이 충족될 때마다 트리거되며, 종료 조건(예: 트래픽 걸림 종료)에 도달할 때까지 반복적으로 전송된다. DSRC 기반 V2X 네트워크는 SAE J2735 표준에 정의된 안전 메시지 세트를 사용한다. 예를 들어, 신호 교차로의 상태 통신을 위한 SPaT^{Signal Phase and Timing} 메시지와 도로 표지 유형 및 권장 속도 같은 관련 정보를 교환하기 위한 TIM^{Traveler Information Message} 등이 있다[38].

6.3.3 V2I 적용 사례

V2I에는 차량과 RSU^{Road Side Unit} 간의 통신이 포함된다. V2I 통신에 사용되는 예시는 다음과 같다.

6.3.3.1 도로 공사 경고

도로 공사는 의심할 여지없이 SDV에게 가장 어려운 운전 시나리오 중 하나다. 이는 새로운 주행 환경에 대한 정확한 동적 해석이 적시에 필요하기 때문이다. 좀 더 구체화해보면, 차량 메모리에 저장된 정보만을 의존하기에는 차선 폐쇄, 주행 차선 형상 및 차선 방향의 변화, 불분명한 차선 경계 표시(과거 차선 표시와 현재 차선 표시가 종종 혼재돼 있음), 속도 제한의 변화, 새로운 교통 표지, 사람에게로의 근접 등과 같은 상황이 많이 발생한다. 따라서 전방의 도로 공사에 대한 SDV 경고는 반드시 유용하며, 내부 시스템을 새로운 도로 조건에 맞게 조정하거나 도로 공사를 완전히 피할 수 있는 대체 경로를 계산해 대비할 수 있다. 도로 공사 경고의 예는 그림 6.13에 나와 있다.

그림 6.13 V2I 도로 건설 경고의 예

6.3.3.2 도로 위험 및 사고 경고

도로 위험이란 도로 표면에서 운전을 위험에 빠뜨릴 수 있는 어떤 것을 말한다. 도로의 잔해, 동물, 얼음 등이 될 수 있다. 도로 위험 및 사고에 대한 조기 경고는 DENM 메시지를 이용해 잠재적 및 후속 사고를 방지하거나 진행 중인 교통 혼잡을 줄이기 위해 대체 경로를 검색하도록 차량에 경고할 수 있다. 그림 6.14에 설명된 것처럼, 이러한 경고는 차량의 센서가 모든 도로 위험(예: 얼음)을 완벽하게 감지할 수 없기 때문에 SDV에게 위험을 자각시켜줄 수 있는 좋은 수단이다.

그림 6.14 도로 위험 경고의 예

6.3.3.3 신호등 단계 이벤트

신호등 단계에 대한 정보와 현재 단계의 잔여 시간은 안전성과 효율성을 향상시키는 데 도움이 된다. 카메라와 같은 차량 센서를 이용한 신호등 단계 인식은 모든 교통 상황이나 기상 조건에서 항상 안정적으로 작동하지 않을 수도 있는데, 신호등 단계 정보를 활용하면 차량의 인식 정확성을 보완할 수 있다. SAE J2735 표준[38]에 정의된 SPaT 및 MAP 메시지를 활용해 각 차선에 대한 신호등의 현재 단계, 현재 단계에 대한 잔여 시간, 교차로의 물리적/기하학적 구조를 V2I 네트워크를 통해 교환할 수 있다. 그림 6.15는 V2I 신호등 단계 이벤트의 예제 애플리케이션을 보여준다.

그림 6.15 신호등 단계 이벤트의 예(Continental AG의 허가를 받아 인용함. ©2017 Continental AG)

6.3.4 V2V 적용 사례

이번 장에서는 V2V 적용 사례를 다룰 것이다.

6.3.4.1 교차로 이동 보조 경고

미국 도로 교통안전국(NHTSA^{National Highway Traffic Safety Adminstration})의 분석에 따르면, 2008년 미국에서 발생한 교통사고의 약 40%가 교차로와 관련이 있었다[8]. 또한 해당 간행물은 교차로 관련 사고의 주요 원인으로 '가려진 시야'를 꼽았다. 시야와 물리적 센서의 한계로 인해 차량에 탑재된 센서만 사용하는 SDV가 이러한 통계를 개선할 수 있을지는 불분명하다. 교차로 이동 보조 경고는 그림 6.16과 같이 교차로 주변의 다른 교통 참여자들에게 상세한 이동 정보를 제공함으로써 차량의 인식 능력을 시야 이상으로 확장시키고 이는 사고를 예방하는 데 큰 도움이 된다.

그림 6.16 교차로에서 보행자 경고의 예(Continental AG의 허가를 받아 인용함. ©2017 Continental AG)

6.3.4.2 잘못된 방향 주행 경고

잘못된 방향 주행은 차선의 진행 방향과 반대로 주행하는 상황(예: 다른 차량을 향한 직진 주행)을 말한다. 고속으로 이동하는 고속도로에서는 정지 거리가 증가하기 때문에 잘못된 방향 주행은 특히 위험하다. 또한 고속도로에서는 이러한 주행을 회피할 수 있는 조치를 취할 수 있는 범위가 줄어들 수 있다. 그림 6.17에서와 같이 잘못된 방향으로 주행하는 운전자의 존재를 적시에 경고하는 것은 다른 차량에 대응할 기회를 만들어줄 수 있으므로 사고를 예방하는 데 도움이 된다.

그림 6.17 잘못된 방향 주행 경고의 예

6.3.4.3 추월 금지 경고

영국 왕립재해예방협회(RoSPA^{Royal Society for the Prevention of Accidents})가 발간한 팩트시트^{factsheet}에 따르면, 추월은 가장 위험한 운전 상황 중 하나로 간주되며, 도로 중앙 쪽에서 움직이는 차량을 추월하는 것이 2015년 전체 추월 관련 사고의 절반 이상을 차지했다[35]. 추월은 인간의 두뇌에서 매우 복잡한 추정과 의사 결정 과정뿐만 아니라 동작을 준비, 실행, 종료하는 동안 적절히 조정된 행동을 수반한다. 운전자가 추월 차선에서 사각지대나 느린 차량과 같은 안전하지 않은 상태를 인지하지 못한 경우, 추월 금지 경고(그림 6.18 참조)는 생명을 구하는 정보가 될 수 있다. SDV의 경우 이러한 경고는 차량 자체 센서의 범위를 효과적으로 확장하기 때문에 매우 유용하다.

그림 6.18 추월 금지 경고의 예

6.3.5 V2P 적용 사례

이번 장에서는 V2P 적용 사례를 다룰 것이다.

6.3.5.1 VRU 경고

일반적으로, 운전자들은 보행자들이 차량을 보고 그 소리를 들을 수 있다고 가정해 차량의 존재를 자각할 수 있다고 가정하는 경향이 있다. 그러나 일부 보행자는 그러한 감각이 떨어지거나 일시적으로 주의가 산만해질 수 있는데, 이는 보행자들이 도로를 건널 때 차량을 인식하는 것을 더 어렵게 만들 수 있다. 교차로나 횡단보도에서는 특히 보행자가 특별한 자각 없이 건너도 안전하다고 생각할 수 있다. VRU^Vulnerable Road User 경고는 이동성이 저하되거나 감각이 떨어지는 보행자가 도로를 건너려고 한다는 것을 차량에 알리는 데 사용할 수 있다. SDV의 경우, 보행자를 감지하려고 라이다나 카메라와 같은 것에만 의존하는 것이 아니라 이러한 경고를 활용할 수 있다.

마찬가지로 VRU는 자전거 이용자의 존재를 차량에 알리는 데 사용될 수 있다. 자전거를 타는 사람들은 물리적 보호가 거의 없기 때문에 차 안에 있는 사람들보다 안전에 훨씬 더 취약하다. 또한 조명이 있음에도 불구하고 자전거를 타는 사람들은 밤에 발견하기가 매우 어렵다. 왜냐하면, 그들은 연석에 가까이 있는 경향이 있고 배경과 겹쳐서 구분하기가 어렵기 때문이다. VRU를 사용해 자전거 이용자의 존재에 대해 경고하는 것은 SDV에게 유용할 것이다.

6.3.6 남아있는 문제

해결해야 할 V2X의 주요 문제 중 하나는 네트워크 커버리지다. 일반적으로 V2X 네트워크는 국가나 지방자치 단체의 과감한 투자를 통해 기존 도로에서 RSU, 지능형 센서, 통신 백본 등을 갖춘 새로운 인프라로 업그레이드하기 때문에 해당하는 특정 지역에서만 사용할 수 있다. 또한 현재 시점에서 전 세계 대부분의 차량은 V2X를 지원하지 않는다. 이는 필수 사항이 아니기 때문이다. 2016년 말, 미국 NHTSA는 모든 신형 경차가 DSRC 기반 V2V 통신을 지원하도록 요구하는 명령을 제안했다[32]. 그러나 현재로서는 해당 제안이 불확실해 보인다[28].

해결해야 할 또 다른 큰 과제는 상호 운용성 문제다. 역사적으로 V2X 통신 표준은 전 세계의 다른 표준화 기구, 특히 미국과 유럽에서 동시에 개발됐다. 이러한 병렬적인 표준 개발은 서로 완전히 호환되지 않는 일련의 다른 표준으로 이어졌다(지금도 미국은 지역별로 다른 셀룰러 주파수를 사용한다). 이는 디지털 휴대폰의 초기 시대에 경험했던 상황과 비슷하다고 할 수 있다. 2009년 11월, 유럽 위원회와 USDOT의 대표들은 미국과 유럽 ITS 표준 간의 협력 과정이 시작됐음을 알리는 '협동적 시스템에서의 연구 협력에 대한 공동 의향 선언'에 서명했다[43]. 그러나 현재 V2X 조각화의 주된 이유인 C-V2X 표준의 존재로 인해 수렴된 표준이 전체 V2X 생태계를 수렴하기에 충분하지 않을 수 있다.

6.4 백엔드 시스템

아무리 정교한 하드웨어와 지능형 소프트웨어가 설치되더라도 SDV가 외부에서 인식하는 것에는 여전히 한계가 있다. 이 제한은 센서의 최대 작동 범위, 센서 폐쇄, 악천후 등으로 인해 발생할 수 있다. 따라서 SDV가 스스로 인식할 수 있는 것 이상의 외부 정보를 얻는 것이 때로는 필수적일 수 있으므로 미리 계획하고 좀 더 시기적절하게 더 나은 결정을 내려야 한다. 따라서 SDV는 일반적으로 운영자 또는 제조업체가 제공하는 일부 백엔드 서비스와 연계해 작동하게 된다.

6.4.1 왜 백엔드 시스템이 중요한가?

위에서 언급한 바와 같이, 백엔드 시스템이 필요한 가장 중요한 이유 중 하나는 SDV 인식 기능이 다소 제한적이며 시스템이 현재 또는 가까운 미래의 운전 상황에 관련될 수 있는 단순히 보이는 '시각' 이상의 추가 정보를 제공하는 데 도움이 될 수 있기 때문이다. 차량 대 차량(V2V) 통신 또는 차량 대 인프라(V2I) 통신도 이 문제를 해결할 수 있지만, SDV가 다른 V2V 지원 차량이나 V2I 지원 인프라에 근접한 경우에만 이러한 통신을 사용할 수 있는 한계가 있다.

또 다른 중요한 이유는 실시간 교통 정보나 실시간 지도 업데이트가 필요하다는 점이다. 차량에 저장된 일부 내부 정보가 더 이상 정확하지 않아서 실시간으로 업데이트해야 할 수 있다. 차선 임시 폐쇄나 사고 또는 공사로 인한 역방향 통행 등이 그 예다. 백엔드 서버는 다양한 소스에서 정보를 수집해 각 SDV에 이러한 관련 정보를 전달할 수 있다.

사용 가능한 컴퓨팅 리소스에 따라 일부 사용량이 많거나 리소스가 많이 사용되는 작업을 백엔드 시스템으로 오프로드해야 하고 계산 결과를 SDV로 다시 전송해야 하는 경우가 발생할 수 있다. 이러한 접근 방식은 스마트폰에서 흔히 볼 수 있다. 일반적으로 이러한 작업에는 많은 데이터를 처리해야 하는 비안전 계산 작업, SDV에서 로컬로 사용할 수 없는 데이터를 사용하는 작업, 백엔드 서버에서 좀 더 효율적으로 수행할 수 있는 작업 등이 있다.

백엔드 시스템은 차량 관리 작업에도 필수적이다. 자율주행 공공 셔틀을 예로 들어보면, 백엔드 시스템은 자동으로 노선의 일정을 변경하거나 실시간 상황에 따라 특정 셔틀을 충전소로 보낼 수 있다. 또한 예비 셔틀은 현재 대기 인원이 많을 때 자동으로 투입할 수 있다. 또한 SDV 운영자나 제조업체는 원격 진단 수행, 차량 상태 실시간 모니터링, 백엔드 시스템을 통한 OTA^Over-The-Air 소프트웨어 업데이트 등을 실행할 수 있다.

6.4.2 백엔드 시스템 기능

앞서 언급한 백엔드 시스템 기능 중 일부를 자세히 알아보자.

6.4.2.1 SOTA 업데이트

차량 소프트웨어를 업데이트하는 전통적이고 일반적인 방법은 수리점을 방문하는 동안 차량에 부착된 특수한 도구를 통해 이뤄진다. SOTA^Software Over The Air는 공용 셀룰러 LTE 네트워크 또는 개인/공용 Wi-Fi 핫스팟과 같은 일반적인 모바일 네트워크를 사용해 원격으로 차량 소프트웨어 업데이트를 수행할 수 있는 방법이다. SOTA는 소비자 가전 소프트웨어 업데이트를 수행하기 위한 확립된 방식이며, 자동차 제조업체는 SOTA 아이디어를 수용하고 SOTA를 대체 소프트웨어 업데이트 메커니즘으로 지원하고자 적극적으로 노력하고 있다.

6.4.2.2 고화질 지도

3장에서 봤듯이 SDV는 지도를 사용해 위치를 파악한다. 정확한 위치 파악을 위해 SDV는 HD(고화질high-definition) 지도와 같은 매우 높은 정밀도(종종 센티미터 수준의 정확도) 수준의 정확도의 운영 환경 지도가 필요하다. 그러나 그림 6.19에 나온 것처럼 HD 지도는 엄청난 양의 데이터를 저장해야 한다. SDV 컴퓨팅 플랫폼의 사용 가능한 하드웨어 리소스와 SDV 운영 영역의 크기에 따라 모든 지도 데이터를 차량에 저장하지 못할 수 있다. 따라서 SDV는 필요에 따라 백엔드 서버에서 새로운 지도 데이터나 누락된 지도 데이터를 요청할 수 있다. 백엔드 서버는 또한 내부 지도를 업데이트하거나 도로 공사로 인한 차선 폐쇄, 교통사고 등 경로 관련 이벤트에 대한 알림을 보낼 수 있다.

그림 6.19 고화질 지도의 예(Kichun Jo, Chansoo Kim, Myoungho Sunwoo의 'Simultaneous Localization and Map Change Update for the High Definition Map-Based Autonomous Driving Car'에서 인용함. 2018, Sensors 2018, 18(9):3145. ©2018 Kichun Jo, Chansoo Kim, Myoungho Sunwoo. CC BY 4.0)

6.4.2.3 차량 관리

자율주행 공공 셔틀이나 라스트 마일 배송 시스템last mile delivery system과 같은 일부 SDV 적용 사례에서는 여러 SDV가 함께 작동해 서비스를 제공한다. 차량 관리fleet management 서비스는 모든 SDV의 원활하고 안전하며 효율적인 작동을 보장한다. 일반적인 차량 관리 서비스에는 그림 6.20과 같이 각 SDV의 위치 추적, 서비스 전송, 동적 경로 계산, 시스템 상태 모니터링, 원격 진단이 포함된다. 차량 관리 서비스는 관제실에서 작업자가 수동으로 수행하거나 백엔드 서버에서 차량 관리 소프트웨어를 사용해 자동화할 수 있으며, 두 가지 모두를 조합해 수행할 수도 있다.

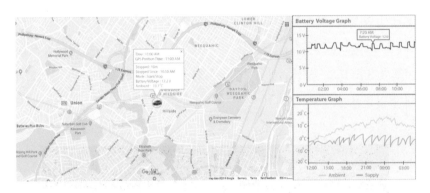

그림 6.20 차량 관리 소프트웨어의 예

6.4.3 남아있는 문제

백엔드 시스템의 목적은 SDV가 원활하고 안전하면서 안정적으로 구동되도록 보장하는 것이지만, 전체 SDV 시스템에 백엔드 시스템을 추가하기 전에 신중하게 해결해야 하는 몇 가지 문제가 있다. 첫 번째 문제는 외부 공격으로부터 시스템을 보호하고 데이터 프라이버시를 보장하는 사이버 보안이다. 전체시스템 보안은 제조업체 또는 운영자가 외부 통신을 얼마나 잘 보호하느냐에 따라 효과적으로 결정된다. 또 다른 문제는 사용되는 통신 네트워크의 QoS(서비스 품질)이다(예: 지연 시간, 처리량, 손실). SDV와 백엔드 서버 간에 교환하는 데이터의 보안이 얼마나 중요한지에 따라 사설 전용 무선 네트워크를 사용하는 것이 공용 무선 네트워크를 사용하는 것보다 더 나을 수 있지만, 이는 설치 및 유지 관리 비용이 상당히 높아진다.

SDV와 백엔드 시스템 간 통신 프로토콜의 독점적 특성은 제조업체(또는 OEM)가 교환할 수 있는 데이터의 종류와 빈도를 완벽하게 제어할 수 있도록 한다. 개인정보 보호 관점에서 유리할 수 있지만(데이터가 다른 당사자와 공유되지 않기 때문에), 다른 도로 참여자들의 활용 가능한 잠재적 정보에 대한 접근을 제한한다는 한계점이 있다. 또 다른 문제는 개별 백엔드 서비스의 적용 범위다. 엄청난 양의 데이터로 인해 HD 지도는 특정 지역에서만 사용할 수 있다. 그렇기 때문에 SDV는 해당 지역에 대한 HD 지도가 오래됐거나 아직 사용할 수 없는 상태일 경우 새로운 지역에서 위치를 파악하는 데 어려움을 겪을 수 있다.

6.5 요약

이 장에서는 SDV를 설계할 때 고려해야 하는 몇 가지 외부 요인을 살펴봤다. 그중 가장 중요한 것은 안전과 보안에 관련된 문제다. 또한 SDV에 대한 외부 데이터(차량 관리 시스템과 V2X 네트워크의 데이터 포함)의 중요성도 살펴봤다.

앞에서 살펴본 바와 같이 기능 안전은 모든 차량 제조업체, 특히 SDV 제조업체에게 매우 중요한 부분이다. ISO 26262와 같은 기능 안전 표준의 목적은 하나 이상의 시스템 또는 구성 요소의 고장에 의해 야기될 수 있는 위험을 줄이는 것이다. 자동차 산업에서 이러한 위험은 ASIL(자동차 안전 무결성 레벨)에 따라 분류되며, ASIL D는 가장 심각한 유형의 위험을 의미한다. 기능 안전이란 설계 프로세스의 시작부터 해체까지 차량의 수명 전반에 걸쳐 발생하는 지속적인 프로세스를 말한다. 설계 단계에서 확인된 모든 위험은 위험 수준에 적합한 접근법(또는 접근법의 조합)을 사용해 완화돼야 한다.

또 다른 중요한 기술은 사이버 보안 또는 외부 공격으로부터 컴퓨팅 및 네트워크 시스템을 보호하는 것이다. 외부 네트워크에 영구적으로 연결되지 않은 차량도 해킹할 수 있는데, 예를 들어 CAN 버스를 여는 펌웨어 업데이트를 주입하면 가짜 메시지가 차량에 전달된다. 이러한 위험은 V2X와 같은 영구적 또는 정기적 외부 연결이 있을 때 훨씬 더 크다. 그에 따라 차량의 사이버 보안 표준에 대한 많은 작업이 이뤄졌고, 그 결과 ISO/SAE 21434가 발표됐다. HSM과 보안 네트워크 통신의 사용을 포함해 사이버 보안 공격의 위험을 완화할 수 있는 몇 가지 접근 방식을 살펴봤다. 다양한 수준의 EVITA HSM을 자세히 설명하고, HSM을 사용해 차량 센서와 다른 모듈 간의 통신을 보호하는 방법을 기술했다. 또한 안전한 차내 네트워크 통신을 제공하기 위한 AUTOSAR 권장 접근 방식인 AUTOSAR SecOC를 알아봤다. 또한 PKI 기반 시스템을 사용해 인증서와 신뢰를 기반으로 차량과 외부 세계 간의 통신에 적합한 수준의 보안을 제공하는 방법을 알아봤다.

다음으로, 다양한 형태의 V2X 네트워크도 자세히 알아봤다. 이러한 네트워크를 사용해 드라이버와 SDV 모두가 더 잘 알 수 있게 해주는 예를 다뤘고, 대규모 설치를 어렵게 하는 남아있는 문제들도 살펴봤다. V2X의 주요 형태 중 하나는 V2I(차량 대 인프라)이며, 이로써 도로 공사 경고, 도로 위험 및 사고 경고, 교통 신호등 단계 정보와 같은 유용한 기능들을 가능하게 할 수 있다. V2V(차량 대 차량) 경고는 다른 차량이 추월하지 않도록 경고하거나 잘못된 주행을 하는 차량의 존재를 경고하는 데 사용할 수 있다. V2P^{Vehicle-to-Person}는 주로 보행자와 자전거 이용자의 존재를 경고하는 차량에 초점을 맞추고 있다. 보행자와 자전거 운전자들은 가장 취약한 도로 사용자이므로 그들을 보호하는 것은 필수적이다.

이 장의 끝에서는 백엔드 시스템을 어떻게 사용해 SDV를 지원할 수 있는지를 논의했다. 라이브 맵 업데이트는 SDV가 도로 레이아웃(임시적 또는 영구적)의 변경 사항을 인지할 수 있도록 하고, 매우 정확한 위치를 파악할 수 있도록 센티미터 수준 정확도의 동적 고화질 지도를 제공하는 데 모두 사용할 수 있다. 차량 관리 시스템은 대형 차량 관리 운영자들이 동적인 일정 수립, 차량 추적과 같은 작업을 수행할 수 있도록 해주며 차량의 기계적 상태를 모니터링하는 데 사용할 수 있다. 마지막으로, SOTA를 통해 제조업체와 운영자는 차량의 소프트웨어를 원격으로 업데이트할 수 있다. SDV의 경우, 특히 소프트웨어 개발 속도와 성능 향상을 고려할 때 최신 소프트웨어를 실행하는 것이 매우 중요하다.

다음 장에서는 SDV 개발 속도를 높일 수 있는 딥러닝과 같은 대안을 살펴보고, SDV에 대해 제안된 적용 사례 중 일부를 논의할 것이다.

참고 문헌

[1]   Khadige Abboud, Hassan Aboubakr Omar, and Weihua Zhuang. Interworking of DSRC and cellular network technologies for V2X communications: A survey. *IEEE transactions on vehicular technology*, 65(12):9457−9470, 2016.

[2]   Carlisle Adams and Steve Lloyd. *Understanding PKI: concepts, standards, and deployment considerations*. Addison−Wesley Professional, 2003.

[3]   AUTOSAR. Requirements on secure onboard communication. https://www.autosar.org/fileadmin/user_upload/standards/classic/4−3/AUTOSAR_SWS_SecureOnboardCommunication.pdf. [accessed 20−May−2018].

[4]   AUTOSAR. Specification of crypto service manager. https://www.autosar

.org/fileadmin/user_upload/standards/classic/4−3/AUTOSAR_SWS_ CryptoServiceManager.pdf. [accessed 20−May−2018].

[5]   AUTOSAR. Specification of secure onboard communication. https://www. autosar.org/fileadmin/user_upload/standards/classic/4−3/AUTOSAR _SWS_SecureOnboardCommunication.pdf. [accessed 20−May−2018].

[6]   BMJV. Gesetz über die haftung für fehlerhafte produkte (produkthaftun gsgesetz − prodhaftg). https://www.gesetze−im−internet.de/prodhaftg/ ProdHaftG. pdf. [accessed 20−May−2018].

[7]   Johannes A Buchmann, Evangelos Karatsiolis, and Alexander Wiesmaier. *Introduction to public key infrastructures*. Springer Science & Business Media, 2013.

[8]   Eun−Ha Choi. Crash factors in intersection−related crashes: An onscene perspective. Technical report, 2010.

[9]   Morris J Dworkin. Recommendation for block cipher modes of operation: The CMAC mode for authentication. Technical report, 2016.

[10]   ETSI. Automotive intelligent transport systems. https://www.etsi.org/ technologies−clusters/technologies/automotive−intelligent−transport. [accessed 20−May−2018].

[11]   ETSI. Etsi − ts 102 941. Intelligent transport systems (ITS); security; trust and privacy management. https://www.etsi.org/deliver/etsi_ts/1029 00_102999/102941/01.02.01_60/ts_102941 v010201p.pdf. [accessed 20− May−2018].

[12]   ETSI. Etsi − ts 122 185. Requirements for V2X services. https://www. etsi.org/deliver/etsi_ts/122100_122199/122185/14.03.00_60/ts_122185v 140300p.pdf. [accessed 20−May−2018].

[13]   ETSI. Ts 102 636−4−1 vl.2. Intelligent transport systems (ITS); vehicular communications; geonetworking; part 4: Geographical addressing and forwarding for point−to−point and point−to−multipoint communications; sub−part 1: Media−independent functionality.

[14]   ETSI. Ts 102 636−5−1 vl.2. Intelligent transport systems (ITS); vehicular communications; geonetworking; part 5: Transport protocols; sub−part 1: Basic transport protocol.

[15]   Andy Greenberg. Hackers remotely kill a jeep on the highway − with me in it. *Wired*, 7:21, 2015.

[16]   Trusted Computing Group. Tcg tpm 2.0 automotive thin profile for tpm family 2.0; level 0. https://trustedcomputinggroup.org/resource/tcg−tpm −2−0− library−profile−for−automotive−thin/. [accessed 20−May−2018].

[17]   Tim Güneysu and Christof Paar. Ultra high performance ECC over NIST primes on commercial FPGAS. In *International Workshop on Cryptographic*

Hardware and Embedded Systems, pages 62−78. Springer, 2008.

[18]   Olaf Henniger, Alastair Ruddle, Hervé Seudié, Benjamin Weyl, Marko
       Wolf, and Thomas Wallinger. Securing vehicular on−board IT systems:
       The EVITA project. In *VDI/VW Automotive Security Conference*, 2009.

[19]   IEC. Functional safety and iec 61508. https://www.iec.ch/functionalsafety/.
       [accessed 20−May−2018].

[20]   IEEE. IEEE standard for wireless access in vehicular environments (wave)−
       networking services. *IEEE 1609 Working Group and others*, pages 1609−3,
       2016.

[21]   ISO. ISO − international organization for standardization. Information
       technology − security techniques − evaluation criteria for it security − part
       2: Security functional requirements. https://www.iso.org/standard/40613.
       html. [accessed 20−May−2018].

[22]   ISO. Iso/sae cd 21434. road vehicles − cybersecurity engineering. https://
       www.iso.org/standard/70918.html. [accessed 20−May−2018].

[23]   ISO. Road vehicles − functional safety − part 9: Automotive safety
       integrity level (ASIL)−oriented and safety−oriented analyses. https://
       www.iso.org/standard/51365. html. [accessed 20−May−2018].

[24]   ISO. 26262: Road vehicles−functional safety. *International Standard ISO/
       FDIS*, 26262, 2011.

[25]   Matthias Klauda, Stefan Kriso, Reinhold Hamann, and Michael Schaffert.
       Automotive safety und security aus sicht eines zulieferers, page 13, 2012.

[26]   Loren Kohnfelder and Praerit Garg. The threats to our products. *Microsoft
       Interface, Microsoft Corporation*, 1999.

[27]   Tim Leinmüller, Levente Buttyan, Jean−Pierre Hubaux, Frank Kargl,
       Rainer Kroh, Panagiotis Papadimitratos, Maxim Raya, and Elmar Schoch.
       Sevecom−secure vehicle communication. In *IST Mobile and Wireless
       Communication Summit*, number LCA−POSTER−2008−005, 2006.

[28]   Joan Lowy. Apnewsbreak: Gov't won't pursue talking car mandate. https://
       apnews.com/9a605019eeba4ad2934741091105de42. [accessed 20−May−
       2018].

[29]   Georg Macher, Harald Sporer, Reinhard Berlach, Eric Armengaud,
       and Christian Kreiner. Sahara: a security−aware hazard and risk analysis
       method. In *Proceedings of the 2015 Design, Automation & Test in Europe
       Conference & Exhibition*, pages 621−624. EDA Consortium, 2015.

[30]   Andy Meek. Linux creator explains why a truly secure computing platform
       will never exist. https://bgr.com/2015/09/25/1inus−torvalds−quotes−
       interview−linux−security/. [accessed 20−May−2018].

[31]   Charlie Miller and Chris Valasek. Remote exploitation of an unaltered

passenger vehicle. *Black Hat USA*, 2015:91, 2015.

[32]   NHTSA. Federal motor vehicle safety standards; V2V communications. *Federal Register*, 82(8):3854–4019, 2017.

[33]   Jonathan Petit, Bas Stottelaar, Michael Feiri, and Frank Kargl. Remote attacks on automated vehicles sensors: Experiments on camera and lidar. *Black Hat Europe*, 11:2015, 2015.

[34]   Norbert Pramstaller, Christian Rechberger, and Vincent Rijmen. A compact FPGA implementation of the hash function whirlpool. In *Proceedings of the 2006 ACM/SIG DA 14th international symposium on Field programmable gate arrays*, pages 159–166. ACM, 2006.

[35]   ROSPA. Road safety factsheet – overtaking. http://www.rospa.com/rospaweb/docs/advice–services/road–safety/drivers/overtaking.pdf. [accessed 20–May–2018].

[36]   Deborah Russell, Debby Russell, GT Gangemi, Sr Gangemi, and GT Gangemi Sr. *Computer security basics*. O'Reilly Media, Inc., 1991.

[37]   SAE. Cybersecurity guidebook for cyber–physical vehicle systems. http://standards.sae.org/j3061_201601. [accessed 20–May–2018].

[38]   SAE. J2735: Dedicated short range communications (dsrc) message set dictionary. https://www.etsi.org/deliver/etsi_en/302600_302699/302636040 1/01.02.00_20/en_3026360401v010200a.pdf. [accessed 20–May–2018].

[39]   Christian Schleiffer, Marko Wolf, André Weimerskirch, and Lars Wollesch ensky. Secure key management–a key feature for modern vehicle electronics. Technical report, SAE Technical Paper, 2013.

[40]   Desmond Schmidt, Kenneth Radke, Seyit Camtepe, Ernest Foo, and Michal Ren. A survey and analysis of the GNSS spoofing threat and countermeasures. *ACM Computing Surveys (CSUR)*, 48(4):64, 2016.

[41]   Martin Schmidt, Marcus Rau, Ekkehard Helmig, and Bernhard Bauer. Functional safety–dealing with independency, legal framework conditions and liability issues. *Official Journal of the European Union dated*, 50(200/1), 2009.

[42]   Bernd Spanfelner, Detlev Richter, Susanne Ebel, Ulf Wilhelm, Wolfgang Branz, and Carsten Patz. Challenges in applying the ISO 26262 for driver assistance systems. *Tagung Fahrerassistenz, München*, 15(16):2012, 2012.

[43]   US–DOT. Program TITSS. development activities. ITS standards program I development activities I international harmonization. https://www.standards.its.dot.gov/DevelopmentActivities/IntlHarmonization. [accessed 20–May–2018].

[44]   William Whyte, André Weimerskirch, Virendra Kumar, and Thorsten Hehn. A security credential management system for V2V communications.

In *VNC*, pages 1–8, 2013.

[45] Ulf Wilhelm, Susanne Ebel, and Alexander Weitzel. Funktionale sicherheit und iso 26262. In *Handbuch Fahrerassistenzsysteme*, pages 85–103. Springer, 2015.

[46] Marko Wolf and Timo Gendrullis. Design, implementation, and evaluation of a vehicular hardware security module. In *International Conference on Information Security and Cryptology*, pages 302–318. Springer, 2011.

[47] Stephen S. Wu. *Product Liability Issues in the U.S. and Associated Risk Management*, pages 575–592. Springer Berlin Heidelberg, Berlin, Heidelberg, 2015.

[48] Chen Yan, WenyuanXu, andJianhao Liu. Can you trust autonomous vehicles: Contactless attacks against sensors of self-driving vehicle. *DEF CON*, 24, 2016.

7

응용과 전망

지금까지 모든 SDV의 구성 요소를 살펴봤고, 그것들이 어떻게 결합돼 동작할 수 있는지 알아봤으며, 관련된 다른 기술들도 논의했다. 우주 개발과 같은 엄청난 기술적 노력 덕분에 인간은 우주에 가볼 수 있게 됐으며, 이는 우리에게 GNSS, 위성 통신과 더불어 정확한 일기예보와 같은 기술적 혜택을 가져다줬다. 또한 이러한 기술들뿐만 아니라, 우리는 일상생활에서 흔히 사용하는 메모리 폼, 태양 전지들과 같은 실용적인 제품들에서도 혜택을 입었는데, 이는 나사NASA의 연구로부터 발명됐기 때문이다[2]. 마찬가지로 SDV 기술의 연구와 개발은 결국 우리에게 완전 자율주행차량과 함께 관련된 기술들의 발전을 가져다줄 것이고, 그 과정에서 많은 창의적이고 혁신적인 것들이 탄생할 것이다.

우리는 SDV와 같은 기술들이 언급되는 아주 흥미로운 시대에 살고 있다. 이러한 기술은 개인들이 이동하는 데 엄청난 혁신을 가져올 것이다. 최근에 SDV 기술이 빠른 속도로 발전하고 있기는 하지만, 아직도 해결해야 할 문제가 많이 남아있다. 전통적인 자동차 산업 외부의 많은 기업이 SDV 개발을 위해 글로벌 경쟁에 뛰어듦에 따라, 다양한 기술 개발 환경이 등장하게 됐으며 그 환경들 안에서 발생하는 특수한 문제들을 해결하고자 노력하고 있다. 이러한 모든 기업의 다양한 경험은 SDV를 실현하기 위한 다양한 개발 철학 및 전략으로 이어진다.

이어서는 SDV 기술이 적용되고 있는 몇 가지 최신 사례를 소개하고, 개발 전략에 관련된 동향과 딥러닝 같은 인공지능(AI)의 도입에 관련된 동향을 소개할 것이다.

7.1 SDV 기술 응용

이번 절에서는 교통 수단과 비교통 수단을 포함한 SDV 기술의 예상 응용 분야를 다룬다.

7.1.1 교통 수단 적용 사례

명백하게도 교통 수단은 SDV 기술이 많은 영향을 미치는 분야다. 최근 미디어의 관심과 이 분야에 대한 연구 개발 투자가 급격히 증가하고 있다. 또한 IT 회사와 같은, 전통적인 자동차 회사가 아닌 기업들이 SDV 생태계에 참여해 기존의 자동차 산업 기업들과 함께 경쟁하며 기술을 이끌고 있는 상황이다. 이러한 기업들이 무엇을 하고 있는지 살펴봄으로써, 우리는 SDV 기술로 무엇이 가능한지 생각해볼 수 있다.

7.1.1.1 자가용

자가용private passenger car에 대해 최근 발표되는 대부분의 연구나 간행물은 자율주행차량의 특징을 포함하고 있다. 개인 및 공공의 자율주행차량은 자동차에 대한 새로운 패러다임을 제시하는 놀라운 기술이다.

대부분의 자동차 회사가 ADASAdvanced Driver Assistance System 로드맵의 일환으로 완전한 자율성을 추구해왔음에도 불구하고, 자율주행차량을 만들기 위한 경쟁은 전통적인 자동차 산업 밖에 있던 새로운 업체들과의 경쟁이 치열해지면서 촉발됐다. 새로운 경쟁 업체로는 웨이모Waymo와 바이두Baidu 같은 IT 대기업과 리프트Lyft, 우버Uber 같은 다른 기술 회사들이 있다. 이러한 회사들의 핵심 역량은 AI와 빠른 속도의 상용 제품 개발 같은 소프트웨어와 기타 핵심 영역에서 상대적으로 제한된 경험과 능력을 가진 전통적인 자동차 산업의 기업들보다 경쟁력이 있다. 그림 7.1은 웨이모의 자율주행차량을 보여준다.

그림 7.1 자율주행차량(©Dllu, https://commons.wikimedia.org/wiki/File:Waymo_Chrysler_Pacifica_in_Los_Altos,_2017.jpg, https://creativecommons.org/licenses/by-sa/4.0/legalcode)

7.1.1.2 공공 셔틀

공공 셔틀public shuttle의 자율주행화는 가까운 미래의 최고 수준 자동화(레벨 4 또는 레벨 5)에 상응하는 SDV 적용 사례다. 이러한 자율주행 공공 셔틀은 일반적으로 제한되고 통제된 공간 내의 전용 또는 공용 도로에서 작동한다. 이러한 도로는 기차역과 공항 터미널 간의 이동, 큰 캠퍼스 간의 이동, 큰 테마파크 간의 이동 등과 같이 정의됐다. 공용 도로에서 사용하는 자가용에 비해 복잡성이 현저히 감소하기 때문에 더 높은 수준의 자동화가 가능하다. 운영 영역의 범위가 제한적이므로 전체 환경을 매우 정확하게 매핑해 정확한 로컬라이제이션이 가능하기 때문이다. 또한 자율주행 공공 셔틀은 일반적으로 사전 정의된 경로를 따라 천천히 이동하며, 돌발 상황이 발생할 경우 정지하고 상황이 해결될 때까지 기다릴 수 있다. 그림 7.2는 이러한 자율주행 공공 셔틀의 예시다.

그림 7.2 운전자 없는 셔틀(©Richard Huber, https://commons.wikimedia.org/wiki/File:Autonomes_Fahren_in_Bad_Birnbach.j pg, https://creativecommons.org/licenses/by-sa/4.0/legalcode)

자율주행 공공 셔틀 시스템은 일반적으로 차량 관제, 서비스 디스패칭, 상태 모니터링 등을 위해 운영자 측의 백엔드 시스템에 의해 지원된다. 백엔드 시스템은 운영자에 의해 수동 또는 반수동으로 제어되거나 완전히 자동화될 수 있다. 백엔드 시스템은 또한 차량 내부에 승객 정보 표시, 정차 요청 시 응답, 발권 시스템 제어 등과 같은 보조 기능들을 추가할 수 있다.

7.1.1.3 라스트 마일 배송

상품을 원산지로부터 고객에게 전달하면 길고 복잡한 물류 체인이 형성된다. 라스트 마일 배송last mile delivery은 이 체인의 마지막 부분에 해당하는 것이며, 최종 목적지의 지역 유통 센터에서 개별 고객에게 상품을 이동하는 것이다. 2016년 맥킨지McKinsey 보고서에 따르면, 라스트 마일 배송은 상품의 배송 단계에서 발생하는 비용의 50% 이상을 차지한다[16]. 라스트 마일 배송은 물류/유통망에서 효율적으로 해결해야 하는데, 이는 도시 지역의 교통 혼잡과 주차 부족, 오지로의 긴 배송 시간, 수신자의 부재로 인한 반복 배송 등이 존재하기 때문이다. 따라서 많은 물류 회사가 라스트 마일 배송의 효율성을 높이고 비용을 절감할 수 있는 SDV 기술을 채택하고 있다.

무인 택배 차량과 배송 드론은 라스트 마일 배송 문제를 완화하기 위한 SDV 기술 응용의 두 가지 중요한 예시다. 그림 7.3과 같이 무인 배송 로봇은 물류 센터에서 물품을 적재하고 고객의 주소를 찾아갈 수 있도록 자동으로 탐색할 수 있다. 비록 3차원 공간에서 자율주행 탐색은 2D 지상 공간에서와는 또 다른 문제이지만, 인지와 탐색 같은 분야의 공통된 기술들을 사용한다.

그림 7.3 배송 로봇(©User: Ohpuu / Wikimedia Commons / CC-Zero)

7.1.1.4 도로 화물 운송

라스트 마일 배송 외에도 SDV 기술은 운송 부문의 다른 부분, 즉 장거리 화물 운송을 위한 도로 화물 영역에서 안전성과 효율성을 개선할 수 있는 잠재력을 갖고 있다. 2018년에 발표된 EU 운송 통계에 따르면 대부분의 화물은 도로로 운송된다[6]. 그러나 유럽과 미국의 도로 화물 사업자에게 서는 트럭 운전사 부족 현상이 증가하고 있으며, 이로 인해 그림 7.4에서 볼 수 있듯이 도로 화물 부문의 유망한 솔루션인 자율주행 트럭이 등장했 다. 그렇지만, 유럽의 운전자 부족은 자율주행 트럭의 도입에도 불구하고 계속될 것이라고 한다[15].

그림 7.4 자율주행 트럭의 조종석 관점(Freight-Match의 허가를 받아 인용함. ©2018 Freight-Match)

두 대 이상의 트럭을 군집하는 방법인 군집 주행truck platooning은 도로 화물 운송을 위한 인기 있는 자율주행 응용이다. 전방 차량이 앞장서서 주행하면, 다른 차량은 자동으로 따라오며 서로 안전한 거리를 유지하게 된다. 군집 주행은 연비를 향상시키고 안전성을 증가시키는 것 외에 교통 혼잡을 개선할 수도 있다[8].

7.1.2 비교통 수단 적용 사례
이 절에서는 SDV 기술이 핵심 요소로 작용해 교통 수단 외부 영역에서 혁신을 일으키는 몇 가지 예제를 다룰 것이다.

7.1.2.1 무인 트랙터
농업 활동은 인간의 가장 오래된 직업 중 하나이며 전통적으로 노동 집약적인 분야다. 현대 사회에서 노동력의 구조적 변화가 일어남에 따라, 특히 선진국에서는 사람들이 더 높은 임금을 받는 다른 산업의 직업을 선호하는 경향이 있으므로 충분한 노동력을 갖추기 어렵다[24]. 그 결과, 농업 분야는 노동력 부족을 해결하고자 그림 7.5에 표시된 것처럼 무인 트랙터와 같은 첨단 도구와 자동화된 기계를 사용하는 현대식 농업으로 점차 변화했다. 이는 생산성을 높이는 결과로 이어졌다.

그림 7.5 분무 기능을 수행하는 두 대의 무인 트랙터(©ASlrobots, https://en.wikipedia.org/wiki/File:Autonomous_compact_tractors_in_a_Texas_vineyard,_Nov_2012.jpg, "Autonomous compact tractors in a Texas vineyard, Nov 2012", https://creativecommons.org/licenses/bysa/3.0/legalcode)

무인 트랙터에는 토양 수분 센서와 같은 농업 관련 센서뿐만 아니라 GNSS 수신기, 레이더, 카메라와 같은 다양한 센서도 장착돼 있다. 이러한 센서들의 도움으로 트랙터는 충돌 방지를 위한 물체 감지와 현장 탐색을 위한 위치 파악 같은 기본적인 SDV 기능을 수행할 수 있다.

7.1.2.2 비상 대응 로봇

2011년 3월 11일, 20세기 초 이래 가장 강력한 지진 중 하나가 일본의 태평양 연안을 강타해 엄청난 쓰나미를 일으켰다. 이로 인해 매우 많은 사상자와 심각한 재산 피해가 발생했는데, 엎친 데 덮친 격으로 이 지진으로 인해 후쿠시마 지역의 원자로가 붕괴되는 사태까지 발생했다. 이러한 원전 사고와 같은 재난 사건은 방사성 물질에 노출될 수 있으므로 인간과 환경에 치명적이다. 비상 대응 로봇emergency-response robot은 인간을 지원하고자 인간이 접근할 수 없거나 안전을 보장할 수 없는 재해 지역에 도달할 수 있도록 설계된 로봇이다. 이 로봇은 통신 인프라가 제한적이거나 존재하지 않는 알려지지 않은 열악한 환경을 탐색할 수 있어야 한다. 하지만 후쿠시마 원전 사고가 발생했을 당시, 높은 수준의 방사능으로 인해 당시 가장 발전된 로봇조차도 맡은 임무를 제대로 수행하지 못했다[19].

2011년 후쿠시마에서 발생한 재난은 이 분야의 개발을 촉진할 수 있는 로봇 커뮤니티에 많은 영감을 줬다. 'European Robotics League Emergency(이전 euRathlon)'는 후쿠시마 사고에서 얻은 교훈을 바탕으로 실제 모의 시나리오를 적용해보면서 지상, 수중, 공중 비상 대응 로봇을 개발하는 유럽의 대회다[25]. 또한 후쿠시마 재난에서 영감을 받은 미국의 국방 첨단 연구 프로젝트 에이전시(DARPA)는 차량 운전, 계단 오르기, 잔해 위를 걷기 등과 같은 동작이 가능해 긴급 상황에서 인간의 작업을 대신 수행할 수 있는 로봇을 설계하고자 DRCDARPA Robotics Challenge를 시작했다[7]. 그림 7.6은 DRC 2015에 참가한 로봇 중 하나다.

그림 7.6 비상 대응 로봇이 DRC 2015에서 밸브를 360도 회전시키는 모습(©Office of Naval Research from Arlington USA, https://commons.wikimedia.org/wiki/File:150605-N-PO203-329_ (18529371672).jpg, "150605-N-PO203-329 (18529371672)", https://creativecommons.org/ licenses/by/2.0/legalcode)

7.1.2.3 보안 로봇

SDV 기술의 또 다른 응용은 보안 로봇^{security robot}이다. 보안 로봇은 기상 조건에 관계없이 넓은 지역에 대한 일상적인 감시를 좀 더 효율적이고 안정적으로 수행해 인간 경비 활동을 보완하도록 설계됐다. 또한 보안 로봇을 배치해 위험하거나 접근하기 어려운 지역을 모니터링할 수 있으며, 보안 카메라 설치가 불가능한 지역에 대한 대체 보안 솔루션을 제공할 수 있다. 그림 7.7은 상업용 실내 보안 로봇의 예시다.

그림 7.7 보안 로봇(Robot Robots Company의 허가를 받아 인용함. ©2016 RRC Robotics)

　보안 로봇의 가장 중요한 기능 중 하나는 신뢰할 수 있는 이상 탐지다. 이상이 발생하는 경우 보안 로봇은 인간 경비원 또는 운영자에게 추가 조치를 취하도록 경고하는데, 이때 잦은 오탐false positive과 미탐false negative은 로봇의 유용성을 크게 떨어뜨린다.

7.2 SDV 개발 전략 동향

베이커Beiker[3]에 따르면 SDV 개발자가 채택하는 세 가지 주요 개발 전략은 진화 전략, 혁신 전략, 변형 전략이다. 그림 7.8은 SDV 기술 생태계 내의 주요 시장 참여자를 보여준다. 특정 SDV 시장 플레이어가 추구하는 개발 전략은 핵심 역량, 주요 동기, 주요 적용 사례와 같은 여러 요인에 따라 달라진다. 이 절에서는 SDV 기술이 어떻게 개발되고 있는지 더 잘 이해하고자 세 가지 접근 방식과 관련된 것들을 다룬다.

그림 7.8 SDV 기술 랜드스케이프(Phil Magney, VSI Labs의 허가를 받아 인용함. ©2019 VSI Labs)

7.2.1 진화 전략

진화 전략evolutionary strategy의 지지자는 일반적으로 기존 ADAS의 점진적 개선을 통해서만 완전 자율주행을 달성할 수 있다고 믿는 자동차 산업 (OEM 및 공급업체)의 주요 업체들이다.

해마다 자동차 산업의 기존 기업들은 소비자 전자 제품과의 완벽한 통합에서 전체 범위의 새로운 ADAS 기능에 이르기까지 새로운 혁신을 도입해 경쟁에서 앞서 나가고 새로운 고객을 유치하고자 노력한다. 새로운 ADAS 혁신은 점점 더 높은 수준의 자동화를 통해 기존 ADAS 기능을 기반으로 더욱 견고해질 것이고, 완전 자율주행은 이 진화 과정의 논리적 종착역이라고 할 수 있다.

자동차 산업의 핵심 사업은 자동차 판매이므로 SDV는 가능한 한 많은 시장과 지역에서 제품의 우수성을 인정받아야 한다. 또한 대량 생산과 넓은 시장 범위로 인해 SDV가 전 세계적으로 운영되는 데 필요한 커스터마이제이션^{customization}이 적을수록 더 많은 비용을 절약할 수 있다. 따라서 이 진화 전략에 따라 개발된 SDV는 다른 전략에 비해 상대적으로 낮은 수준의 자동화로 시작할 수 있지만, 더 넓고 다양한 지역에서 효과적으로 사용될 수 있도록 설계됐다.

7.2.2 혁신 전략

혁신 전략^{revolutionary strategy}의 지지자들은 진화 전략은 완전한 자율주행을 이루는 데 너무 오래 걸릴 수 있다고 주장한다. 이들은 자율주행이 완벽한 자동화 방식으로 완성되려면 기존의 자동차 산업이 자동차를 개발하는 방식과 달리 파괴적인 도약이 필요하다는 입장이다. 이 전략을 추구하는 회사는 일반적으로 전통적인 자동차 산업의 외부에서 뛰어든 웨이모와 같은 IT 기업인데, 이러한 회사들은 진화 전략은 별로 의미가 없으며 경쟁에서 몇 년 뒤처지게 될 것이라고 생각한다.

혁신 전략을 추구하는 회사들은 몇 가지 공통적인 특징을 갖고 있다. 첫째, 이들 회사는 짧은 개발 주기에 소프트웨어 기반 또는 데이터 기반 제품을 구축하는 데 있어 강력한 전문성을 갖추고 있다. 둘째, 그들은 일반적으로 인공지능(AI)에 대한 폭넓은 경험을 갖고 있다. 이 두 가지 분야의 전문 지식을 바탕으로 소프트웨어, 데이터, AI 기반의 SDV를 구축한다. 이 철학은 안전하고 효율적이며 편안한 차량을 만드는 것을 강조하는 자동차 산업의 일반적인 접근 방식과 근본적으로 다르다. 혁신 전략은 차량에서 스티어링 휠을 제거해 전체 차량 개념을 재정의하는 것과 같이 완전한 자율주행을 위해 진보적이고 공격적인 접근 방식을 취한다.

이러한 IT 기업의 비즈니스 모델이나 궁극적인 목표가 무엇인지는 아직 명확하지 않지만, SDV를 통해 기존 비즈니스를 확장하려는 것은 아닐 가능성이 높다. 더 가능성이 높은 시나리오는 SDV와 관련된 새로운 온라인 제품 및 서비스를 제공해 새로운 비즈니스를 창출하거나 자동차 산업을 위한 새로운 기술 공급업체가 되는 것이다. 혁신 전략은 이러한 그들의 비즈니스 모델들을 위해 시스템 복잡성과 개발/시험 비용을 줄이고자 SDV를 특정 지역 또는 지역 내로 한정해 설계한다. 따라서 특정 지역 내 SDV는 소량으로 생산될 가능성이 가장 높고, 이는 상대적으로 커스터마이제이션 비용을 줄일 수 있다.

7.2.3 변형 전략

변형 전략transformative strategy은 제한된 범위 내에서 완전 자율주행을 실현하는 것을 목표로 하는 전략이다. 작업을 작은 지리적 영역으로 제한하고 저속으로 이동하는 것과 같은 간단한 시나리오를 먼저 해결하면 비교적 짧은 시간에 높은 자동화 수준(레벨 4 이상)에서 SDV를 직접 개발할 수 있으며, 더 복잡한 시나리오에 대한 지원(예: 더 큰 운영 영역, 더 빠른 속도, 혼합 교통 등)은 SDV 기술이 발전함에 따라 점진적으로 도입한다.

변형 전략은 일반적으로 자율 공공 셔틀과 라스트 마일 배송 같은 특정 적용 사례에 SDV 솔루션을 제공하는 하이테크 신생 기업이 채택해 시작할 수 있다. 진화 전략 및 혁신 전략 방식을 추구하는 기업에서 개발한 SDV 제품은 일반인을 대상으로 하지만, 변형 전략의 SDV는 일반적으로 운영과 모니터링을 위해 숙련된 인력이 필요하다.

이러한 신생 기업은 각 지역 배치에 필요한 높은 수준의 커스터마이제이션을 통해 지역의 도로 교통 공단, 물류 회사, 놀이 공원 등과 같은 서비스 운영자를 위한 기술 공급업체로 자리매김할 가능성이 높다.

표 7.1은 세 가지 SDV 개발 전략 간의 몇 가지 주요 차이점을 요약한 것이다.

표 7.1 SDV 개발 전략의 간략한 비교(Sven Beiker의 'Deployment Scenarios for Vehicles with Higher-Order Automation'에서 인용함. 2016, Springer Berlin Heidelberg, Berlin, Heidelberg, p. 193-211)

Aspect	진화 전략	혁신 전략	변형 전략
키 플레이어	자동차 산업계	비자동차 산업계	최첨단 기술 스타트업
운영자	일반 사람	훈련받은 사람 또는 일반 사람	훈련받은 사람
지리적 범위	제한 없음	지방 도시 지역 등	특정 소규모 지역 등

어떤 전략이 궁극적으로 레벨 5 수준의 SDV를 먼저 실현할 수 있을까? 오직 시간만이 말해줄 것이다.

7.3 SDV를 위한 딥러닝 동향

딥러닝은 최근 몇 년간 가장 각광받고 있는 기술 중 하나다. 이 획기적인 기술은 얼굴 인식[22], 음성 합성[23], 뇌종양 이미지 분할과 같은 의료 영상 세분화[12]를 포함해 최신 응용 분야에서 상당한 발전을 이뤄냈다. 마찬가지로 SDV 개발 영역에서도 전 세계 연구진과 엔지니어들은 이 딥러닝 기술을 이용해 SDV 기능을 특히 인식 측면에서 한 단계 더 발전시키고 있다. 여기서 흥미로운 점은 특징을 학습하는 것인데, 컴퓨터 자체적으로 특징을 학습해 사람이 사전에 특징을 정의하지 않고도 객체 분류를 할 수 있다. 3장에서 이미 살펴본 것처럼 특징 공학의 품질이 객체 감지 성능을 결정한다. 그러나 특징 공학은 깊은 지식과 도메인 전문 지식이 필요한 수동적인 작업이다. 최근 몇 년간, 특히 이미지 인식 분야에서 딥러닝 애플리케이션의 인상적인 성공은 딥러닝을 이용해 기존 SDV 능력의 한계를 뛰어넘을 수 있을 것이라는 희망을 갖게 해준다. 딥러닝은 SDV의 핵심 지원 기술이 될 수 있는 잠재력을 갖고 있지만 몇 가지 문제가 있는데, 이 절에서 자세히 살펴보자.

인공지능의 일반적인 맥락에서 딥러닝은 방대한 수의 은닉층이 있는 인공 신경망(ANN)을 활용하는 머신러닝(ML) 방법으로, 심층 신경망이라고도 부른다. 인공지능은 일반적으로 인간의 행동과 사고 과정을 모방해 컴퓨터가 지능적으로 작업을 수행할 수 있도록 하는 컴퓨터 과학의 하위 분야다[5]. 이러한 AI 시스템을 개발하는 한 가지 방법은 컴퓨터가 명시적으로 프로그래밍되지 않고 학습을 통해 목표를 달성할 수 있도록 하는 ML 알고리즘을 사용하는 것이다. 이는 컴퓨터의 동작이 인간 전문가가 정의하고 코딩한 규칙을 기반으로 하는 시스템 엔지니어링에 대한 수동 또는 규칙 기반의 접근 방식과 완전히 대조된다. 인공지능, 머신러닝, 신경망, 딥러닝 간의 관계는 그림 7.9와 같다.

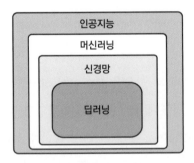

그림 7.9 딥러닝, 인공 신경망, 머신러닝, 인공지능 사이의 관계(Vivienne Sze, Yu-Hsin Chen, Tien-Ju Yang, Joel Emer의 'Efficient Processing of Deep Neural Networks: A Tutorial and Survey'에서 인용함. 2017. CoRR, abs/1703.09039. ©2017 Vivienne Sze, Yu-Hsin Chen, Tien-Ju Yang, Joel Emer)

딥러닝에서는 많은 은닉층과 다양한 매개변수가 존재하므로 많은 학습 리소스와 많은 양의 훈련 데이터가 필요하다. 심층 신경망은 여러 유형의 층으로 구성돼 있는데, 이들 중 컨볼루션 층은 입력 데이터에 대해 일련의 수학적 연산을 수행한다. 대부분의 경우 컨볼루션 층 다음에는 비선형성을 모델에 주입하는 활성화 함수와 학습 특징의 차원을 줄이기 위해 입력 데이터의 다운 샘플링을 수행하는 풀링 함수가 뒤따른다. 컨볼루션, 활성화 함수, 풀링 층은 결과값이 도출되는 마지막 층에 도달하기까지 일반적으로 여러 번 반복돼 수행된다.

심층 신경망을 모델링하고 훈련하는 것은 리소스 집약적인 작업이다. 2010년대 초에 딥러닝을 사용해 매우 인상적으로 고양이 이미지를 찾을 수 있는 '인공 뇌'를 만들려면, 100만 달러 이상의 가치가 있는 1,000개의 CPU가 필요했었다[14]. 하지만 오늘날 딥러닝을 위해 GPU를 기반으로 하는 클라우드 컴퓨팅과 하드웨어를 사용하면 개발을 더 빠르고 저렴하게 할 수 있다. 개발자는 일반적으로 모델을 처음부터 훈련하지 않고 사전 훈련된 일반 모델에서 시작해 특정 문제를 해결해 나가는데, 이 접근 방식을 전이학습transfer learning이라고 한다.

딥러닝 분야에서는 기존에 제안된 몇 가지 인기 있는 모델이 있다. 가장 인기 있는 모델 중 하나는 권위 있는 대회인 2012년의 ImageNet 챌린지에서 경쟁자들보다 훨씬 우수한 결과를 보여준 AlexNet이다[18]. ImageNet은 2만 개 이상의 카테고리에서 1,400만 개 이상의 이미지를 수작업으로 만든 대규모 데이터베이스로, 딥러닝 모델을 벤치마킹하기 위한 표준 데이터셋이 됐으며 딥러닝 붐을 일으킨 가장 중요한 혁신 중 하나라고 할 수 있다[9]. AlexNet은 다섯 개의 컨볼루션 층과 세 개의 완전히 연결된 층으로 구성되며, 각 컨볼루션 층 다음에 ReLuRectifier Linear Unit 활성화 함수가 적용된다. 또 다른 주목할 만한 모델은 ResNet으로, 네트워크를 아주 깊게 쌓았을 때 발생하는 일반적인 성능 저하 문제를 해결하고 우수한 결과를 얻은 모델이다[13]. AlexNet과 ResNet의 구조는 각각 그림 7.10과 7.11에 설명돼 있다.

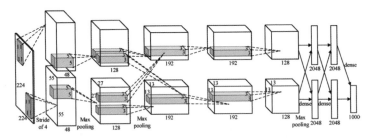

그림 7.10 AlexNet의 구조(Min Zhang, Linpeng Li, Hai Wang, Yan Liu, Hongbo Qin, Wei Zhao의 'Optimized Compression for Implementing Convolutional Neural Networks on FPGA'에서 인용함. 2019, Electronics 2019 8(3), p. 295. ©2019 Min Zhang, Linpeng Li, Hai Wang, Yan Liu, Hongbo Qin, and Wei Zhao, https://www.mdpi.com/electronics/electronics-08-00295/article_deploy/html/images/electronics-08-00295-g001.png, "Network architecture of AlexNet", https://creativecommons.org/licenses/by/4.0/legalcode)

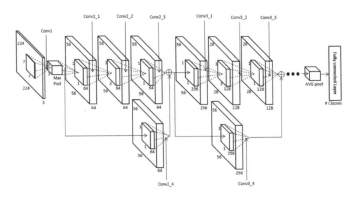

그림 7.11 ResNet의 구조(Ja Hyung Koo, Se Woon Cho, Na Rae Baek, Min Cheol Kim, Kang Ryoung Park의 'CNN-Based Multimodal Human Recognition in Surveillance Environments'에서 인용함. 2018, Sensors 2018, 18(9), p. 3040. ©Ja Hyung Koo, SeWoon Cho, Na Rae Baek, Min Cheol Kim, and Kang Ryoung Park, https://www.mdpi.com/sensors/sensors-18-03040/article_deploy/html/images/sensors-18-03040-g008.png, "The structure of ResNet-50", Correction, https://creativecommons.org/licenses/by/4.0/legalcode)

딥러닝에서 또 다른 인기 모델은 GAN^{Generative Adversarial Network}[11]이다. 그림 7.12에서 볼 수 있듯이 GAN은 서로 상반되는 목표를 가진 두 개의 네트워크(생성자^{generator}, 판별자^{discriminator})를 사용하며, 이는 평형에 도달할 때까지 서로 경쟁하면서 학습하도록 설계됐다. 생성자의 목표는 갖고 있는 데이터 분포에서 샘플링한 것과 같은 비슷한 데이터 샘플을 생성해 판별자를 속이는 것이고, 판별자는 이러한 입력이 가짜인지 실제인지, 즉 실제 데이터셋의 샘플인지 구별하는 것이 목표다. 생성자는 학습에 사용된 데이터의 양보다 훨씬 적은 매개변수를 갖고 있으므로 샘플을 올바르게 생성하려면 데이터의 본질을 캡처하고 압축해야 한다. 이 아이디어는 간단해 보이지만, 실제로 GAN을 사용하는 것은 매우 어렵다. GAN은 학습하기 어렵고 평형에 도달하는 것은 쉬운 일이 아니기 때문이다[20]. 그러나 GAN은 준지도 학습에서 레이블링되지 않는 데이터와 레이블링된 데이터를 함께 학습할 수 있는 것으로 입증됐으며, 이는 딥러닝 기술의 능력을 더욱 향상시켰다.

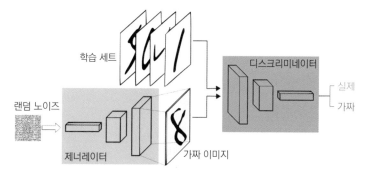

그림 7.12 GAN 네트워크(Thalles Silva의 허가를 받아 인용함. ©2017 Thalles Silva)

7.3.1 SDV를 위한 딥러닝 적용

딥러닝을 SDV에 적용하는 것과 관련해 SDV 개발 커뮤니티 내에서 관찰할 수 있는 두 가지 주요 패러다임이 있다. 첫 번째 패러다임은 SDV 처리 과정 내에서 특정 작업을 개선하고자 딥러닝을 적용하는 것으로, 시맨틱 추상화 학습semantic abstraction learning이라고도 알려져 있다. 또 다른 패러다임은 종단 간 학습이다. 이는 종단에 위치하는 미가공 센서 데이터를 입력으로 하고, 차량 제어 명령을 출력으로 하며, 중간 처리 과정에서 딥러닝을 사용해 학습하는 것이다.

7.3.1.1 시맨틱 추상화 학습

시맨틱 추상화 학습semantic abstraction learning은 모듈 수준에서 학습하거나 특정 작업을 학습하는 것을 말한다. 여기서 모듈이라는 용어는 반드시 단일 구성 요소를 의미하는 것은 아니며, 객체 분류와 같은 특정 기능을 구성하는 의미 있는 구성 요소 집합일 수도 있다. 객체 분류 모듈을 예로 들면, 컴퓨터는 모듈의 입력과 출력을 학습해 심층 신경망 모델에 대한 최적의 매개변수를 찾게 되는데, 이 경우 일반적인 입력은 사용된 센서에 따라 미가공 이미지 데이터 또는 3D 점구름이다. 출력은 감지된 객체(예: 보행자, 자동차 등)의 클래스 혹은 해당 신뢰 측정값과 좌표 또는 경계선을 포함하는 클래스 후보일 수 있다. 나머지 처리 구성 요소는 학습 범위를 벗어나며 딥러닝으로 대체되지 않는다.

7.3.1.2 종단 간 학습

종단 간 학습 패러다임은 입력(미가공 센서 데이터)에서 출력(차량 제어 명령)까지 전체 처리 과정을 학습한다. 시맨틱 추상화 접근 방식과 달리 종단 간 학습 패러다임은 센서가 환경을 어떻게 인식하고 인간 운전자와 같은 차량 명령을 내리는지에 따라 인간의 의사 결정 과정과 운전 행동을 완벽하

272

게 모방하는 것을 목표로 한다. 즉, 종단 간 학습은 복잡한 문제를 분해하는 표준 공학의 원리를 적용하지 않고 전체론적 방식으로 복잡한 SDV 문제를 해결하는 방식이다[10].

7.3.2 남아있는 질문들

이미지 및 음성 인식 분야에서 딥러닝의 성공은 많은 연구자와 엔지니어에게 SDV 개발의 일부 어려운 문제를 해결하거나 기존 솔루션을 개선하기 위한 많은 영감을 줬다. 딥러닝은 보행자 감지[1], 로컬라이제이션[17]과 같은 SDV 인지 기능을 향상시키거나 전체 데이터 처리와 종단 간 학습[4]을 기반으로 하는 의사 결정을 향상시키고자 프로토타이핑됐다.

하지만 해결되지 않은 몇 가지 중요한 질문이 남아있다. 예를 들어 SDV와 같은 안전이 중요한 애플리케이션에 딥러닝을 어느 정도까지 안전하게 배포할 수 있을까? 다시 말해, 이 기술이 현재와 미래의 안전 표준(예: ISO 26262 또는 국가 규정)에 어떻게 부합할 수 있을까? 딥러닝으로 실현되는 기능은 본질적으로 인간이 완전히 이해할 수 없는 거대한 매개변수 백터다. 이 기술은 알려진 한계치와 잠재적 위험 등으로부터 철저히 분리돼야 하는 안전이 중요한 애플리케이션을 설계하는 방식과는 정반대라고 할 수 있다.

또 다른 질문은 '두 가지 학습 패러다임(시맨틱 추상화 학습 대 종단 간 학습) 중 어느 패러다임이 레벨 5 자동화로 가장 빨리 도달할까?'이다. 기존의 학습 방법이 임의적으로 복잡한 작업으로 확장시키기 쉽지 않은 탓에 새로운 패러다임인 종단 간 접근이 필요할 수 있지만[10], 이 접근 방식의 단점은 시맨틱 추상화 접근 방법보다 훨씬 더 큰 훈련 데이터셋이 요구돼 실질적으로 시스템 고장 가능성을 제어하기가 불가능해진다는 것이다[21].

7.4 요약

이 장에서는 교통 수단과 그 외의 응용 분야에서 SDV 기술의 가장 유망한 적용 사례를 살펴봤다. 자율주행차량은 SDV의 전형적인 적용 사례이지만, 앞서 살펴본 것처럼 상대적 복잡성은 레벨 5 수준의 자율성에 도달하는 마지막 적용 사례 중 하나다. 공공 셔틀과 라스트 마일 배송 차량 같은 다른 응용 사례는 운영 환경의 규모가 제한돼 있으므로 레벨 5 수준의 자율성을 달성할 가능성이 더 높다. 교통 수단 외에 SDV 기술은 농업에서도 혁명을 일으킬 것이며, 보안 순찰과 같은 일에 사용되는 자율 로봇의 시작점이 될 수 있다. 또한 위험한 상황에서 인간을 대체하거나 보완하도록 설계된 자율주행 로봇의 성능에도 상당한 영향을 미칠 것이다.

우리는 SDV 개발에 대한 세 가지 접근 방식, 즉 진화, 혁신, 변형 접근 방식을 비교 분석했다. 이는 일반적으로 전통적인 자동차 제조업체, 다국적 기술 회사, 신생 기업의 철학을 각각 반영한다. 변형 접근 방식은 완전 자동화를 가장 빨리 달성할 수 있지만, 적용 분야가 제한될 뿐 아니라 운영 환경의 규모가 작다. 반대로 진화 접근 방식은 완전 자동화를 달성하는 데 오랜 시간이 걸리지만, 그 결과 SDV는 모든 환경에서 작동할 수 있으며 모든 국제 안전 표준을 충족하면서 전 세계 시장에 진출할 수 있다.

마지막으로 딥러닝이 SDV 개발 속도를 어떻게 가속시킬 수 있는지 살펴봤다. 시맨틱 추상화는 인지와 같은 문제를 해결하는 데 탁월한 결과를 제공하는 반면, 종단 간 접근 방식은 숙련된 운전자가 자동차를 제어하는 것을 완벽하게 모방하는 방식의 SDV로 만들 수 있다.

참고 문헌

[1] Anelia Angelova, Alex Krizhevsky, Vincent Vanhoucke, Abhijit S Ogale, and Dave Ferguson. Real-time pedestrian detection with deep network cascades. In *BMVC*, volume 2, page 4, 2015.

[2] D. Baker and Scientific American. *Inventions from Outer Space: Everyday Uses for NASA Technology*. Universal International, 2000.

[3] Sven Beiker. *Deployment Scenarios for Vehicles with Higher-Order Automation*, pages 193–211. Springer Berlin Heidelberg, Berlin, Heidelberg, 2016.

[4] Mariusz Bojarski, Philip Yeres, Anna Choromanska, Krzysztof Choromanski, Bernhard Firner, Lawrence D. Jackel, and Urs Muller. Explaining how a deep neural network trained with end-to-end learning steers a car. *CoRR*, abs/1704.07911, 2017.

[5] Collins. Artificial intelligence definition and meaning. https://www.collins dictionary.com/dictionary/english/artificial-intelligence. [accessed 24-Dec -2018].

[6] European Commission. Statistical pocketbook 2018 – EU transport in figures. https://ec.europa.eu/transport/sites/transport/files/pocketbook2018 .pdf. [accessed 20-May-2018].

[7] DARPA. DARPA robotics challenge (DRC) (archived). https://www. darpa.mil/program/darpa-robotics-challenge. [accessed 20-May-2018].

[8] Arturo Davila, Eduardo del Pozo, Enric Aramburu, and Alex Freixas. Environmental benefits of vehicle platooning. Technical report, SAE Technical Paper, 2013.

[9] Jia Deng, Wei Dong, Richard Socher, Li-Jia Li, Kai Li, and Li Fei-Fei. Imagenet: A large-scale hierarchical image database. In *Computer Vision and Pattern Recognition, 2009. CVPR 2009. IEEE Conference on*, pages 248– 255. IEEE, 2009.

[10] Tobias Glasmachers. Limits of end-to-end learning. *arXiv preprint arXiv :1704.08305*, 2017.

[11] Ian Goodfellow, Jean Pouget-Abadie, Mehdi Mirza, Bing Xu, David Warde-Farley, Sherjil Ozair, Aaron Courville, and Yoshua Bengio. Generative adversarial nets. In *Advances in neural information processing systems*, pages 2672–2680, 2014.

[12] Mohammad Havaei, Francis Dutil, Chris Pal, Hugo Larochelle, and Pierre-Marc Jodoin. A convolutional neural network approach to brain tumor segmentation. In *International Workshop on Brainlesion: Glioma, Multiple Sclerosis, Stroke and Traumatic Brain Injuries*, pages 195–208. Springer, 2015.

[13]   Kaiming He, Xiangyu Zhang, Shaoqing Ren, and Jian Sun. Deep residual learning for image recognition. In *Proceedings of the IEEE conference on computer vision and pattern recognition*, pages 770–778, 2016.

[14]   D Hernandez. Now you can build Google's $1 million artificial brain on the cheap. *Wired*, 6(3):413–421, 2013.

[15]   ITF. Managing the transition to driverless road freight transport. https://www.oecd–ilibrary.org/content/paper/0f240722–en, 2017. [accessed 24–Dec–2018].

[16]   Martin Joerss, Jürgen Schröder, Florian Neuhaus, Christopher Klink, and Florian Mann. Parcel delivery: The future of last mile. *McKinsey & Company*, 2016.

[17]   Alex Kendall, Matthew Grimes, and Roberto Cipolla. Posenet: A convolutional network for real–time 6–dof camera relocalization. In *Proceedings of the IEEE international conference on computer vision*, pages 2938–2946, 2015.

[18]   Alex Krizhevsky, Ilya Sutskever, and Geoffrey E Hinton. Imagenet classification with deep convolutional neural networks. In *Advances in neural information processing systems*, pages 1097–1105, 2012.

[19]   Keiji Nagatani, Seiga Kiribayashi, Yoshito Okada, Kazuki Otake, Kazuya Yoshida, Satoshi Tadokoro, Takeshi Nishimura, Tomoaki Yoshida, Eiji Koyanagi, Mineo Fukushima, et al. Emergency response to the nuclear accident at the Fukushima Daiichi nuclear power plants using mobile rescue robots. *Journal of Field Robotics*, 30(1):44–63, 2013.

[20]   Tim Salimans, Ian Goodfellow, Wojciech Zaremba, Vicki Cheung, Alec Radford, and Xi Chen. Improved techniques for training GANs. In *Advances in Neural Information Processing Systems*, pages 2234–2242, 2016.

[21]   Shai Shalev–Shwartz and Amnon Shashua. On the sample complexity of end–to–end training vs. semantic abstraction training. *arXiv preprint arXiv:1604.06915*, 2016.

[22]   Yaniv Taigman, Ming Yang, Marc' Aurelio Ranzato, and Lior Wolf. Deepface: Closing the gap to human–level performance in face verification. In *Proceedings of the IEEE conference on computer vision and pattern recognition*, pages 1701–1708, 2014.

[23]   Aäron Van Den Oord, Sander Dieleman, Heiga Zen, Karen Simonyan, Oriol Vinyals, Alex Graves, Nal Kalchbrenner, Andrew W Senior, and Koray Kavukcuoglu. Wavenet: A generative model for raw audio. In *SSW*, page 125, 2016.

[24]   John Walter. Help wanted: How farmers are tackling a labor shortage. https://www.agriculture.com/farm–management/estate–planning/help–wanted–how–farmers–are–tackling–a–labor–shortage. [accessed 24–Dec

−2018].

[25]   Alan FT Winfield, Marta Palau Franco, Bernd Brueggemann, Ayoze Castro, Miguel Cordero Limon, Gabriele Ferri, Fausto Ferreira, Xingkun Liu, Yvan Petillot, Juha Roning, et al. Eurathlon 2015: A multi−domain multi−robot grand challenge for search and rescue robots. In *Conference Towards Autonomous Robotic Systems*, pages 351−363. Springer, 2016.

마치며

이 책이 독자들에게 도움이 됐길 바란다. 시작 부분에서 말했듯이, 이 책은 자율주행차량 기술에 대한 전반적인 개요를 제공하는 책 또는 연구 논문과 SDV와 관련된 특정 영역에 대한 자세한 지식을 제공하는 기술 서적의 중간 수준 정도로 고안됐다.

이 기술은 아직 초기 단계에 있으며 해결해야 할 많은 문제가 남아있다. 하지만 독자 여러분이 적절한 기술과 창의력을 갖고 있다면, 이 책에서 소개하는 SDV 기술 기반으로 새로운 혁신을 만들거나 협력하게 되길 바란다. 그렇게 함으로써 내연 기관의 발명 이후 모빌리티mobility 분야에서 가장 영향력 있는 혁신을 이뤄낼 수 있을 것이다.

찾아보기

자율주행차량 기술 입문

하드웨어와 소프트웨어 아키텍처부터 안전&보안에 이르기까지

발 행 | 2021년 5월 21일

지은이 | 행키 샤프리
옮긴이 | 김은도 · 남기혁 · 서영빈 · 이승열

펴낸이 | 권 성 준
편집장 | 황 영 주
편 집 | 김 다 예
         김 진 아
디자인 | 윤 서 빈

에이콘출판주식회사
서울특별시 양천구 국회대로 287 (목동)
전화 02-2653-7600, 팩스 02-2653-0433
www.acornpub.co.kr / editor@acornpub.co.kr

한국어판 ⓒ 에이콘출판주식회사, 2021, Printed in Korea.
ISBN 979-11-6175-525-0
http://www.acornpub.co.kr/book/self-driving-vehicle

책값은 뒤표지에 있습니다.